科普理论与实践研究

RESEARCH ON SCIENCE
POPULARIZATION THEORY AND PRACTICE

刘立 著

科技传播学导论

AN INTRODUCTION TO
SCIENCE OF
SCIENCE COMMUNICATION

中国科学技术出版社
·北 京·

图书在版编目（CIP）数据

科技传播学导论 / 刘立著 . —北京：中国科学技术
出版社，2020.12
（科普理论与实践研究）
ISBN 978-7-5046-8859-0

I.①科… Ⅱ.①刘… Ⅲ.①科学技术—传播学—研究
Ⅳ.① G206.2

中国版本图书馆 CIP 数据核字（2020）第 203720 号

策划编辑	王晓义	
责任编辑	王　琳	
装帧设计	中文天地	
责任校对	焦　宁　邓雪梅	
责任印制	徐　飞	

出　　版	中国科学技术出版社	
发　　行	中国科学技术出版社有限公司发行部	
地　　址	北京市海淀区中关村南大街16号	
邮　　编	100081	
发行电话	010-62173865	
传　　真	010-62179148	
网　　址	http://www.cspbooks.com.cn	

开　　本	710mm×1000mm　1/16	
字　　数	255 千字	
印　　张	15.75	
版　　次	2020 年 12 月第 1 版	
印　　次	2020 年 12 月第 1 次印刷	
印　　刷	河北鑫兆源印刷有限公司	
书　　号	ISBN 978-7-5046-8859-0 / G·881	
定　　价	99.00元	

丛书说明

　　《科普理论与实践研究》丛书项目是为深入贯彻实施《全民科学素质行动计划纲要实施方案（2016—2020 年）》，推进科普人才队伍建设工程，在全国高层次科普专门人才培养教学指导委员会指导下，中国科学技术协会科学技术普及部和中国科学技术出版社共同组织实施，清华大学、北京师范大学、北京航空航天大学、浙江大学、华东师范大学、华中科技大学等全国高层次科普专门人才培养试点高校积极参与，在培养科普研究生教学研究成果的基础上，精心设计、认真遴选、着力编写出版的第一套权威、专业、系统的科普理论与实践研究丛书。

　　该丛书获得了国家出版基金的出版资助，彰显了其学术价值、出版价值，以及服务公民科学素质建设国家战略的重要作用。

　　该丛书包括 20 种图书，是科普理论与实践研究的最新成果，主要涵盖科普理论、科普创作、新媒体与科普、互联网＋科普、科普与科技教育的融合，以及科普场馆中的科普活动设计、评估与科普展览的实践等，对全国高层次科普专门人才培养以及全社会科普专兼职人员、志愿者的继续教育和自我学习提高等都具有较高的参考价值。

前　言

　　我主要从事自然辩证法、科技政策学研究，2003 年起正式开始从事科技传播学研究（科普研究）。2003 年 9 月，中国科协牵头组织"全民科学素质行动计划"制订工作研究课题招标，我和合作者参与了"我国公民科学素质的基本内涵与结构"项目的竞标，获得了成功。"科学素质"是一个外来概念，当时对我国来说是一个新概念。我和课题组成员投入了很多的精力，对科学素质的定义、内涵和结构进行了本土化探索。该研究成果得到了专家评审组和中国科协领导的肯定与好评。因为这项研究，我应邀加入《全民科学素质行动计划纲要》文件起草小组。

　　自那以后，科普研究成为我的一个新的学术方向。作为高校教师，与专门的科普研究者和科普管理者不同，我们的比较优势主要在理论研究和基础研究方面，我的科普研究主要定位于学术研究。我承担了中国科协、国家自然科学基金委员会的多个科普项目；在国内外参加了多个学术研讨会；多年来给清华大学科普硕士研究生和留学研究生讲授科技传播学专题课；多年来担任中国科协—清华大学科技传播与普及研究中心的副主任；在国内外学术期刊上发表了多篇科技传播学方面的论文；指导培养了多名研究生和博士后从事科技传播学研究。

　　2016 年，我以《科技传播学导论》为题，申报中国科协"高层次科普专门人才培养教材建设项目"，获得立项。为了编写这本《科技传播学导论》，除了整理已发表的科技传播学文章，我还与时俱进地进行了新的研究，比如 2019 年发表了文章《以新时代科普观为指导 大力提升国家科学文化素质》。同时主持翻译《公众科技传播指南》一书。这些研究成果都收录于本书。

本书得到了贾鹤鹏教授的许可，收入了他的多篇论文；也收入了我的研究生常静（现为北京科学学研究中心副研究员）、谭丽李等人的学位论文中的部分内容以及合作发表的论文。本书相关章节做了引文标注。我对贾鹤鹏、常静、谭丽李等人对本书编写的支持，对卢绍辉等博士研究生在查找核对文献信息方面所做的工作，表示感谢。当然，本书所有的错漏和问题均由本人负责。

作者感谢国家社会科学基金重点项目"习近平总书记科技创新思想与世界科技强国战略研究"（项目号：17AKS004）、清华大学自主科研计划（项目号：2017THZWLJ02）对本书的资助。

建设中国特色、中国风格、中国气派的科技传播学，是新时代广大学人努力奋斗的目标，本人只是做了一点探索性的、添新砖加新瓦的工作，仍需继续努力。

刘　立

于清华大学善斋

2020 年 12 月 2 日

目　录

第一章
新时代的科普观与科学精神

第一节 新时代的科普观与国家科学文化素质 [①]

党的十八大以来，以习近平同志为核心的党中央提出了关于科学普及的一系列新论述、新思想、新战略，对于新时代中国特色社会主义科普事业具有重大的指导意义。在这些新论述、新思想、新战略的指导下，我国科普实践事业取得了很大的成就，一个重要的指标是我国公民科学素质的达标率从 2010 年的 3.27% 提高到 2015 年的 6.20%，进一步提高到 2018 年 8.47%。但我们应该看到，我国公民科学素质的达标率与发达国家相比，还有很大的差距：美国 1988 年即达到 10%，2005 年约为 28%；瑞典 2005 年为 25%，加拿大 2014 年为 34%。[②]

本文对新时代的科普观进行系统的概括和总结，探讨"国家科学文化素

① 本节内容是北京市习近平新时代中国特色社会主义思想研究中心项目、北京市社会科学基金项目"推进以科技创新为核心的全面创新研究"（项目编号：18KDALD026）的阶段性成果，作者为刘立，原载于《科技中国》2019 年第 3 期。
② 刘立，孙楠，等. 与美国相差 30 年？——谈 2018 年我国公民科学素质调查结果与发现 [EB/OL].（2018-09-26）[2020-04-15]. https://mp.weixin.qq.com/s/cJsTToF5byvOxu3IvwzdKg.

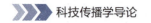

质"概念，并提出以新时代的科普观作为指导思想，大力推进面向世界科技强国和现代化强国建设的科学传播与普及事业，提高国家科学文化素质。

一、新时代科普观的核心要义

1. 科普理念：以人民为中心

习近平总书记指出：党的十八届五中全会鲜明提出要坚持以人民为中心的发展思想，把增进人民福祉、促进人的全面发展、朝着共同富裕方向稳步前进作为经济发展的出发点和落脚点；并提出要牢牢坚持这个根本立场，要体现在经济社会发展各个环节。党的十九大报告再次强调必须坚持以人民为中心。[①]

新时代科学普及和科技创新必须坚持以人民为中心这个核心理念，坚持把满足人民对美好生活的向往作为科学普及和科技创新的出发点和落脚点。坚持科普以人民为中心的核心思想，就要求：第一，科普为了人民，就是科普要助力人民提高就业创业能力，助力人民提高物质生活和精神文化生活的水平和质量，这就要求科普面向"民生"。科普还要助力人民参与公共事务，这就要求科普面向"民主决策"，比如为公民参与公共决策提供必要的科普背景知识。第二，科普依靠人民，尤其要依靠广大科技工作者和科学共同体。人民既是科普的对象，也是科普的主体。要充分尊重人民的科普主体地位，充分尊重人民所表达的科普需求、所拥有的科普权利、所发挥的科普作用。在社交媒体时代，人人都可以利用自媒体传播科普信息，生产科普内容。第三，科普成果为人民共享，要充分利用手机和互联网等信息化手段，改进"互联网＋科普"工程，让科普成果更便捷地惠及全体人民。

2. 科普功能论：科技创新、科学普及是创新发展的两翼

习近平总书记在 2016 年"科技三会"[②]上的讲话，对科普的经济功能做出了高度的概括：科技创新、科学普及是实现创新发展的两翼，要把科学

---

① 习近平. 决胜全面建成小康社会 夺取新时代中国特色社会主义伟大胜利——在中国共产党第十九次全国代表大会上的报告［M］. 北京：人民出版社，2017：19，21.
② "科技三会"指 2016 年 5 月 30 日召开的全国科技创新大会、两院院士大会和中国科协第九次全国代表大会。

普及放在与科技创新同等重要的位置。这个论述是新时代科普观内涵的集中体现。① ②

该论断包含两个重要的论点。一是"两翼论",即"科技创新、科学普及是实现创新发展的两翼";二是"同等重要论",即"要把科学普及放在与科技创新同等重要的位置"。这里先谈"两翼论"。"两翼论"是对中国化马克思主义科普观的发展。

国内外大量创新发展的实践,尤其是产业创新发展的实践,有力地证明:科技创新、科学普及是实现创新发展的两翼。

科普除了具有促进创新发展的经济功能,还通过扶志和扶智对打好扶贫攻坚战、乡村振兴具有经济功能。科普还具有政治功能,比如对领导干部、公务员的科普,有助于公共决策的科学化和民主化;具有文化功能,有助于提高全社会全民族的科学文化水平;具有社会功能,有助于破除流言、破除迷信,有助于社会稳定和发展;具有生态文明功能,如面向公众进行环境科学传播(包括生态文明思想宣传),有助于生态环境的保护和发展。

总的来说,科普对中国特色社会主义事业"五位一体"总体布局可以发挥积极的作用,具有重要的功能和价值。③

3. 科普地位论:科学普及与科技创新同等重要

科学普及,在我国具有法律地位。《中华人民共和国宪法》(2018 年修正版)第二十条规定:"国家发展自然科学和社会科学事业,普及科学和技术知识"。2002 年,我国还制定了世界上独一无二的科普法。

改革开放以来,我国大幅度、快速地增加了科技经费投入和科技人力投入,相对来说,科普经费和科普人力投入的总量和速度均显得相对滞后,很不匹配。很多发达国家的科技计划和基金中均匹配有科普经费,但我国几乎

---

① 习近平. 习近平谈治国理政:第二卷 [M]. 北京:外文出版社,2017:276.
② 怀进鹏. 打造新时代创新发展的科普之翼 [N/OL]. (2018-04-10) [2020-04-15]. http://app.peopleapp. com/Api/600/DetailApi/shareArticle?type=0&article_id=1154537&from=timeline.
③ 徐延豪. 新时代全民共享科普全面价值 [EB/OL]. (2019-01-17) [2020-04-15]. http://m.people.cn/% 2Fn4%2F2019%2F0117%2Fc4256-12203445.html. 原文为:"全方位挖掘科普的知识、经济、社会、文化和未来发展价值,厚植国家创新发展的社会沃土。我们要彰显科普的知识价值;实现科普的经济价值;增强科普的社会价值;发扬科普的文化价值;挖掘科普的未来发展价值。"

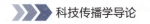

没有。

在新时代贯彻落实"科学普及与科技创新同等重要"精神，就要求科技部、中国科协等部门，在抓好科技创新"主业"的同时，抓好科学普及"基业"。① 国家在大力增加研发经费的同时，应该同步提高科普经费的投入，包括在国家科技计划和基金项目中匹配一定比例的科普经费。应鼓励广大的科技工作者在力所能及的情况下从事科普工作，如中国科协实施"首席科学家传播专家"项目，对动员和激励科学家从事科普工作具有良好的作用。② 应在科技评价奖励、职称晋升中重视科普活动和科普成果。近年来，国家科学技术进步奖评选中设有科普成果奖，这是一个好的实践。在高等教育专业设置中，应增加和扩大科技传播与普及的学位点，推广扩大科普硕士试点项目，开设科学传播第二学位。

4. 科普内容论：以科学精神为核心的科学复合体

中华人民共和国成立后，科普主要是以"工农兵"为重点对象，普及科学技术知识，特别是实用技术知识，比如科学种田，产生了积极的效果和效益。改革开放以来，我国科普引入了"科学方法、科学思想、科学精神"等内容。

1994年，中共中央、国务院发布了中华人民共和国成立以来第一个专门论述科普工作的纲领性战略性文件——《关于加强科学技术普及工作的若干意见》③。文件中提出传播科技知识、科学方法和科学思想，但未见"科学精神"提法。后来，我国把包含"科学精神"在内的"四科"（科技知识、科学方法、科学思想和科学精神）作为科普的主要内容。④ 2002年，"四科"写入了《中华人民共和国科学技术普及法》（以下简称《科普法》），其提法是：普及科学技术知识、倡导科学方法、传播科学思想、弘扬科学精神。

以习近平同志为核心的党中央高度重视"四科"尤其是"科学精神"的普

① 王合清. 找准新时代科学普及工作的发力点［EB/OL］.（2018-09-18）［2020-04-15］. https://app.myzaker.com/news/article.php?pk=5ba06cab77ac645db9289d33.

② 中国科学技术协会. 中国科协第六批首席科学传播专家名单公示［EB/OL］.（2019-01-24）［2020-04-15］. http://www.cast.org.cn/art/2019/1/24/art_459_86213.html.

③ 全文见：中共中央，国务院. 中共中央、国务院关于加强科学技术普及工作的若干意见［EB/OL］.（1994-12-05）［2020-04-15］. http://www.law-lib.com/law/law_view.asp?id=59428&from=timeline.

④ 龚育之. 简论新世纪科学普及的"十大关系"［J］. 江西财经大学学报，2001（1）：3-5.

及。习近平总书记在 2016 年的"科技三会"讲话中的提法是："普及科学知识、弘扬科学精神、传播科学思想、倡导科学方法"；在党的十九大报告中的提法是"弘扬科学精神，普及科学知识"，这样就把"科学精神"提到了"四科"中的第一位。

总之，科普的主体内容是科学知识、科学精神、科学思想、科学方法，还应关注科学技术与社会的相互关系，它们构成了科普内容的"科学复合体"。当然，关于科学文化、科学伦理道德、中国科学家精神、科学技术史、哲学社会科学等方面，也应成为科普的内容。比如，中国科学家精神可融入科学精神中。在"科学复合体"中，核心是科学精神。

二、国家科学文化素质

笔者曾发表文章提出：我国应该从"科学素质"概念回归到"科学文化素质"提法。[1] 本文进一步提出，科学文化素质包括个人层面的科学文化素质即公民科学文化素质，以及社会层面的科学文化素质即国家科学文化素质。

1. 法律和政策历来倡导提高"科学文化素质"

《中华人民共和国宪法》（2018 年修正版）第十九条规定：国家发展社会主义的教育事业，提高全国人民的科学文化水平。1994 年，中共中央、国务院《关于加强科学技术普及工作的若干意见》三次提到"科学文化素质"。2002年《科普法》的提法是：提高公民的科学文化素质。《中华人民共和国科学技术进步法》（2007 年修订版）第五条规定：国家发展科学技术普及事业，普及科学技术知识，提高全体公民的科学文化素质。《中共中央关于制定国民经济和社会发展第十三个五年规划的建议》采用的也是"科学文化素质"提法："人民思想道德素质、科学文化素质、健康素质明显提高"。

2. 党和国家领导人的讲话历来重视提高科学文化素质

1978 年邓小平的《在全国科学大会开幕式上的讲话》不仅阐述了"科学技术是生产力"，做出了"知识分子是工人阶级的一部分"的重大论断，还指

---

① 刘立. 回归"科学文化素质"［EB/OL］. (2016–05–08)［2020–04–15］. https://mp.weixin.qq.com/s/UgEv4–B6SM9NnovjYje9Qg.

出："劳动者只有具备较高的科学文化水平，丰富的生产经验，先进的劳动技能，才能在现代化的生产中发挥更大的作用。"

习近平总书记多次指出要提高科学文化素质。比如，2015年4月28日，在庆祝"五一"国际劳动节暨表彰全国劳动模范和先进工作者大会上，他说，"引导广大职工和劳动者树立终身学习理念，不断提高思想道德素质和科学文化素质"。2018年9月17日在向世界公众科学素质促进大会致贺信时，他说：中国高度重视科学普及，不断提高广大人民科学文化素质。

3."科学文化素质"概念的内涵

那么，什么是"科学文化素质"？科学文化素质包括个人层面的科学文化素质，即公民科学文化素质，以及社会层面的科学文化素质，即国家科学文化素质（以及区域科学文化素质）。

（1）公民科学文化素质

本文提出的公民科学文化素质，是指公民了解必要的科学技术知识和哲学社会科学知识，崇尚科学精神，树立科学思想，掌握基本的科学方法，认识科学技术与社会的相互作用，了解科学技术与发展观，并具有一定的应用它们处理个人实际问题以及参与公共事务的能力。

公民科学文化素质具有一定的功能结构层次。第一层次是为了满足生存生活的需要；第二层次是为了满足工作职业发展的需要；第三层次是为了满足在物质生活基础上的精神文化生活的需要；第四层次是为了满足作为现代公民参与公共事务、参政议政的需要。

（2）国家科学文化素质

本文提出"国家科学文化素质"的概念，它类似于"全国人民的科学文化水平""整个中华民族的科学文化水平""全民科学文化素质"等意思。一个国家（或区域）的整体科学文化素质，不仅是作为个体的公民科学文化素质的简单加和，而且包含一个国家的整体科技状态和教育状态等。就是说，国家科学文化素质需要从公民科学文化素质、国家科技状况主要指标（如R&D经费及其占GDP的比例、科技人力资源总量及其占劳动者队伍的比例、科技论文和专利的产出）、国家教育状况主要指标（如人均受教育的年限、科技与工程专业的学生人数）这三个一级指标进行测度。

三、建议研制《国家科学文化素质建设纲要（2021—2035 年）》

国家科学文化素质是一个国家重要的软实力。在《全民科学素质行动计划纲要（2006—2010—2020 年）》执行期即将结束之际，我们建议，以新时代的科普观为指导思想，坚持以人民为中心的理念，研制和实施《全民科学文化素质建设纲要（2021—2035 年）》，包括研制新时代科学文化素质测评指标体系，研制新时代中国公民科学文化素质基准；科普工作要坚持"内容为王"，充分利用手机等信息化手段，大力提升国家科学文化素质，为建设世界科技强国和现代化强国提供坚实的科学文化素质支撑。

第二节　科学精神的内涵 ①

一、马克思主义关于科学精神的论述

马克思主义历来重视科学精神。马克思说："在科学上没有平坦的大道，只有不畏艰险沿着陡峭山路攀登的人，才有希望达到光辉的顶点。"马克思、恩格斯上下求索，创立辩证唯物主义和历史唯物主义、政治经济学、科学社会主义以及自然辩证法，达到了光辉的顶点。习近平总书记评价说：马克思的一生，是不畏艰难险阻、为追求真理而勇攀思想高峰的一生。②

在马克思主义中国化的过程中，我们党的领导人历来提倡弘扬科学精神。

---

① 本文是北京市习近平新时代中国特色社会主义思想研究中心项目、北京市社会科学基金项目"推进以科技创新为核心的全面创新研究"（项目号：18KDALD026）和国家社会科学基金重点项目"习近平总书记科技创新思想与世界科技强国战略研究"（项目号：17AKS004）的成果，作者为刘立、孙楠。本文在一定程度上回答了刘鹤副总理提出的一个问题："什么是真正的科学精神？"刘鹤副总理在视察中国科学院时提到七个问题，其中的第六个问题就是："科技领域我们需要提倡和发扬什么样的精神，树立什么样的学风？什么是真正的科学精神？怎么强化专业主义？"参见：方新，王灏晨.塑造科学文化 弘扬科学精神［J］.科技导报，2019（10）：7–9。
② 习近平.在纪念马克思诞辰 200 周年大会上的讲话［EB/OL］.（2018–05–04）［2020–04–15］. http://news.12371.cn/2018/05/04/ARTI1525424759799964.shtml。

尤其是习近平总书记多次论述科学精神。他在 2014 年两院院士大会上肯定广大院士长期以来发扬不懈创新的科学精神。[①] 他在 2018 年两院院士大会上希望院士们弘扬追求真理、勇攀高峰的科学精神；希望退下来的院士们在身体条件允许的情况下，继续在传播科学知识上学为人师、在弘扬科学精神上身体力行，积极为国家发展建言献策、为科技进步贡献智慧。[②]

对广大青年科技工作者，习近平提出要树立科学精神、培养创新思维、挖掘创新潜能、提高创新能力，在继承前人的基础上不断超越。[③] 要完善创新人才培养模式，强化科学精神和创造性思维培养。[④]

习近平希望广大科技工作者"以提高全民科学素质为己任，把普及科学知识、弘扬科学精神、传播科学思想、倡导科学方法作为义不容辞的责任"[⑤]。党的十九大报告提出，"弘扬科学精神，普及科学知识"。这样就把"科学精神"提升到了"四科"中较为重要的位置上来，更加凸显了科学精神对于提高公民和国家科学文化素质以及建设世界科技强国的意义和重要性。

二、科学精神的内涵要与时俱进

"科学精神"这个中文词汇，最早提出于新文化运动时期。1916 年 1 月，中国科学社社长任鸿隽在《科学》杂志上发表《科学精神论》，首次在中文文献中创用"科学精神"一词并做系统论述："科学精神者何？求真理是已。"自此，"科学精神"这个词在中国科技知识界逐渐传播开来。很多知识分子对科学精神提出了自己独到的概括，比如 1922 年，梁启超在中国科学社年会上提出："有系统之真知识，叫作科学；可以教人求得有系统之真知识的方法，叫作科

---

① 习近平. 在中国科学院第十七次院士大会、中国工程院第十二次院士大会上的讲话［EB/OL］.（2014-06-09）［2020-04-02］.http://cpc.people.com.cn/n/2014/0610/c64094-25125594.html.

② 习近平. 在中国科学院第十九次院士大会、中国工程院第十四次院士大会上的讲话［EB/OL］.（2018-05-28）［2020-04-26］.http://www.xinhuanet.com/2018-05/28/c_1122901308.htm.

③ 习近平. 在中国科学院第十七次院士大会、中国工程院第十二次院士大会上的讲话［EB/OL］.（2014-06-09）［2020-04-02］.http://cpc.people.com.cn/n/2014/0610/c64094-25125594.html.

④ 习近平. 在全国科技创新大会、两院院士大会、中国科协第九次全国代表大会上的讲话［EB/OL］.（2016-05-30）［2020-03-30］.http://www.wenming.cn/specials/zxdj/xjp/xjpjh/201605/t20160530_3394092.shtml.

⑤ 习近平. 在全国科技创新大会、两院院士大会、中国科协第九次全国代表大会上的讲话［EB/OL］.（2016-05-30）［2020-03-30］.http://www.wenming.cn/specials/zxdj/xjp/xjpjh/201605/t20160530_3394092.shtml.

学精神。"胡适提出科学精神是"拿证据来"，竺可桢提出科学精神是"只问是非，不计利害"。

1996 年，时任中国科学院院长周光召同志在全国科普大会上的讲话《加强科学普及，弘扬科学精神》对"科学精神"做出了系统的阐述。他说：科学精神，概括地说就是，坚持科学态度、采用科学方法，不畏艰难险阻，不断追求科学真理，进取创新，努力在社会实践中求得对客观世界的状态和结构、运动和发展的规律性认识，并用它作出预测，指导进一步的实践，去改造主观世界和客观世界。周光召同志的这个讲话，对于"科学精神"与"科学知识、科学思想、科学方法"并列进入"四科"，推动包括"科学精神"在内的"四科"进入党和国家领导人的讲话以及《科普法》，具有重大的历史贡献。

进入 21 世纪以来，科技界和知识界对科学精神展开了广泛而深入的讨论。比如，龚育之将科学精神概括为"实践的检验、批判的头脑、理性的思考、自由的讨论"[1]。刘大椿将科学精神概括为：理性理念、实证方法、批判态度、试错模式。综合以上研究成果，科学精神的内涵是：实事求是、守正创新、理性批判、实践检验。[2]

1. 实事求是

实事求是，是毛泽东同志对中国优秀传统文化进行的"创造性转化和创新性发展"，是对马克思主义世界观和方法论做出的概括。习近平同志指出："实事求是，是马克思主义的根本观点，是中国共产党人认识世界、改造世界的根本要求，是我们党的基本思想方法、工作方法、领导方法。"[3]

实事求是，就是首先要发现客观存在的事实，而不是虚伪假冒的事，从事实中探索求得规律和真理。无论是认识"实事"还是"求是"，都必须应用科学方法（包括社会科学方法），需要秉持客观态度，尽力排除主观因素影响，为尽可能揭示事物本来面目进行调查研究。周光召、何祚庥等都认为，科学精神最重要的就是要实事求是。须指出，实事求是的"求是"，就包含追求真理的意思。

---

① 龚育之. 简论新世纪科学普及的十大关系［J］. 科协论坛，2002（11）：4–6.

② 刘立. 科学家是科学精神第一载体［N］. 中国科学报，2019–06–19（4）.

③ 中共中央宣传部. 习近平新时代中国特色社会主义思想三十讲［M］. 北京：学习出版社，2019：326.

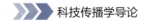

2. 守正创新

习近平总书记在《一个国家、一个民族不能没有灵魂》① 这一重要文章中对文化艺术界、哲学社会科学界提出了"正本清源、守正创新"的要求。笔者认为,"守正创新"对科技界来说也是适用的。

习近平在"科技三会"上《为建设世界科技强国而奋斗》讲话中,对包括院士在内的广大科技工作者提出:弘扬创新精神。习近平提出要"坚守学术操守和道德理念"②,"弘扬学术道德和科研伦理"③,这些都是"守正"的应有之义。

科技创新要守正,就要坚守科研诚信,反对任何违背科研规范的不端行为,反对任何弄虚作假、伪造捏造、抄袭剽窃的行为。比如,对人类胚胎进行基因编辑是一种创新,但是它严重违背了国内外公认的科研伦理,因而被谴责和禁止。总而言之,光守正,不创新,不行;创新,而不守正,也不行;不守正,不创新,更不行。无论是建设世界科技强国,还是构建中国特色、中国风格、中国气派的哲学社会科学,都必须坚持"守正创新"的指导思想。

3. 理性批判

科学发展史和哲学社会科学发展史表明,人类学术是通过理性批判而进步的。人类运用理性智慧,不断揭示出自然规律,不断突破蒙昧主义、神秘主义和迷信。所谓批判,就是要在理性的引导下,以事实证据为基础,坚持"独立之精神,自由之思想",不唯上,不唯书,不唯师,对现有的理论、认识、发现、观点等,进行怀疑和质疑,采取批判性思维,明辨是非,反对教条化、独断化和神圣化。

4. 实践检验

真理是客观的,是人类对于世界客观规律的正确认识。无论是通过实事求是、守正创新得来的新认识,还是通过理性批判得来的观点,都必须经过实践

---

① 习近平. 一个国家、一个民族不能没有灵魂 [J]. 实践(思想理论版),2019(5):5-6.

② 习近平. 在中国科学院第十七次院士大会、中国工程院第十二次院士大会上的讲话 [EB/OL]. (2014-06-09)[2020-04-02]. http://cpc.people.com.cn/n/2014/0610/c64094-25125594.html.

③ 习近平. 在全国科技创新大会、两院院士大会、中国科协第九次全国代表大会上的讲话 [EB/OL]. (2016-05-30)[2020-03-30]. http://www.wenming.cn/specials/zxdj/xjp/xjpjh/201605/t20160530_3394092.shtml.

和实验的检验。只有经过大量实践和实验检验过的认识，才能从相对真理不断走向绝对真理。

三、科学共同体是科学精神的第一载体

习近平提出："两院院士和广大科技工作者要发扬我国科技界追求真理、服务国家、造福人民的优良传统，勇担重任，勇攀高峰，当好建设世界科技强国的排头兵。"[①]

科学共同体（含科学家和科技工作者等）是科学精神的第一载体和主体。科学共同体要坚持做科学精神的排头兵。在新时代自觉践行和大力弘扬科学精神，在一定程度上讲，就是要践行和弘扬科学家精神。

科学共同体将科学精神内化于心，外化于行，就表现为科学共同体的科学精神。习近平总书记对以院士为代表的中国科学共同体提出希望："弘扬科学报国的光荣传统，追求真理、勇攀高峰的科学精神，勇于创新、严谨求实的学术风气，把个人理想自觉融入国家发展伟业，在科学前沿孜孜求索，在重大科技领域不断取得突破。"[②] 这里面就包括了对中国科学共同体科学精神的概括。

新时代的科学家精神是科学共同体的精神品质和价值取向，具有科学精神和人文精神的双重性。科学精神重在求真，对生产力发展的质量水平具有决定性；人文精神重在求善，对生产力发展的价值导向具有决定性。2019年6月11日，中共中央办公厅、国务院办公厅《关于进一步弘扬科学家精神加强作风和学风建设的意见》（以下简称《意见》）对新时代科学家精神做出了明确的概括：①胸怀祖国、服务人民的爱国精神；②勇攀高峰、敢为人先的创新精神；③追求真理、严谨治学的求实精神；④淡泊名利、潜心研究的奉献精神；⑤集智攻关、团结协作的协同精神；⑥甘为人梯、奖掖后学的育人精神。

美国科学社会学家默顿认为，科学共同体应具有这样的"精神气质"，即公有主义（Communism）、普遍主义（Universalism）、公正无私性（Disinterestedness，

---

① 习近平. 在全国科技创新大会、两院院士大会、中国科协第九次全国代表大会上的讲话［EB/OL］.（2016–05–30）［2020–03–30］. http://www.wenming.cn/specials/zxdj/xjp/xjpjh/201605/t20160530_3394092.shtml.

② 习近平. 在中国科学院第十九次院士大会、中国工程院第十四次院士大会上的讲话［EB/OL］.（2018–05–28）［2020–04–26］. http://www.xinhuanet.com/2018–05/28/c_1122901308.htm.

或无私利性）、原创性（Originality，或独创性）、怀疑主义（Skepticism），合称为"CUDOS"。CUDOS 对科学共同体也有借鉴价值，推动科学的发展进步，为科学界赢得荣誉和声望。

当前我国科研创新生态总体是好的，但也存在种种违背科学精神和科学家精神的现象。加强作风和学风建设，营造风清气正的科研环境，就必须按照《意见》的精神，反对"学阀"作风，崇尚学术民主；反对科研不端行为，坚守科研诚信底线；反对浮夸浮躁、投机取巧，大力倡导诚实守信；反对圈子派系文化，建设开放包容、和而不同的文化；破"四唯""五唯"，立"原创性"评价标准，把更多具有原创性的论文，首发在我国中英文期刊上。

第二章

科学传播学：科学传播研究的新阶段①

1985 年英国皇家学会发布《公众理解科学》报告，被普遍认为标志着科学传播研究正式起步。美国国家科学院在 2012 年、2013 年举办了科学传播学（Science of Science Communication②）塞克勒研讨会③，随后《美国国家科学院院刊》（*Proceedings of National Academy of Sciences*）上刊登了"科学传播学"专辑。④ 可以认为，这些事件标志着科学传播学作为一门新学科正在兴起。

仔细研读科学传播学研讨会的发言以及《美国国家科学院院刊》"科学传播学"专辑中的论文，可以看出：至少在美国，过去对科学传播不够重视的传播学学者，正在以社会科学、心理科学和行为科学为依托，试图以人类普遍的行为规律来解释科学传播的特点和规律，进而提出科学传播的解决方案。这种以实证研究为特征的、寻求人类普遍传播行为的努力，与强调科学的社会建构属性的传统科学传播研究在研究方法和关心的问题上有鲜明不同。

本章将追溯科学传播研究及科学传播学的发展，并以此为脉络来探讨把科

---

① 本章内容原载于《科学学研究》2015 年第 3 期，作者为贾鹤鹏、刘立、王大鹏、任安波。
② 原文直译为"科学传播的科学"，本书译为"科学传播学"。
③ 塞克勒研讨会系由美国亚瑟·M. 塞克勒（Arthur M. Sackler）基金会赞助美国国家科学院召开的系列跨学科研讨会，旨在探讨具有广泛共性的科学问题，是美国国家科学院举办的非常有影响的活动。两次科学传播学研讨会的网址为：http://www.nasonline.org/programs/sackler-colloquia/completed_colloquia/science-communication.html（第一次会议）；http://www.nasonline.org/programs/sackler-colloquia/completed_colloquia/agenda-science-communication-II.html（第二次会议）。
④ FISCHHOFF B, SCHEUFELE D A. The Science of Science Communication, Proceedings of the National Academy of Sciences [J]. 2013, 110（3）: 13696+14031-14110.

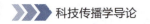

学传播作为一门新兴科学（或学科）的依据，在此基础上展开对科学传播学科未来发展方向的讨论，并探讨其在我国的发展前景。

第一节　科学传播研究的发展历程

在《公众理解科学》报告发布后，科学传播的学术研究不断加速。1987 年首届公众科技传播国际会议（PCST Conference）举办，1992 年《公众理解科学》（*Public Understanding of Science*）杂志创刊，1994 年原《知识》杂志改版为《科学传播》（*Science Communication*），2002 年《科学传播学刊》（*Journal of Science Communication*）创办，这些标志性事件极大地推动了科学传播学术研究的发展。利用汤森路透集团的 Web of Science 数据库检索可见，截至 2014 年 7 月，《公众理解科学》和《科学传播》两种刊物总共发表了 1400 多篇学术论文，公众科技传播国际会议也已经成功举办了 13 届。

科学传播的学术研究，最早的理论来源主要是科技研究（Science and Technology Studies，缩写为 STS；一译"科学技术学"）。科技研究以科学社会学和科学知识社会学为主要范式，对科技的迅猛发展给社会造成的广泛影响进行了深刻反思。科学传播学界最早的一批知名学者，大多来自科技研究领域或科技史领域，以至于科学传播学被一些学者认为是从科学哲学和科学史领域之中新兴的一个学术领域。①

科学传播研究延续了科技研究对科学发展的反思。这方面的一个典型体现是，该领域的学者普遍认为，科学传播应从科学界面向公众传授知识的缺失模型（deficit model），转型为公众与科学家进行平等对话的公众参与科学模型（public engagement with science）。②对科学传播模式的演变，学者用不同的名称

---

① 田松. 科学传播——一个新兴的学术领域［J］. 新闻与传播研究，2007（2）：81-90+97.

② BUCCHI M. Of Deficits, Deviations and Dialogues: Theories of Public Communication of Science［C］//BUCCHI M, TRENCH B. Handbook of Public Communication of Science and Technology. London and New York: Routledge, 2008: 57.

进行了概括，如刘华杰将之归纳为中心广播型、缺失模型和民主模型。① 总体而言，大多数学者认为：科学传播模式的发展是从以科学界为中心的单向信息流动，发展到以对话和民主参与为特征的民主形式。②

纵观传统科学传播理论研究 30 年的发展历史，我们可以看到，无论是对媒体报道科学内容的分析，还是对科学争议事件的透视，抑或探讨各种影响公民科学态度的社会因素，都强调了科学传播的过程是一个深深嵌入社会并受到社会文化条件和社会政治因素影响的过程。然而，传统的科学传播研究在揭示这些影响的过程中，对人类普遍的传播行为与其获取科学知识的关系的研究关注不多。

另外，美国国家科学院主办的两次科学传播学塞克勒研讨会的主要报告人，以及《美国国家科学院院刊》"科学传播学"专辑的主要作者，大多是来自美国主流传播学界的学者。在探讨他们如何构建科学传播学之前，我们先勾勒一下传播学作为一门科学的主要理论脉络。

第二节　传播学的发展历程

现代传播学研究发端于 20 世纪初期的美国。虽然传播学作为一门学科得以确立是第二次世界大战以后的事情，但早在 20 世纪初期，芝加哥学派的社会学家已经在研究早期工业化社会大众媒体对都市生活的影响。③ 早期传播研究尽管内容与后来的不同，但都努力建立一种普遍科学的范式，并把传播效果的经验研究置于传播研究的核心位置。④

① 刘华杰. 科学传播的三种模型与三个阶段 [J]. 科普研究，2009（2）：10.
② LEWENSTEIN B V. Why the "Public Understanding of Science" Field is Beginning to Listen to the Audience [M]// HIRSCH J，SILVERMAN L. Transforming Practice. Washington：Museum Education Roundtable，2000：240.
③ DELIA J. Communication Research：A History [M]// CHAFFEE S，BERGER C. Handbook of Communication Science. Newbury Park，CA：Sage，1987：20.
④ LANG A，EWOLDSEN D. Beyond Effects：Conceptualizing Communication as Dynamic，Complex，Nonlinear，and Fundamental [M]//ALLAN S. Rethinking Communication：Keywords in Communication Research. Cresskill，NJ：Hampton Press，2010：111.

对传播效果的深入探究，使心理学在传播学研究中变得更加重要。与此同时，学者也建立了以实证方法追求普遍科学的信心。文献计量学研究表明，传播学的三大上游学科分别为心理学、社会学和人类学，其中以探究人类普遍心理规律为宗旨的心理学贡献了传播学的绝大多数思想资源。①

从传播学的角度看，现有科学传播的实践与理论研究缺乏对受众信息获取或处理过程的了解，也没有提供足够的科学传播的解决方案。比如，本文作者之一的一项待发表研究显示，在可以检索到的美国国家科学院系统发布的138份重点探讨各领域的"公众参与科学"的研究报告中，只有12份报告引用了《科学传播》《公众理解科学》以及《科学传播学刊》等传统科学传播刊物的论文。

科学传播引起了主流传播学界的关注，其原因是：在西方后现代化社会，科技的迅速发展构成的潜在不确定性和风险已经成为社会面临的主要挑战之一，包括核电站建设、转基因技术和气候变化在内的议题日益成为重要的社会争议，如欧洲此起彼伏的对转基因和核电站的抗议，以及美国日益极化对立的有关气候变化的争议。这些使主流传播学学者难以再以科学问题的艰涩为借口而忽略科学传播。

第三节　科学传播学

在提出"科学传播学"这一新概念之前，主流传播学学者虽然也涉及科学题材，但更多热衷于以科学认知作为题材或案例，研究传播现象的一般规律，其意图并非在整体上为科学传播提供解决方案。例如，有学者用转基因这一争议题材验证传播学中的"媒体敌视理论"（Theory of Media Hostility，指争议中的双方都会认为媒体的中立报道是偏向对方的），但并无意探讨这一理论与转

---

① SO C Y K. Citation Patterns of Core Communication Journals: An Assessment of the Developmental Status of Communication[J]. Human Communication Research, 1988, 15（2）: 236.

基因传播本身有何关系。①

科学传播学的提倡者则不同。他们明确提出以在传播学领域取得成功的心理认知科学为基础，系统开展科学传播研究和方案设计。②

一、科学传播的心理学取向

在科学传播学塞克勒研讨会及《美国国家科学院院刊》"科学传播学"专辑中，传播学学者首先指出了科学传播在公民和社会形成合理决策方面的重要性及现阶段该领域面临的挑战。这些挑战包括公众不愿接受科学事实、科学素养不足、处理新兴科技领域知识的认知框架很有限，以及包括主流媒体在内的传统科普渠道迅速衰落等。③ 在这种情况下，科学界那种长期以来倚重于知识的传授、认为科学知识可以改变人们对科学的态度④ 的模式，已经难以为继。

实际上，在提出公众参与科学模型的过程中，传统的科学传播研究的学者已经对"知识越多（态度）越科学"这种缺失模型的主要表现提出过严厉批评，他们主要是从权力角度进行批判，而传播学学者则指出，人类的心理认知机制并不能支持人们主动关注和学习科学。这些学者强调，科学传播需要了解受众，但这并不容易。一方面，是因为人们往往容易误解别人的想法，科技专家对普通人如何做出更明智的决策的认识尤其缺乏。另一方面，研究表明，任何人处理信息的认知能力都是有限的。只有当具有某种动机时，人们才会注意科技信息。⑤ 然而，遗憾的是，人们对科学主题的关注动机不足。⑥

心理学研究表明，在日常生活中，人们因为各种偶然机遇形成了各种初始

① GUNTHER A C，SCHMITT K. Mapping Boundaries of the Hostile Media Effect［J］. Journal of Communication，2004，54（1）：55.

② FISCHHOFF B，SCHEUFELE D A. The Science of Science Communication［J］. Proceedings of the National Academy of Sciences，2013，110（3）：13696+14031-14110.

③ SCHEUFELE D A. Communicating Science in Social Settings［J］. Proceedings of the National Academy of Sciences，2013，110（suppl. 3）：14040.

④ MILLER J D. Scientific Literacy：A Conceptual and Empirical Review［J］. Daedalus，1983，112（2）：29.

⑤ LUPIA A. Communicating Science in Politicized Environments［J］. Proceedings of the National Academy of Sciences，2013，110（suppl. 3）：14048.

⑥ CROOKES G，SCHMIDT R W. Motivation：Opening the Research Agenda［J］. Language Learning，2013，41（4）：469.

信念，这些初始信念成为他们判断所接收到的信息的认知框架。 换句话说，人们并不会仔细辨析他们遇到的大部分新信息，而只是将它们与既有知识进行简单比较后就决定选择、接受和听信哪些信息。例如实验发现，在碳纳米管这样生疏的科技议题上，人们一旦接受了一个知识性信息，无论这个信息正确与否，以后他们都会本能地将这一知识作为是否采纳其他相关信息以及在碳纳米管问题上持正面或负面态度的依据。①

这一研究表明，在科学态度上，由初始信念先入为主地筛选和判断信息这一心理认知机制起着重要作用。在人们就科学问题形成的态度方面，科学知识的主要作用在于促使人们形成初始信念。② 而初始信念一旦形成，人们就难以用理性的态度充分评估新接收到的科学知识。基于人类有限认知能力这一基本的心理学假说，传播学学者还对科技的认知机制发展了其他理论。例如，名为安逸效应（Easiness Effect）的理论指出：当人们对科学争议感到无所适从的时候，总是更愿意相信容易理解的一方，即便这一方在科学上并不正确，但这样能让人们觉得更加踏实。③

还有学者指出，传统的科学传播研究忽视了从人际交往的过程来考察科学传播。已有研究集中在大众传播领域，特别是媒体对科学议题的报道。④ 这也与人际传播研究压倒性地采用心理学范式有关。⑤ 此外，传统的科学传播研究对日益兴起的互联网和社交媒体如何影响科学传播的过程也涉及不多。⑥

---

① DRUCKMAN J N, BOLSEN T. Framing, Motivated Reasoning, and Opinions about Emergent Technologies [J]. Journal of Communication, 2011, 61（4）：659.

② DE BRUIN W B, BOSTROM A. Assessing What to Address in Science Communication[J]. Proceedings of the National Academy of Sciences, 2013, 110（suppl. 3）：14062.

③ SCHARRER L, BRITT M A, Stadtler M., et al. Easy to Understand but Difficult to Decide：Information Comprehensibility and Controversiality Affect Laypeople's Science-based Decisions[J]. Discourse Processes, 2013, 50（6）：361.

④ EVELAND W P, COOPER K G. An Integrated Model of Communication Influence on Beliefs[J]. Proceedings of the National Academy of Sciences, 2013, 110（suppl. 3）：14088.

⑤ RICE R E , BORGMAN E L, REEVES B. Citation Networks of Communication Journals, 1977–1985 Cliques and Positions, Citations Made and Citations Received[J]. Human Communication Research, 1988, 15（2）：256.

⑥ BROSSARD D. New Media Landscapes and the Science Information Consumer[J]. Proceedings of the National Academy of Sciences, 2013, 110（suppl. 3）：14096.

二、科学政治化与传播研究

科学在欧美社会不断被政治化也是导致传播学学者介入科学传播研究的重要原因。科学被政治化的一个明显领域是气候变化。美国的保守力量长期以来拒绝接受全球变暖的科学结论，而多年来的研究也表明，美国自由派中相信气候变化者的比例，要远远高于保守派。① 而美国社会在气候变化、进化论和胚胎干细胞等具有争议性的科学议题上观点的极端化倾向，表现得越来越明显。

在当代，公共政策越来越依赖把科学标准作为合法性和正当性的基础。各个领域由此形成了大量专家群体，他们所持的彼此相反的观点打破了"科学就是正确的"这一传统认识。这一过程使科学更容易变成争议对象。同时，政客们（政治家）在确保哪些话题能获得媒体报道方面也发挥了一定的作用，因为政客们"被看作意见领袖，他们是首要的定义者"②，那些登上媒体头版的科学新闻，往往是那些带有政治色彩的消息。

这种现象受到了传播学学者的关注。他们的研究表明，在高度政治化的科学议题上，心理认知机制会发挥很大作用。例如，就气候变化而言，大多数普通人并没有主动寻求信息以了解科学真相的需求。他们不过是偶尔听到"气候变化"这个词组，然后将其纳入已有的认知系统，利用所处环境的提示和既往印象进行快速处理。研究显示，如果受众觉得科学家在气候变化问题上观点一致，他们就愿意承认全球变暖存在。受众越是觉得科学家之间分歧大，他们也就越不容易接受有关全球变暖的结论。③ 同时，学者也揭示出，如果人们要对风险有所警示，那么他们在获知该风险时往往会产生身体反应。而全球气候变暖的长时段、基于统计而非直观感受的特征，非常难以达到这种效果。④

① MCCRIGHT A M，Dunlap R E. The Politicization of Climate Change and Polarization in the American Public's Views of Global Warming，2001–2010［J］. Sociology Quarterly，2011，52（2）：155.

② Science and Technology Committee，UK Parliament. Eighth Report：Communicating Climate Science［R/OL］.（2014–08–02）［2020–04–15］. http://www.publications.parliament.uk/pa/cm201314/cmselect/cmsctech/254/25406. htm#a5.

③ DING D，MAIBACH E，ZHAO X，et al. Support for Climate Policy and Societal Action Are Linked to Perceptions about Scientific Agreement［J］. Nature Climate Change，2011，1（9）：462.

④ WEBER E. Experience-based and Description-based Perceptions of Long-term Risk：Why Global Warming Does Not Scare Us（yet）［J］. Climate Change，2006，77（1–2）：3.

传播学学者指出，在气候变化被高度政治化的环境下，反对全球变暖理论的团体充分利用了人们的各种心理认知机制来降低公众对气候变化的认可。他们试图将气候变化描述成一个政策议题而不是科学议题，导致人们在试图了解气候变化问题时，选择依据政治经济信息而不是科学信息来做出判断。[①] 他们也试图营造出一种氛围，即科学家远未就气候变化达成一致意见，气候变化仍然存在很大争议。[②]

三、信任与价值在科学传播中的作用

科学传播学的提倡者也指出，传统的科学传播实践与研究忽视了对信任与价值的探讨。[③] 与传统的科学传播研究的学者不同的是，科学传播学提倡者从一开始就把信任与价值因素当成了科学认知过程的心理变量，认为它们可以构成人们是否愿意获取或接收科学信息的标准。[④]

当对陌生的科技名词一无所知时，人们是否相信这一名词的解释，首先依赖的不是他们是否理解其中的知识，而是他们是否愿意相信对此做出解释或提供信息的科学家。只有当他们愿意信任后者，认知系统才会启动并接收信息，将这些信息与自己既有的知识结构做对比，从而形成判断。

与信任一样，价值因素在认知机制中也发挥了重要作用。根据一些学者的研究，人们的判断是基于他们所认可的价值，并非完全以事实为依据。以很多人抵制的转基因技术为例，人们抵制这一争议性技术，并非因为研究表明了转基因的弊端，而是因为人们对研究转基因的科学家的价值认同在一开始就被转基因稻种外流、转基因科学家谋求私利等媒体报道所破坏，由此他们直接拒绝接受有关转基因无害的主流科学观点。另外，研究发现，总体而言更支持转基

---

① WEBER E，STERN P C. Public Understanding of Climate Change in the United States [J]. American Psychologists，2011，66（4）：315.

② MCCRIGHT A M，DUNLAP R E. Cool Dudes：The Denial of Climate Change among Conservative White Males in the United States [J]. Global Environmental Change，2011，21（4）：1163.

③ SCHEUFELE D A，Communicating Science in Social Settings [J]. Proceedings of the National Academy of Sciences，2013，110（suppl. 3）：14040.

④ DIETZ T. Bringing Values and Deliberation to Science Communication [J]. Proceedings of the National Academy of Sciences，2013，110（suppl. 3）：14081.

因技术的美国，对科学权威的尊重在居民支持转基因技术方面发挥了核心性作用。① 美国民众长期以来养成的对科学权威的尊重，使他们形成了凡是理解技术问题就要去寻求科学知识的心理认知"快捷方式"。

价值和道德因素会构成科学认知的框架或通道，这一点让提倡科学传播学的学者也积极呼吁以民主协商的机制来制定科技政策，解决科学争议，这与公众参与科学模型是一致的。但是，与公众参与科学模型重在探讨权力与知识不同，科学传播学提倡者强调通过公众参与科学，公众可以更好地接受科学家的价值立场，从而促进他们形成更多能吸纳科学知识的认知框架，科学家也能更好地理解公众有别于科学理性的价值诉求。

四、设计科学传播学方案

除了研究心理认知机制、科学政治化及价值等因素对科学认知的影响，科学传播学提倡者还在文化认同对科学传播的影响、通过网络获取信息的特点②、社交网络在科学传播中的应用等方面，开展了与传统科学传播领域有较大区别的研究。

科学传播学提倡者提出，要基于实证原则，对具体的科学传播程序进行设计。著名风险传播专家、《美国国家科学院院刊》"科学传播学"专辑主编巴鲁克·费什霍夫（Baruch Fischhoff）指出，有效的科学传播必须执行四个相互关联的任务：鉴别出与人们面临的决策最相关的科学；了解人们已知的内容；设计传播方案来填补人们已知内容和应该知道的内容之间的空白；评估这些传播方案的效果。③

在"科学传播学"专辑中，布鲁因斯（Wändi Bruine de Bruin）和博斯特罗姆（Ann Bostrom）探讨了以受众需求和认知特点为核心的科学传播方法。该方法包括：由专家先行辨识出人们进行知情决策所需要了解的信息（专家模型），随后进行开放式访谈，了解抽样人群已知的知识及其决策模式（外行模型），

① BROSSARD D，NISBET M C. Deference to Scientific Authority among a Low Information Public：Understanding US Opinion on Agricultural Biotechnology［J］. International Journal of Public Opinion Research，2007，19（1）：24.

② SEGEV E，BARAM-TSABARI A. Seeking Science Information Online：Data Mining Google to Better Understand the Roles of the Media and the Education System［J］. Public Understanding of Science，2012，21（7）：813.

③ FISCHHOFF B，SCHEUFELE D A. The Science of Science Communication ［J］. Proceedings of the National Academy of Sciences，2013，110（3）：13696+14031-14110.

其后比较专家模型和外行模型，依据两者差别并根据人们的认知特点设计传播方案。①

这些科学传播方案的一个突出特点就是紧密依靠受众个人的知识状况和认知特点等证据进行设计，这使它们既有别于科学家教育公众的传播模式，也与传统科学传播研究的学者强调权利平等的侧重点不同。

第四节　科学传播研究是否存在路线之"争"

根据上面的概括，我们可以看到，从侧重认知机制到关注科学政治化，再到设计实证的方案，科学传播学相对于传统的科学传播研究，在如下方面很大程度上丰富了我们对科学传播过程的认识和研究手段。

首先，科学传播学将科学内容看作一种讯息（message），与人类注意力等认知元素形成互动。同时，本着实证主义（evidence-based，以证据为基础）的原则，科学传播学也力图发展各种手段来测量这些元素。

其次，倡导科学传播学的学者在心理科学已有成果的基础上，深入细致地考察了人类获知科学信息的各种认知环节，并进一步阐明了我们对科学题材的认知特点。

再次，倡导科学传播学的学者在与科学相关的议题上，考察了信任、价值、伦理等因素对人们科学态度的影响。传统的科学传播研究并不缺乏对上述因素的探讨，但并没有将其与心理认知机制联系起来，也没有发展出衡量这些因素的多种手段。

最后，很多倡导科学传播学的学者在揭示涉及科学议题的各种风险传播机制时，紧密着眼于提供政策解决方案，这也得益于美欧决策过程和政策科学长期以来以证据为基础的传统。这一点也与传统科学传播所继承的强调批判性和

---

① DE BRUIN W B, BOSTROM A. Assessing What to Address in Science Communication［J］. Proceedings of the National Academy of Sciences，2013，110（suppl. 3）：14062.

建构性的科技研究有很大的不同。

但是，我们不能基于上述比较而做出用科学传播学取代传统的科学传播研究的结论。

首先，传统的科学传播研究的学者往往认为，影响科学传播的各种变量是深深地嵌入社会中的，科学传播的过程也由此变成了复杂的网络。① 在这一网络中，各个因素互相发生动态影响，而科学传播学所见长的对变量间相关性的探索，适合于探讨静态关系而不是动态过程。对复杂的动态过程，传统科学传播研究中广泛使用的案例研究可能更有解释效力。

其次，心理学研究为我们了解受众对科学的认知规律提供了重要工具，但大部分认知理论考察的主要是实时相关性。例如，多项研究表明，人们的生物知识水平并不能决定他们对转基因技术的态度。② 但在考察生物知识对接受转基因技术与否的作用时，研究者关注的是特定时间点上二者的关系，而从长期看，对科学知识的掌握能促进科学思维方式的形成，似乎仍有助于人们对转基因技术持更为积极的态度。③ 现有的心理认知机制研究，很难把握这种长期过程。

再次，科学传播学提倡者在引进心理认知模式、信任与价值等变量时，蕴含的一个潜在前提是：科学知识尤其是现有科学知识是可靠可信的。但传播过程中科学知识的可靠性本身就是传统的科学传播学者重点考察甚至批判的目标。

最后，两种路线在处理科学与权力关系上的做法不同。科学传播学提倡者通常不考虑科学信息的提供者本身是否借助权力获得了对事实进行解说的特权。传统的科学传播学者则在揭示科学传播的多元化的过程中，对科学中心主义提出了质疑④，为公众参与科学的模式提供了道义上的正当性。与之相比，虽

① LEWENSTEIN B V. From Fax to Facts：Communication in the Cold Fusion Saga［J］. Social Studies of Science，1995，25（3）：403.

② MIELBY H，SANDOE P，Lassen J. The Role of Scientific Knowledge in Shaping Public Attitudes to GM Technologies［J］. Public Understanding of Science，2013，22（2）：155.

③ CECCOLI S，HIXON W. Explaining Attitudes toward Genetically Modified Foods in the European Union［J］. International Political Science Review，2012，33（2）：301.

④ HILGARTNER S. The Dominant View of Popularization: Conceptual Problems，Political Uses［J］. Social Studies of Science，1990，20（3）：519.

然科学传播学的提倡者也反对科学界向公众传递知识这种单一的传播模式或缺失模型，但其出发点主要是传播效果，并默认了科学界掌控知识可靠性的权力。

通过上述分析，我们可以看到，传统的科学传播研究的学者与科学传播学的学者在价值诉求、研究模式、研究方法、研究内容上各有侧重，谈不上以一种模式来改造另一种模式。但科学传播学可以为既有的科学传播研究提供重要的补充，极大程度上丰富科学传播研究的内容，拓展科学传播研究的视野。对科学传播学学者而言，既可以充分汲取科学传播学对各种心理认知模式的研究，并将之应用到更为广泛的议题上，也有必要保持传统的科学传播研究对传播过程的动态把握和对科学传播附着的权力关系的批判。

第五节　科学传播学与中国的相关性

以上关于科学传播学的讨论，主要是基于欧美国家尤其是美国的情况。中国与欧美国家有很大的不同。比如，在欧美国家，公众参与科学早已不再是学术界呼吁和追求的目标，已经通过科研基金分配和各种广泛的公民社会试验而逐步成为现实（尽管实际的执行情况并不尽如人意）。① 但在中国，公众参与科学更多还停留在书面上，未付诸实质性的实践。尽管如此，我们可以从科学传播学的研究中积极借鉴有价值的研究方法和理念，并为促进中国的科学传播实践服务。

首先，借鉴科学传播学对传播效果的观察和测度研究方法，对重大科学传播计划和活动（如科普日）的效果加强实证研究和评估。

其次，积极吸纳科学传播学路线中对心理认知机制的考察。分析心理认知机制对受众获取科学信息和形成科学态度的研究刚刚开始，在这方面我国学者

---

① 有关公众参与科学的理论与实践发展状况的反思，可参见《公众理解科学》2014 年 1 月出版的专刊，第 3~76 页。

还有很大的发展空间。

最后，在我国，公众参与科学尚未成为一种常规的实践。① 这就要求我们结合中国现状，对公众参与科学的动机、路径、方式、效果进行多方面的考察。在这方面，科学传播学和传统的科学传播的研究都为我们提供了重要资源。

总之，我国科学传播的研究和实践要充分借鉴和吸收科学传播学的理论、方法及其成果，推进我国的科学传播进入一个新的阶段。

① JIA H，LIU L. Unbalanced Progress：The Hard Road from Science Popularisation to Public Engagement with Science in China［J］. Public Understanding of Science，2014，23（1）：32.

第三章
科学素质和科学文化素质及其测评

第一节　公民科学素质的定义和内涵 [①]

近几十年来，公民科学素质的建设受到世界各国的高度重视。

20 世纪 80 年代中期，美国启动并实施了"2061 计划"，提出了"所有学习者具备科学素质"的目标。1994 年，美国克林顿政府在科学政策文件《科学与国家利益》中，确立了五大目标，其中之一就是"提高全体美国人的科学和技术素质"。欧盟国家也开展了"公众理解科学"的研究和实践，于 2001 年制订了《科学与社会行动计划》。印度于 1999 年发布了《促进科学文化素质》报告。

在中国，党和国家高度重视全民科学素质建设。2002 年，制定了《科普法》。同年，国务院批复了中国科协制订"全民科学素质行动计划"（也称"2049 行动计划"）的建议，其目标是：到 2049 年即中华人民共和国成立 100 周年的时候，全体公民人人具备科学素质。

什么是科学素质？它应该具有怎样的内涵？国际上目前已有若干种典型的说法，如美国科学促进会的"2061 计划"、美国国家研究理事会的《美国国家

[①]　本节内容以《公民科学素质的本土化探索》为题原载于《科学》2005 年第 3 期，作者为刘立。

科学教育标准》、经济合作与发展组织的国际学生素质评估项目（PISA）、国际公众科学素质促进中心的米勒，都对科学素质提出了定义。

我们认为，国际上关于科学素质的定义，对中国只有借鉴意义，不能用来照抄照搬。各国都应探索符合自己国情的本土化定义。国际科学与技术公共传播网络 2002 年 12 月在南非召开的第七次大会提出，为了确保科学技术的传播真正满足发展中国家人民和社会的需求，需要对科学素质重新进行定义。我们的调查研究也显示，提出本土化的定义是必要的。

作为承担"全民科学素质行动计划"课题中"我国公民科学素质的基本内涵与结构"项目的清华大学课题组，我们为了了解公民对科学素质的"直观"理解，并倾听公民的声音，设计了包括 12 个问题的问卷调查表。其中包括："你听说过'科学素质'或'科学素养'这个概念吗？""国际上已有科学素质的定义，你认为我国有没有必要提出自己的本土化定义？""你认为科学素质应包括哪些内容？""你认为提高我国公民科学素质的目的是什么？""国家'全民科学素质行动计划'提出目标：到 2049 年即中华人民共和国成立 100 周年的时候，全体公民人人具备科学素质。你认为这个目标能达到吗？"

由于条件限制，我们只针对清华大学的学生（包括本科生、硕士研究生和博士研究生）和清华大学附属中学的学生进行了调查。我们请有关任课老师在课堂上发放调查表，请同学们如实填写。我们共收到清华大学学生填写的调查表 436 份，清华大学附属中学学生填写的调查表 96 份。回收之后，我们对问卷调查表进行了统计分析。

关于我国有没有必要提出自己的本土化科学素质定义，调查显示，65% 的大学生和 69% 的中学生认为"有必要"，35% 的大学生和 31% 的中学生认为"没有必要"。这个结果使我们确信，关于科学素质，我们应该提出自己的本土化定义。

本文在提出公民科学素质的本土化定义之后，将进一步探索公民科学素质的内涵与结构的本土化问题。

一、什么是公民科学素质

"公民科学素质"这个概念包括三个组成部分："公民""科学"和"素质"。这里的"公民"，既包括在校的学生，也包括社会上的各种人群，如企事业单位干部、专业技术人员、工人、农民、军人、家务劳动者等。通俗地讲，就是"一个都不能少"。所以，公民科学素质应该是面向全体公民的对科学技术的一种最基本的标准和要求。它与针对专业技术人员或管理人员的科学素质显然是不同的。公民科学素质建设必须时时刻刻把公民放在心上。

"公民科学素质"中的"科学"，在"科学素质"这个概念刚提出来的时候，主要是指自然科学，后来人们又提出了"技术素质"的概念。科学素质和技术素质是相互依存的，对生活在现代科技社会的公民来说，二者同等重要。目前，国际上一般对科学素质做广义的理解，即把科学素质和技术素质统称为科学素质（需要强调技术素质的情形除外）。所以，我们对科学素质中的"科学"也应该做广义的理解，它既包括自然科学，也包括数学、技术和医学，同时还涉及相关的人文和社会科学。

公民科学素质中的"素质"，是由英文单词"literacy"翻译而来的，也有人把它翻译为"素养"。"科学素质"是"素质"概念的延伸和派生。所以，要理解"科学素质"概念，就需要对"素质"的本义有所了解。在英文中，"literacy"的基本含义是能读会写，也即我们通常所说的"有文化"。据此可以推断，"科学素质"概念的基本含义是指在科学技术方面，具有基本的读写能力。国际上科学素质的研究权威米勒就是这样来定义"科学素质"概念的。

当然，仅从词源学上来理解"科学素质"的概念是不够的。目前，国际上关于"科学素质"概念最有影响力的定义，分别见于美国科学促进会的《面向全体美国人的科学》、美国国家研究理事会的《美国国家科学教育标准》、经济合作与发展组织的国际学生素质评估项目，以及印度的《促进科学文化素质》。

《美国国家科学教育标准》对科学素质的界定是：个人决策、参与公民和文化事务以及从事经济活动所需要掌握的科学概念和经历的科学过程。《美国国家科学教育标准》还对科学素质做了补充说明："科学素质意味着一个人对日常经历中各种事物能够提出、发现或回答因好奇心而引发的一些问题。科学素质意味着一个人具有描述、解释和预测自然现象的能力。科学素质意味着一个人能够读懂通俗报刊登载的有关科学的文章，能就有关结论是否有充分根据这类问题发表自己的看法。科学素质意味着一个人能识别国家决策和地方决策所赖以为基础的科学议题，并且能提出有科学技术根据的见解来。一个具有科学素质的公民，应能根据信息的来源和产生此信息所用的方法，来评估科学信息的可靠程度。科学素质，还意味着有能力提出和评价建立在论据之上的论点，并且能恰如其分地应用从这些论证中得出的结论。"① 这个定义，对发展中国家的公民来说，显得要求过高。

印度把科学素质理解为"全民最低限度的科学"，指的是每个公民都需要具备的某种最低限度的、基本的科学（或技术）知识，以及对科学方法操作性的、实践性的熟悉和理解。它强调公民应对关系日常生活和安全，关系家庭、社区、城市、省和国家的科学技术，有较好的理解。可以看出，印度对科学素质的本土化理解是成功的，值得借鉴。

我国在实践中对科学素质的理解主要有两个体系。一是中国公众科学素养调查，它基本上采用了米勒对科学素质（定义和内涵）的理解。这种理解虽然能较好地做到与国际接轨，但是，它需要进一步适合中国国情。二是《全民科学素质行动计划纲要（2006—2010—2020 年）》中对科学素质的理解。它指出：科学素质是国民素质的组成部分，是指公民了解必要的科学知识，具备科学精神和科学世界观，以及用科学态度和科学方法判断及处理各种事务的能力。② 我们认为，这个定义体现了本土化色彩，包含了"四科"，既体现了科学素质的知识内容，也体现了科学素质的能力特征。但是，该定义中的一些措辞有待推敲，比如"各种事务"较含糊。

综合国际国内关于科学素质的定义，考虑到我国的国情，如《科普法》中说到的"四科"，以及我国公民对科学素质的基本需求，课题组提出了公民科学素质的一个定义，即公民科学素质是国民素质的重要组成部分，是指公民了解科学技术知识、掌握科学方法、具有科学思想、崇尚科学精神的程度，以及应用它们来处理生存与发展问题、生活与工作问题和参与公共事务的能力。

该定义具有以下特点：规定了科学素质的知识内容，主要是"四科"，即科技知识、科学方法、科学思想和科学精神，这与《科普法》关于科普工作内

① 国家研究理事会. 国家科学教育标准［S］. 戢守志，金庆和，梁静敏，等译. 北京：科学技术文献出版社，1999：28.
② 刘立. 中国科协全民科学素质行动计划大纲［N］. 中国教育报，2003-02-14（7）.

容的规定——"普及科学技术知识、倡导科学方法、传播科学思想、弘扬科学精神"保持了一致；指出了科学素质是应用作为整体的科学技术（知识、方法、思想和精神）解决与公民密切相关的实际问题的能力；强调了科学素质的"解决问题"导向，即具备科学素质是为了解决与公民密切相关的三个层次的问题——生存与生活问题、工作与发展问题以及参与公共事务的问题；指出了科学素质是公民整体素质系统中的一个组成部分，科学素质要与文化素质、思想道德素质统筹协调发展。

二、确定公民科学素质内涵的原则

公民科学素质应该具有怎样的内涵？我们认为，确定公民科学素质的内涵，必须遵循一定的原则。

第一，针对公民自身发展的需要。

提高公民科学素质，首先是为了满足公民自身的需要，这与"以人为本"的思想是一致的。公民自身的需要，可以概括为三个层次：生存、生活的需要；参与就业竞争的需要；全面发展和终身发展的需要。

第二，针对国家社会经济发展的需要。

提高公民科学素质，也是为了国家经济社会发展的需要。宏观上讲，是为了全面建设小康社会和实现经济建设三步走战略；为了实施科教兴国战略、人才强国战略和可持续发展战略；为了推进物质文明、政治文明和精神文明建设。公民科学素质的提高，可以为社会全面、协调、可持续的发展提供必要的支撑。

第三，充分考虑国情。

只有对国情有一个正确的定位，才会有对实践方式的合理选择。

从经济发展的水平看，截至 1999 年，中国人均 GDP 刚超过低收入国家的水平，尚未达到中下等收入国家的水平，如图 3-1 所示。

我国的教育发展水平，从中等教育和高等教育毛入学率看，与美国、日本、韩国、俄罗斯还有很大的差距，如图 3-2 所示。

从科技论文和专利的产出来看我国科技发展的水平，我国在国际上已是"论文大国"，论文的产出已经上升到世界第 6 位，但衡量论文质量的引证率却很落后。国内专利数量庞大，但在国际专利方面，数量还非常少。另外，我国科技进步对经济增长的贡献率较低，约为 30%，与发达国家 60%—80% 的水平还有差距。

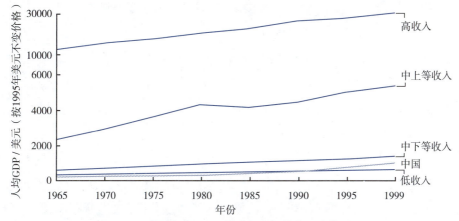

图 3-1　中国人均 GDP 的增长及与其他国家的差距

资料来源：达尔曼，奥波特. 中国与知识经济：把握 21 世纪. 熊义志，等译. 北京：北京大学出版社，2001：2。

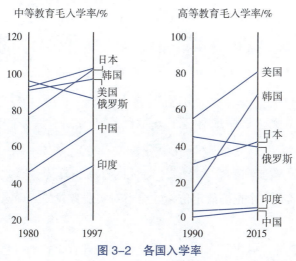

图 3-2　各国入学率

资料来源：达尔曼，奥波特. 中国与知识经济：把握 21 世纪. 熊义志，等译. 北京：北京大学出版社，2001：2。

从公众科学素质的水平看，2003 年中国公众具有科学素质的比例为 1.98%，即平均在 100 个人中，只有不到两个人具备基本的科学素质。公众科学素质调查，主要调查公众对基本科学术语、基本科学方法以及科学与社会之间关系的了解程度。这种调查，美国做得最早，1957 年就已经开始，从 1972 年起固定为每两年进行一次。中国的公众科学素质调查，基本上采用了美国、日本和欧盟国家所采用的标准，但也根据中国国情做了少量修改。

第四，坚持普及性和基础性。

公民科学素质的内涵针对的是全体公民，而不是少数精英知识分子，所以，它应该具有普及性。科学素质的内容，必须是与广大公民的生存、生活、工作以及参与公共事务有关的最基本的内容，如基本劳动技能，以及与衣食住行、生老病死有关的知识和技能。

第五，面向世界和面向未来。

人类社会继农业经济、工业经济之后，知识经济已初见端倪。由于通信技术的发达，特别是互联网的普及，人类进入了信息时代，世界已经变成了"地球村"。在全球化的时代，中国离不开世界，世界也离不开中国。在这样的背景下，中国公民科学素质的建设，必须面向世界，面向未来。

三、公民科学素质的要素结构

基于文献研究及我们对基本国情的分析，我们提出，公民科学素质的内涵既包括要素成分，也包括功能成分。我们从三方面来分析公民科学素质的要素。

首先，基本文化素质即母语的基本读写能力，这是具备科学素质的基本条件。任何提高科学素质的措施都要以基本文化素质作为前提。科学素质是基本文化素质在当今科学技术时代的发展和延伸。因此，基本文化素质既是提高科学素质的基础和前提，同时也是科学素质的最基本的组成部分。

其次，应当把"科学"当作一个系统结构来理解，它不仅包括科学技术知识，也包括科学方法、科学思想和科学精神等内容。

最后，科学技术这个系统从来不是独立于社会的。科学是社会中的科学，技术是社会中的技术。科学、技术与社会有着复杂的互动关系。研究科学、技术与社会互动关系的学问在国际上称为"科学技术与社会"（STS）。

因此，我们提出，科学素质的要素结构应该包括科技知识、科学方法、科学思想、科学精神，以及科学技术与社会，简称为"五科"，其中科技知识是科学素质要素结构的基础，而科学精神则是科学素质要素结构的灵魂。

关于科学素质内涵的上述提法，既能在一定程度上与国际接轨，又具有本土特色。第一，体现了《科普法》的"四科"；第二，在"四科"的基础上，加上了"科学技术与社会"一项。

我们对科学素质内涵的界定，得到了课题组所做问卷调查的支持。在问及"你认为科学素质应包括哪些内容？（可多选）A 具有某一方面的劳动技能；B 掌握基本的科学技术知识；C 了解基本的科学方法；D 具备基本的科学思想；E 具备基本的科学精神；F 了解科学与人文的关系；G 了解科学的本质；H 大致了解科学技术与社会的关系；J 了解关于人类社会的知识"时，回答比例最高的是"B"（52%），第二位是"E"（46%），第三位是"D"（41%），第四位是"C"（34%），第五位是"H"（24%），第六位是"F"，第七位是"J"，第八位是"A"，最低的是"G"（13%）。

从调查结果看，这种比例与我们提出的科学素质的要素结构能很好地吻合：排在前四位的，正好符合"四科"；加上第五位"大致了解科学技术与社会的关系"，正好符合我们提出的"五科"。

另外，调查结果表明，在科学素质的内涵中，人们非常强调"基本的科学技术知识"。这说明，科学技术知识是科学素质的基础。

四、公民科学素质的功能结构：四个层次

国际上一些学者从科学素质的功能角度来分析科学素质的内涵。申恩将科学素质划分为三个层次，分别为：实用（practical）科学素质、公民（civic）科学素质、文化（cultural）科学素质。

实用科学素质，指的是掌握某些科学知识和技术知识，它们可以直接被用来解决实际问题。人类最基本的需要是生存和健康，实用科学素质必须面向这类需求。

公民科学素质，指的是能够理解科学决策和与科学有关的决策背后的科学

问题，经过思索表达意见，参与和影响公共政策。

文化科学素质，即对科学作为人类活动、作为文化现象，有一个基本的了解。

申恩的工作，为探究科学素质提供了一个很有价值的思路。后来有学者对申恩的工作进行了扩展。

我们借鉴这样的分析思路，提出：考虑到我国的国情，科学素质的功能结构由低到高分为四个层次。第一层次是为了满足基本生存需要；第二层次是为了满足一般的物质生活需要；第三层次是在物质生活需要满足的基础上为了满足更高的精神文化生活需要；第四层次是为了满足作为现代公民参与公共事务等社会生活的要求，如图3-3所示。

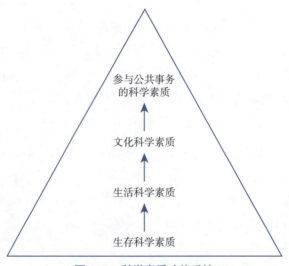

图 3-3　科学素质功能系统

生存科学素质，指的是与劳动基本技能相关的科学素质。

中国还有相当大比例的人口，其主导需求是解决生存问题。"生存"主要强调最低限度的物质生活，侧重职业谋生活动。因此，生存科学素质是公民在现代社会赖以生存的最基本科学素质，是公民科学素质中要求最迫切的部分，也是中国社会经济建设所必需的职业劳动素质的必要组成部分。它涉及的更多是操作性的、实践性的科学知识，而不一定是理论化、系统化的认知。生存科学素质与下文介绍的"生活科学素质"相当于申恩科学素质三个层次中的实用科学素质。我们之所以把生存科学素质与生活科学素质区别开来，是要强调前者更关注科学素质对谋生职业的意义，后者更关注科学素质对个人生活的意义。

生活科学素质，指的是现代生活方式（健康文明的生活方式）所必需的科学素质。

这里"生活"强调的是现代文明社会中的基本生活，侧重公民的身心健康和基本的社会参与，它比前述的"生存"层次更高，因此它所要求的科学素质的水准和丰富性也要高于生存科学素质。这是公民在现代社会中保证基本生活品质的科学素质，也是中国现代化发展所需全面文化素质的一个内在组成部分。

文化科学素质，即现代文明的精神生活所必需的科学素质。

公民文化生活，是指在公民基本的物质生活和身心健康得到保障的前提下，享受高层次文化精神活动的生活。因此，文化科学素质是比生存科学素质和生活科学素质更高层次的科学素质。它是公民在现代社会中享受高素质的精神生活所必需的素质。只有掌握了科学精神和科学方法、科学的思维习惯，培养了实事求是的工作作风，才能具备理性健全的精神素质，才能破除迷信盲从。它相当于申恩科学素质三个层次中的文化科学素质。

参与公共事务的科学素质，即参与社会公共事务和民主决策所需要的科学素质。

参与公共事务的科学素质是比生存科学素质、生活科学素质和文化科学素质更高的要求。它是建设中国特色社会主义的政治文明所必需的能力，也是知识经济时代社会公共生活和民主决策必需的科学素质。参与公共事务的科学素质大体对应于申恩科学素质三个层次中的公民科学素质。

总结起来，我们提出了公民科学素质的一个本土化定义，并对公民科学素质的内涵与结构进行了本土化探索。我们的结论是：公民科学素质是建立在基本文化素质基础上的，是科学素质的要素结构（"五科"）与功能结构（四个层次）相耦合的系统。

第二节　公民科学素质测评国际新进展 及对中国的启示 [①]

20 世纪八九十年代，经典米勒体系被广泛应用于对一个国家公民科学素质的调查。我国也是基于经典米勒体系进行公民科学素质调查。[②] 进入 21 世纪，国际上已经扬弃经典米勒体系，开始采用新的测评指标体系，从三维指标（科学知识、科学过程、科学与社会）调整为一维指标（科技知识）；采用"公民科学素质指数"（Civic Scientific Literacy Index）来表征一个国家具有公民科学素质的人口的比例，笔者称之为"新米勒体系"。在国际上公民科学素质评价体系转变的情况下，中国应该如何借鉴国际新经验，结合国情对中国公民科学素质进行科学、客观的监测与评估，成为新时代所面临的一项任务。

一、公民科学素质测评的国际新进展

1. 经典米勒体系

1979 年，美国采用米勒初步提出的包括三个维度的测评指标对公民科学素质开展测评。这三个维度是：①科学术语与概念的词汇量；②对科学过程的理解；③科学技术对个人和社会影响的意识。[③] 这通常被认为是米勒体系的雏形。后来米勒进一步对测评体系进行了更为全面的表述。在最终确定的

---

① 本节内容是国家社会科学基金重点项目"习近平总书记科技创新思想与世界科技强国战略研究"（项目号：17AKS004）、清华大学自主科研计划（项目号：2017THZWLJ02）的成果，原载于《全球科技经济瞭望》2018 年第 5 期，作者为刘立、孙楠、牛桂芹。

② 在中国公民科学素质调查过程中，科学知识包括科学术语和科学观点，因此在判断测试者是否具备基本科学素质时，需要四方面（了解科学术语、了解科学观点、理解科学方法、理解科学与社会关系）同时达标才被认为具备基本科学素质，这比经典米勒体系中三个维度同时达标的要求更严格，达标难度更大。参考：任福君. 中国公民科学素质报告：第二辑［M］. 北京：科学普及出版社，2011：2, 28。

③ MILLER J D. Toward a Scientific Understanding of the Public Understanding of Science and Technology［J］. Public of Science，1992（1）：23–26. 原文为："1）a vocabulary of scientific terms and concepts；2）an understanding of the process of science；3）an awareness of the impact of science and technology on individuals and on society."

米勒公民科学素质测评指标体系中，公民科学素质包括三个维度：①对基本科学术语和概念的理解（科学知识）；②对科学探究过程和科学本质的理解（科学过程）；③对科学技术对个人和社会的影响的理解（科学技术与社会）。公众只有在三个维度上都达到了最低素养标准，才被认为是具备了基本的科学素质。[①] 这样包含三个维度且需要同时达标才算是合格的测评体系，我们称为经典米勒体系。

欧盟于 1992 年最后一次采用经典米勒体系进行公民科学素质调查，美国于 1995 年最后一次采用经典米勒体系进行公民科学素质调查。此后，经典米勒体系就不再被使用了。

2. 新米勒体系

进入 21 世纪，印度在 2003 年，巴西在 2004 年，欧盟在 2005 年，美国在 2008 年，都进行了国家范围的公民科学素质调查，均未采用经典米勒体系[②]，而是采用新的公民科学素质测评体系，并用"公民科学素质指数"来表征一个国家具有公民科学素质的人口的比例。笔者称之为"新米勒体系"。

新米勒体系设计若干道"科技知识"题目，受试者如能答对 70% 的题目，就算具有科学素质了。

（1）新米勒体系下的公民科学素质国际对比

米勒将历年来美国进行科学素质测评的结果进行了汇总，如图 3-4 所示。[③]

从图 3-4 可以看出，美国公民具有科学素质的比例，从 1988 年的 10% 逐步上升至 2008 年的 28%。米勒于 2016 年在美国调查了 2840 个成年人，测评结果表明美国公民具有科学素质的比例是 28%，跟 2008 年的比例一样，没有变化。米勒本人对此也感到费解，没有给出解释。

① MILLER J D. The Measurement of Civic Scientific Literacy［J］. Public Understanding of Science，1998，7（3）：203-223. 原文为："It was argued that the combination of a reasonable level of achievement on each of these three dimensions would reflect a level of understanding and competence to comprehend and follow arguments about science and technology policy matters in the media." 另见：曾国屏，等. 科学传播普及问题研究［M］. 北京：清华大学出版社，2015：102.

② 张超，任磊，何薇. 创建中国公民科学素质指数［J］. 科普研究，2008（6）：51-58.

③ MILLER J D. Civic Scientific Literacy in the United States in 2016 — A Report Prepared for the National Aeronautics and Space Administration by the University of Michigan［EB/OL］. （2016-01-01）［2020-03-16］. http://home.isr.umich.edu/files/2016/10/NASA-CSL-in-2016-Report.pdf.

国际上若干国家采用新米勒体系进行公民科学素质调查，公民具有科学素质的比例，可以通过图 3-5 反映出来。

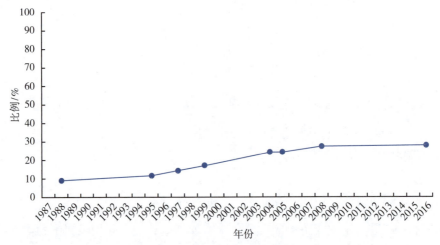

图 3-4　美国公民具有科学素质的比例

资料来源：MILLER J D. The Sources and Impact of Civic Science Literacy［M］//BAUER M W，SHUKLA R，ALLUM N. The Culture of Science：How the Public Relates to Science across the Globe. New York：Routledge，2012。

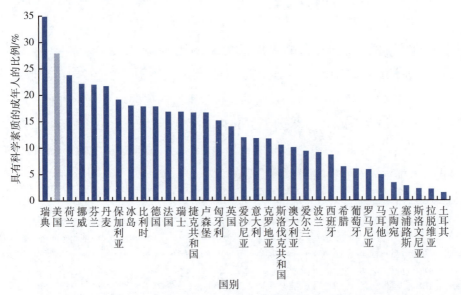

图 3-5　美国等 33 个国家公民具有科学素质的比例（2005—2007 年）

注：2005—2007 年，在 33 个国家进行的科学素质测试中，美国公民获得了第二高的分数。然而，只有不到 1/3 的美国人熟悉基本的科学知识。

资料来源：Miller，International Center for the Advancement of Scientific Literacy。

其中，瑞典最高，为 35%；美国为 28%。特别指出，据报道，日本公民具有科学素质的比例为 5% 左右，与其他国家相比如此之低，与日本作为科技创新强国的身份不匹配，估计是采用经典米勒体系测评出来的。也有资料说，日本 1991 年公民具有科学素质的比例为 3%。[1] 笔者提出了"日本悖论"，即科技创新强国，科学素质弱国。[2] 笔者猜测，很可能是日本的公民科学素质测评指标体系出了严重的问题，未能如实反映日本公民科学素质的实际状况。

（2）加拿大采用新米勒体系对公民科学素质的测评

国际上最新采用新米勒体系进行公民科学素质测评的国家是加拿大。加拿大科学院理事会将"科学文化"划分为四个维度，如表 3-1 所示。

表 3-1　加拿大"科学文化"的四个维度

掌握科学技术知识的程度	掌握和应用科学技术技能的状态
加拿大人科学技术知识的平均水平如何？	加拿大人具有专业科学技术技能的程度如何？
加拿大人对核心科学概念（比如什么是分子或 DNA）的理解程度如何？	加拿大青年会去争取科学领域中的教育机会吗？
加拿大人在多大程度上能够理解有关科学事物的含义？	多大程度上，加拿大人会去追求科学领域中的进阶训练或是从事科学工作？
对待科学技术的态度	**参与科学技术相关主题的活动状态**
加拿大人对科学与技术的态度如何？	加拿大人在科学问题、观点和发展方面有多大的兴趣？
他们对科学保证的观点或对科学技术持有的保留态度如何？	他们如何获得科学最新进展的相关信息？
加拿大公民在多大程度上支持对科学研究的公共投资或是相信科学教育和事业的价值？	加拿大人是如何参与到科学活动或科学工作中来的？
加拿大人如何看待特定的科学问题（如生物技术或气候变化）？	他们多大程度上参与科学导向的事件或是去参观科学机构或对科学机构做出贡献？

资料来源：GOPICHANDRAN R. Science Culture：Where Canada Stands［J］. Journal of Scientific Temper，2015，3（1-2）：222。

① 刘玮宁，符王润. 我国公民科学素质达 3.27% 不敌 22 年前日本水平［EB/OL］.（2011-03-24）［2020-03-16］. http://news.sohu.com/20110324/n279979487.shtml.

② 刘立. 日本悖论：科技创新强国，科学素质弱国［EB/OL］.（2017-06-05）［2020-03-16］. http://mp.weixin.qq.com/s/nh3iBMLqoZsmHHSNXJKdcQ.

1）掌握科学技术知识的程度（knowledge）；

2）掌握和应用科学技术技能的状态（skills）；

3）对待科学技术的态度（attitudes）；

4）参与科学技术相关主题的活动状态（engagement）。

加拿大科学院理事会根据这四个维度的一级指标设计出了二级指标和调查问卷，对加拿大公民的"科学文化"进行了测度。

加拿大对公民科学素质测评的调查问卷中共有 17 道题目，其中 14 道事实性对错题目，3 道开放性题目。调查表明，加拿大公民具有科学素质的比例为42%，在全球 35 个接受同类测评的国家中排名第一，加拿大为此非常自豪，如图 3-6 所示。

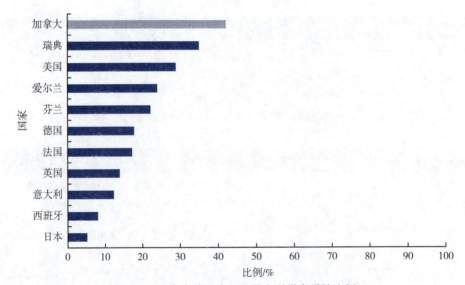

图 3-6　加拿大等国家公民具有科学素质的比例

注：欧洲国家是 2005 年的数据；美国是 2008 年的数据；日本是 2001 年的数据。

资料来源：GOPICHANDRAN R. Science Culture：Where Canada Stands［J］. Journal of Scientific Temper，2015，3（1-2）：222。

3. 从经典米勒体系到新米勒体系

公民科学素质测评国际新进展主要体现在测评指标体系从经典米勒体系向新米勒体系的转变。二者具体区别如下。

一是指标维度不同：新米勒体系是对经典米勒体系三维指标的扬弃，从三维指标调整为二维指标，后来合并为"科技知识"一维指标。[①]

二是测评方法不同：根据新米勒体系，公众答对 70% 的题目，就算具有科学素质了，而在经典米勒体系中，只有三项测评全部合格，才能说一个公民具有基本的科学素质。

三是表征方式不同：新米勒体系采用"公民科学素质指数"来表征一个国家具有科学素质的公民的比例。[②]

二、中国的公民科学素质测评

公民科学素质测评指标体系可以用于指导具体的公民科学素质测评活动，如公民科学素质调查、学生科学素质评价等。但是，指标体系的指标要素还不能被直接用作调查的指标及问卷，需要根据调查的目的和方案将指标要素的要求转化为具体的调查问题。调查问题的设计，应该更适合中国公民的思维习惯和理解力。

1. 中国公民科学素质测评实践发展

我国自 20 世纪 90 年代开始，在国际科学素质议题有关理论和实践发展的基础上，借鉴发达国家的做法进行公民科学素质调查。通过精心科学地设计调查问题，定期开展公民科学素质调查，已经成为我国测评公民科学素质状况的比较有效、实际、实用的方法，而且得到了各方面的认可。自 2006 年国务院颁布实施《全民科学素质行动计划纲要（2006—2010—2020 年）》（以下简称《科学素质纲要》）以来，科技传播与普及工作的核心目标之一就是服务全民科学素质建设，也促使我国的科技传播与普及工作和公民科学素质建设工作之间形成良好的互动关系。之后，为了对公民科学素质建设工作进行检验，对《科学素质纲要》的实施效果进行评估，公民科学素质调查成为我国公民科学素质建设工作评估的重要手段。

从 1992 年第一次测评开始，中国科协借鉴国外公众科学素质调查的做法，

① 陈发俊，史玉民，徐飞. 美国米勒公民科学素养测评指标体系的形成与演变 [J]. 科普研究，2009（2）：41–45.

② MILLER J D. The Sources and Impact of Civic Science Literacy [M] // BAUER M W, SHUKLA , ALLUM N. The Culture of Science: How the Public Relates to Science across the Globe. New York: Routledge, 2012.

截至 2015 年，已经开展了九次全国范围的调查（其中，1994 年第二次调查并未统计出数据）（图 3-7）。[1] 调查的指标和问卷基本上沿用了经典米勒体系及美国关于科学素质的调查问卷，其间，根据中国国情进行过多次修改和校正。调查结果基本反映了我国公民的科学素质状况、公民获取科技信息和参与相关活动的情况及公民对科学技术的态度。[2]

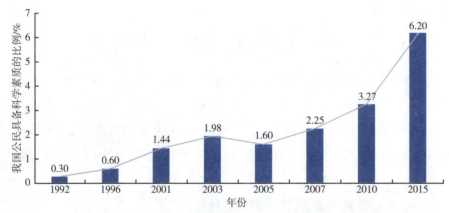

图 3-7　中国 1992—2015 年八次公民科学素质调查的结果

资料来源：1992 年数据来源于《1992 年中国公众科学素质调查报告》；1996 年数据来源于《1996 年中国公众科学素质调查报告》；2001 年数据来源于《2001 年中国公众科学素质调查报告》；2003 年数据来源于《2003 年中国公众科学素质调查报告》；2005 年、2007 年、2010 年数据来源于《中国公民科学素质报告（第二辑）》；2015 年数据来源于《第九次中国公民科学素质调查》。

第九次中国公民科学素质调查的一个主要结果是：2015 年我国具备科学素质的公民比例达到了 6.20%，比 2010 年的 3.27% 提高了近 90%。[3] 我国在《中华人民共和国国民经济和社会发展第十三个五年规划纲要》中提出的目标要求是，到 2020 年，公民具备科学素质的比例超过 10%。

2. 新时期对中国公民科学素质测评提出新要求

近些年来，尤其是"十三五"时期，我国重大发展战略和发展目标都对公民科学素质建设提出了新的要求，各项相关政策和国家领导人讲话都体现了这一点。比如，2016 年，习近平总书记在全国科技创新大会、两院院士大会、中

---

①　任福君，翟杰全. 科技传播与普及概论［M］. 北京：中国科学技术出版社，2012：169.

②　楼伟. 公民的基本科学素质及其测评［J］. 科普研究，2014（4）：29-37+77.

③　新华网. 中国科协发布第九次中国公民科学素质调查结果［EB/OL］.（2015-09-19）［2020-03-20］. http://education.news.cn/2015-09/19/c_128247007.htm.

国科协第九次全国代表大会上发表重要讲话，把科普工作提到了前所未有的战略高度，强调了公民科学素质建设在科普工作中的重要地位。他认为，"没有全民科学素质普遍提高，就难以建立起宏大的高素质创新大军，难以实现科技成果快速转化"。这些内容进一步表明了新时代必须努力将科学普及与科技创新结合起来，真正使二者成为一体两翼，共同推进我国科技事业的发展。同时也说明，新时代我国公民科学素质建设及其测评必须具有新的内涵和维度。

我国的公民科学素质测评指标须适应时代特征，同时也要体现中国特色。纵观多年的测评实践、国际环境和新的时代特点，应该了解到，经典米勒体系已经有很多方面不适合我国公民科学素质的测评，即使是新米勒体系，也因产生于制度环境与我国差异较大的西方国家，在我国公民的测评过程中会具有一定的局限性和不适应性。因而，要与时俱进，新时代须以国际测评指标体系的调整为借鉴，以《科普法》提出的"四科"和《科学素质纲要》提出的"四科两能力"为准绳，补充新的中国元素。

近几年来，我国也开始逐步完善现行公民科学素质测评指标体系。结合本国实际发展情况，目前已经出现了针对中国本土环境特色的研究，也出现了针对地区差异的地方性公民科学素质测评指标研究。这些工作都体现了国际新进展对我国产生的影响和启示。

三、对新时代中国的启示

由于 20 世纪 90 年代国际上已逐步抛弃经典米勒体系，采用了新米勒体系来测评公民科学素质，而我国仍然继续采用经典米勒体系，所以，我国科学素质测评的结果就只能是自己跟自己进行历史纵向比较，而没有国际比较的意义了。具体来说，我国的公民科学素质调查结果以及后续调查结果，都只能停留在与美国 1995 年、欧盟 1992 年的公民科学素质调查结果进行比较，而不能与其他国家进行与时俱进的比较。

一方面，对一般公众和领导来说，由于不了解经典米勒体系与新米勒体系的差异，不了解国际上具有科学素质的公民的比例（即"公民科学素质指数"），那么，给他们造成的印象很可能就是，我国具有科学素质的公民的比例与发达国家具有科学素质的公民的比例之间的差距越来越大，越来越"落后"；另一方面，大规模调查存在周期长、质量控制难、调查深度有限、影响因素分析不够等问题，现有的调查还存在一些需要改进的方面，如调查指标体系和问卷的科学化和本土化，调查结果的综合呈现，调查对象以及调查采用的方式，等等。[①]

针对现行科学素质调查存在的缺陷，上海已先行一步，率先开发出自己的科学素质指标，并进行了调查。2016 年，国务院办公厅确定科技部、财政部、中央宣传部牵头，中央组织部等 20 个部门参加制定《中国公民科学素质基准》（以下简称《基准》），并于当年 4 月 18 日由科技部、中央宣传部印发。在《基准》的基础上，笔者尝试把我国公民科学素质调查数据"换算"成国际意义上的"公民科学素质指数"。

1. 研制具备地方特色的测评体系

上海市在全国率先研制出"符合中国国情的以能力为导向的中国公民科学素质基准及测试体系"[②]，即从"科学生活能力""科学劳动能力""参与公共事务能力""终身学习与全面发展能力"四方面评估公民科学素质，受访者只有当四方面的能力考察全部合格，才被视为具备基本的科学素质，即达标。

上海市采用该测评指标体系进行了公民科学素质调查。结果显示：上海市公民科学素质水平达标率为 28.8%。与 2012 年的测评结果相比，上海市公民科学素质达标率提高 2.2 百分点，比中国科协测评的结果（约 19%）高出约 10 百分点。之所以出现这么大的偏差，主要在于二者科学素质调查的指标体系是不一样的。

2. 构建中国特色的测评方案

2016 年颁布的《基准》共有 26 条基准、132 个基准点[③]，基本涵盖公民需要具有的科学精神、掌握或了解的知识、具备的能力。测评时从 132 个基准点中随机选取 50 个基准点进行考察，50 个基准点须覆盖全部 26 条基准。根据每条基准点设计题目，形成调查题库。

---

① 楼伟. 公民的基本科学素质及其测评［J］. 科普研究，2014（4）：29–37+77.

② 2007 年国家科技部委托上海市科学技术委员会牵头成立课题组，研究制定符合中国国情的以能力为导向的中国公民科学素质基准及测试体系。

③ 详见：科技部，中央宣传部. 关于印发《中国公民科学素质基准》的通知［S/OL］.（2016–04–18）［2020–04–20］. http://www.most.gov.cn/mostinfo/xinxifenlei/fgzc/gfxwj/gfxwj2016/201604/t20160421_125270.htm.

测评时，从包含 500 道题的题库中随机选取 50 道题目（对应 50 个基准点，覆盖 26 条基准）进行测试，形式为判断题或选择题，每题 2 分。正确率达到 60% 被视为具备基本科学素质。《基准》科学素质测评题库尚在开发中。

该测评方案，基本上采用了李群等提出的测试方案。[①] 该测评指标简洁直观，公民可以估算自己的得分，自我判断科学素质是否合格。

3. 开发中国公民科学素质指数

在《基准》测评方案的基础上，笔者尝试把我国公民科学素质调查数据"换算"成国际意义上的"公民科学素质指数"。国际上现行的公民科学素质调查主要是针对"科技知识"调查，基本对应我国公民科学素质调查中的"了解科学术语""了解科学观点"。2010 年第八次公民科学素质调查结果表明，我国公民"了解科学观点"的合格率为 39.4%（18 道测试题，答对 11 道题为合格），"了解科学术语"的合格率为 19.3%（4 道题，都答对或基本答对为合格）。[②] 那么，据此结果换算，可以说，2010 年我国"公民科学素质指数"为 20%，即 2010 年我国具有基本科学素质的公民比例为 20%。

我国科普研究者也开发出了中国"公民科学素质指数"，其含义是：对公民个体来说，这个指数就是他 / 她对科学素质所有测试题目的总分值。[③] 这是独具"中国特色"的，与国际上的"公民科学素质指数"不是一回事。根据《中国公民科学素质报告（第二辑）：第八次中国公民科学素质调查》，中国公民科学素质指数，2003 年为 38.4%，2005 年为 43.6%，2007 年为 48.5%，2010 年为 53%，体现了全民科学素质建设的进步。

四、结语

国际上，从经典米勒体系到新米勒体系，公民科学素质测评体系不断发展演变和改进，指标体系结构从三维到一维，测评标准从三方面是否全部合格到题目正确比例，测评的方式和方法都发生了改变。如果我国仍继续采用经典米勒体系测评公民科学素质，而国际上采用"难度系数"大为降低了的新测评指

① 李群，陈雄，马宗文．中国公民科学素质报告（2015~2016）［M］．北京：社会科学文献出版社，2016：27．

② 任福君．中国公民科学素质报告：第二辑［M］．北京：科学普及出版社，2011：23．

③ 张超，任磊，何薇．创建中国公民科学素质指数［J］．科普研究，2008（6）：51–58．

标，那么，我国对于公民科学素质的测评不仅不符合本国科学文化、经济社会发展和公民科学素质建设的需求，而且将公民具有科学素质的比例同国际上比较，很可能差距会加大，出现类似于"日本悖论"的"中国悖论"[①]，将有损我国的国际形象。

据此，笔者及合作者正在试图研制新时代的中国公民科学素质测评指标，努力做到既坚持中国特色，比如坚持《科普法》和《科学素质纲要》提出的"四科"，又充分考虑与国际接轨。笔者提出，我国应该而且可以就公民科学素质测评指标，联合"一带一路"沿线代表性国家的专家学者，提出"中国方案"甚至"中国标准"。[②]

第三节　科学文化素质的内涵与测评[③]

"科学素质"概念原是舶来品，我国已经实现了"科学素质"概念的本土化。根据《全民科学素质行动计划纲要（2006—2010—2020年）》对科学素质的定义，科学素质是公民素质的重要组成部分。公民具备基本科学素质，一般指了解必要的科学技术知识，掌握基本的科学方法，树立科学思想，崇尚科学精神，并具有一定的应用它们处理实际问题、参与公共事务的能力。简要地讲，科学素质指的是"四科两能力"。2016年，公民科学素质的发展目标写进了《中华人民共和国国民经济和社会发展第十三个五年规划纲要》："公民具备科学素质的比例超过10%"。同年4月18日，科技部、中宣部印发了《中国公民科学素质基准》。中国科学院和国家天文台的陈学雷等八名科学家曾对其中

---

① 我国1978年改革开放以来，GDP以每年近9%的速度增长，创造了举世瞩目的"中国奇迹"（林毅夫）和"中国人类发展奇迹"（胡鞍钢）。没有高水平的全民科学素质支撑，是难以想象的。一位曾任高层领导提出，相对于我国具有庞大的受过高等教育的人口，我国公民具有科学素质的比例2015年仅为6.2%，对此有异议。（调研资料）

② 刘立. 研究"一带一路"沿线国家公民科学文化素质测评指标体系［J］. 科技传播与普及动态，2017，23（11）：26.

③ 本节内容原载于《自然与科技》2016年第2期，作者为刘立，有修改。

一些条目表述的准确性进行过讨论。

"科学文化素质"是一个比"科学素质"内涵更丰富的概念，可以包容相关的人文社会科学内容（包括中国优秀传统文化知识）。我国法律法规、政策文件、党和国家领导人讲话历来采用"科学文化素质"的提法。例如，我国宪法（2018年修正版）第十九条规定："国家发展社会主义的教育事业，提高全国人民的科学文化水平。"《科普法》《中华人民共和国科学技术进步法》以及"十三五"规划中都采用了"科学文化素质"的提法。

1978年邓小平同志《在全国科学大会开幕式上的讲话》中指出："劳动者只有具备较高的科学文化水平，丰富的生产经验，先进的劳动技能，才能在现代化的生产中发挥更大的作用。"2015年4月28日，习近平同志在庆祝"五一"国际劳动节暨表彰全国劳动模范和先进工作者大会上的讲话中指出："我们一定要深入实施科教兴国战略、人才强国战略、创新驱动发展战略，把提高职工队伍整体素质作为一项战略任务抓紧抓好，帮助职工学习新知识、掌握新技能、增长新本领，拓展广大职工和劳动者成长成才空间，引导广大职工和劳动者树立终身学习理念，不断提高思想道德素质和科学文化素质。"

由于"科学文化素质"比"科学素质"的涵盖面更广，内容更丰富，所以，"科学素质"概念应该向"科学文化素质"概念回归，并且在公民科学（文化）素质测度中，应侧重对公民科学文化素质的测度，改变长期以来侧重对公民科学知识测度的状况。

我国常用的"科学文化素质"概念中的"科学文化"具有中国特色的内涵，国际上一般意义的"科学文化"（science culture）与此有所不同。国内外很多专家学者对"科学文化"进行了研究，如徐善衍、袁江洋、马来平、R. 舒克拉（R. Shukla）、马丁·鲍尔（Martin Bauer）和卡洛斯·沃格特（Carols Vogt）等。迄今，"科学文化"的内涵及研究，如袁江洋2007年所指出的那样："仍然是一个充满歧见、难以给出一个明确定义的交叉研究领域。在此领域内，有着不同背景的学者从不同的角度与立场出发，发展出了多种不同的研究进路，以理解科学以及科学在社会中的地位、作用及运作方式，以解说今天的文化——科学文化。"这种状况，在国际上也是一样的。

国际上，对"科学文化"的多重含义，卡洛斯·沃格特做了较为全面的解析。"科学文化"可以指："科学的文化"（culture of science），其含义包括由科学而产生的文化和有利于科学发展的文化；"借助于科学的文化"（culture through science），其含义包括以科学作为手段的文化和赞成、支持科学的文化；"为着科学的文化"（culture for science），其含义包括适宜于科学知识生产的文化和适宜于科学社会化过程的文化。

综合各家观点，笔者认为应该对"科学文化"做广义的界定，即"科学文化"指的是社会和公民对待科学与技术知识的生产、扩散和应用所具有的多维度文化状态。

当前，我们需要超越对"科学文化"在概念层面上的讨论，进入对"科学文化"操作性的测度层面。国际上进行了一些有益的尝试。

R. 舒克拉和马丁·鲍尔提出，国家"科学文化指数"（Science Culture Index，相当于我国"科学文化水平"的提法）包括"科技统计指数"和"公众理解科学指数"，后者包括公众掌握科技知识的状态、对待科学技术的态度、对科学技术感兴趣的程度、对科学技术新发现发明和创新的知晓程度，以及参与科学技术相关主题的活动状态（如参观科技博物馆）。R. 舒克拉和马丁·鲍尔根据这些指标，对经济合作与发展组织国家的"科学文化指数"进行了测评。

国际上对科学文化和科学素质的测度框架和实践，对我国探讨科学文化素质的内涵及测度方式具有参考和借鉴价值。

笔者认为，公民科学文化素质包括：①学习和掌握必要的科学技术知识、科学思想和人文社会科学知识（包括中国传统文化知识）。②了解并应用基本的科学技术方法，如计算、测量、观察、实验、归纳、演绎、类比、统计、实践检验、系统方法，具有辩证思维和批判性思维。③崇尚科学精神，具有实事求是、用证据说话的理性和实证态度。④认识科学技术的应用对社会具有正面和负面影响，懂得趋利避害。⑤参与有关科学技术的公共决策讨论并且言行理性。

我国公民科学素质调查已进行了十次，具有历史惯性，仍将继续下去。笔者认为，公民科学素质调查应该向科学文化素质调查转型。很多学者和管理者已达成共识，认为现行科学素质调查的问卷、指标体系等应进行修改，并进行了有关探索。而我国现行科学素质调查最突出的短板是"科学方法"部分。一是调查问卷中的三道题目对于普通公众来说过于"专业";二是当且仅当这三道题目全部答对,"科学方法"这个部分才算合格。由于这两个原因,中国公民的"科学方法"在科学素质调查的四方面(科学术语、科学观点、科学方法、科学与社会的关系)中达标率最低,因而严重拖了我国公民总体科学素质达标率的后腿。在现行科学素质调查中,这四方面全部达标的公民才算具有基本的科学素质。笔者认为有两种方法可对"科学方法"指标体系进行修改:一种方法是答对"科学方法"三道题目中的两道题,就算"科学方法"合格;另一种方法是对现行的"科学方法"三道题目全部推倒重来,设计出"接地气"的"科学方法"题目,且答对一至两道题,就算"科学方法"合格。

因此,在充分借鉴国际上新近科学素质调查和科学文化调查方法的基础上,应该按上述科学文化素质五个维度设计调查问卷,对我国公民科学文化素质进行试点调查(包括网络调查和电话调查)。

当前,我国经济进入新常态,国家实施创新驱动发展战略,对提升公民科学文化素质提出了新的更高要求。同时,广大公民也具有提升自身科学文化素质的内在需求。我国应启动面向新时代的《全民科学文化素质行动计划纲要(2021—2049)》的战略研究工作,并采取切实可行的措施,大力提升中华民族的科学文化素质。

第四章
科普政策研究

第一节　中国科普政策及科普政策文化 [1]

近 20 年来，我国科普政策发展迅速，但是，相应的研究显得滞后和薄弱。《中国科普研究进展报告（2002 ～ 2007）》指出："从总体上看，我国科普政策法规的研究还存在诸多不足。"本节对科普政策研究中的基本问题如科普政策的含义、分类以及科普政策文化，进行初步探索。

一、科普政策的内涵

科普政策是科技政策的组成部分；科技政策是公共政策的组成部分。所以，为了认识科普政策的内涵，必须首先对公共政策和科技政策有所认识。

对于公共政策，学者们有诸多定义。其中一个定义是：所谓公共政策，指的是政府在一定的价值观和内外部因素影响下，为了利用资源以实现既定的目标或支持其他政策，针对什么该有所为或有所不为而制定的一系列审慎决策。该定义的要点在于：第一，政策是一系列审慎决策的集合；第二，政策的内容既包括有所为，也包括有所不为；第三，政策通常是围绕资源的分配而展开；

---

[1]　本节内容原载于《河池学院学报》2010 年第 4 期，作者为刘立、常静。

第四，政府的许多政策都是为了那些更为广泛的目标而制定的。[①] 从具体形式来看，政策通常表现为一系列法律、法规以及条例、规章、规划、措施等行政文件。在我国，一定的历史条件下，国家重要领导人的讲话有时也会被界定为政策。在西方，某些权威机构发布的研究报告通常也会被认定属于政策的范畴，例如美国总统科技政策办公室发表的研究报告《塑造21世纪的科学技术》。

科技创新、科学普及是实现创新发展的两翼。从这个意义上讲，科技政策涵盖了科普政策。在当前学术界，关于科技政策一个较好的定义是：科技政策是"政府为促进科学技术研究的发展，并利用科技研究成果实现一般意义上的政治目标所采取的一揽子举措"[②]。这里，科技政策不仅包括"为了发展科学技术的政策"（policy for science），也包含"利用科学技术的政策"（policy through science），即利用科技发现和发明去实现特定的社会、经济、政治和军事目标。如我国的《国家中长期科学和技术发展规划纲要（2006—2020年）》（其中包括科普政策），就包含这两方面的科技政策。

我们借鉴科技政策的定义，针对我国科普政策的实践，提出：科普政策包括为了发展科普的政策，也包括科普为了社会、经济、政治和国防等国家战略目标以及个人目标之实现的政策。科普政策的具体形式主要有：法律；通过党政领导机关、管理机关或有关部门发布的决定、纲要、条例、规定、章程和制度等；"办法""通知""意见"或会议文件；以及党和国家领导人的重要讲话等。[③]

二、中国科普政策的类型

如同公共政策、科技政策一样，科普政策也是有层次的，是由不同类型的政策组成的政策体系。

从科普政策的发布单位层次看，有中共中央、国务院和全国人大颁布的顶层政策，科技部、中国科协等部门联合或独立制定的部委政策，以及省、市和重要机构（如中国科学院）制定的地方政策。从形式看，科普政策包括专门科

---

① 徐善衍. 全面贯彻党的十六大精神 与时俱进 开拓创新 努力开创科普工作的新局面——在第三次全国科普工作会议上的讲话［J］. 企业科协，2003（1）：251-252.

② 任定成. 公民的科学［M］. 大连：大连理工大学出版社，2008：192.

③ 万里. 万里同志接见中美大学校长时的讲话［J］. 高等教育学报，1986（S1）：20-22.

普政策和科普相关政策。专门科普政策，如 1994 年《关于加强科学技术普及工作的若干意见》、2002 年《科普法》、2006 年《全民科学素质行动计划纲要（2006—2010—2020 年）》等。科普相关政策，如包含在《国家中长期科学和技术发展规划纲要（2006—2020 年）》中的科普政策。

笔者根据政策发布单位的层次和政策的形式两个维度，将我国科普政策分为六种类型，并对若干科普政策文件进行了分类，如表 4-1 所示。

科普政策的类型划分，对我们进一步研究我国科普政策的历史演进、文本内容、数量变化及制定过程提供了有益的框架。

表 4-1　中国科普政策的类型

层次	专门	相关
顶层	●《关于加强科学技术普及工作的若干意见》（中共中央、国务院，1994 年） ●《科普法》（全国人大，2002 年） ●《全民科学素质行动计划纲要（2006—2010—2020 年）》（国务院，2006 年）	●《国家中长期科学和技术发展规划纲要（2006—2020 年）》（国务院，2006 年） ●《关于进一步加强和改进未成年人思想道德建设的若干意见》（中共中央、国务院，2004 年） ●《关于推进社会主义新农村建设的若干意见》（中共中央、国务院，2005 年）
部委	●《关于加强全国环境保护科普工作的若干意见》（国家环保总局、科技部，2002 年） ●《关于加强科技馆等科普设施建设的若干意见》（中国科协、国家发展改革委、科技部、财政部、建设部，2003 年） ●《国土资源科学技术普及行动纲要（2004—2010 年）》（国土资源部、科技部，2004 年） ●《关于进一步加强农村科普工作的意见》（中国科协，2005 年） ●《"科普惠农兴村计划"实施方案（试行）》（中国科协、财政部，2006 年） ●《关于科研机构和大学向社会开放开展科普活动的若干意见》（科技部、中宣部、国家发展改革委等，2006 年） ●《关于深入开展农村妇女科学素质教育工作的意见》（全国妇联、中国科协，2006 年） ●《关于加强国家科普能力建设的若干意见》（科技部、中宣部等，2007 年）	●《关于加强和推进科技进步示范市（县、区）建设的意见》（科技部，2005 年） ●《关于动员和组织广大科技工作者为建设创新型国家作出新贡献的若干意见》（中组部、教育部、科技部、人事部、中国科协，2007 年）
地方	●《北京市科学技术普及条例》（北京市人大常委会，1998 年）	●《关于深化科技体制改革、加快科技事业发展的决定》（青海省委、省政府，1992 年）

三、社会建构论与政策文化研究

社会建构论（social constructivism）是当前人文社会科学领域中一个重要的研究范式。按照《剑桥哲学辞典》，社会建构论指称这样一类观点：某些领域的知识是我们的社会实践和社会制度的产物；或者，是相关的社会群体互动和协商的结果。[①] 社会建构论，从根本上来讲，是从社会生产过程的角度研究知识。[②] 瑟乔·西斯蒙多（Sergie Sismondo）如是评价社会建构论对于科学技术学研究的重要价值："社会建构论为科学技术学提供了三条重要预设或者说警示。第一，科学技术是社会的，这一点很重要。第二，科学技术是主动的——建构隐喻着活动。第三，科学技术并没有提供一条从自然到关于自然的思想的直接通道，科学技术产品本身并不自然。"[③]

社会建构论的研究视角，已经应用于公共政策领域的研究工作中。安妮·L.施耐德（Anne L. Schneider）和海伦·M.英格拉姆（Helen M. Ingram）以社会建构论的视角研究了美国公共政策中政治等因素如何建构了"资格群体"（deservedness/entitlement）[④]，以及这种建构如何影响了公众对不同社会群体的体认，从而引发了关于美国的平等理念与非平等现实之间冲突的深层思考。苏珊·格林浩尔（Susan Greenhalgh）应用社会建构论的思想，对中国计划生育政策制定过程进行了研究。[⑤] 王程韡、曾国屏在《政策范式的社会形塑：以〈美国竞争法〉为例》的研究中，分析了政策行动主体在政策行动过程中自觉不自觉采用的惯性思维框架或模式，并以《美国竞争法》为例论述了这种惯性思维模式的社会形塑。[⑥]

政策文化研究是一种基于社会建构论对政策进行研究的进路。所谓政策文化，

① GASPER P. Bookwatch [J]. Marxism and Science, 1998（7）：855.

② 安维复. 社会建构主义：后现代知识论的"终结"[J]. 哲学研究, 2005（9）：61–68.

③ 西斯蒙多. 开放人文：科学技术学导论 [M]. 许为民, 孟强, 崔海灵, 等译. 上海：上海科技教育出版社, 2007：66.

④ SCHNEIDER A L, INGRAM H M. Deserving and Entitled：Social Constructions and Public Policy [M]. Albany：State University of New York Press, 2005.

⑤ GREENHALGH S. Just One Child：Science and Policy in Deng's China [M]. University of California Press, 2008.

⑥ 王程韡, 曾国屏. 政策范式的社会形塑——以《美国竞争法》为例 [J]. 科学学研究, 2008（1）：3–12.

指的是特定的行为主体对政策所持有的倾向模式,这种倾向模式是由行为主体的信仰、思想、价值观、规范等文化因素综合作用而形成的。

埃里克·巴克(Erik Baark)在研究科技政策时,提出了四种政策文化(policy culture)的概念和模式(表4-2)。

表4-2 科技政策文化的四种类型

项目	官僚	学术	经济	公民
发展目标	国家实力和安全	知识的扩展	经济发展	更好的社会
政策制定的理念	干预主义	自治	自由主义	参与
倾向采用的政策工具	计划 遴选优胜者	同行评议 制度建设	市场机制 商业化	公开辩论 技术评估
基本精神 气质(ethos)	威权主义 科层制	科学主义倾向	企业家精神	民众主义
利益集团 构成	国防部门 各产业部(委)	研究所 大学	新技术企业 企业经理	学生运动 新闻记者

资料来源:BAARK E. The Making of Science and Technology in China [J]. International Journal of Technology Management,2001,21(1/2):11。

巴克指出,政策文化的分类是一种概念工具,类似于马克斯·韦伯所说的"理想类型"(ideal type)。每一种政策文化对于如何改进科技管理有着不同的观点,代表了不同行动者的利益以及一系列的制度、财政约定。这些利益和约定将关系到以不同的方式来"做"科技政策——例如优先领域的设定、政策工具的选择、制度变革的启动等。

安特·埃尔津加(Aant Elzinga)和安德鲁·贾米森(Andrew Jamison)在研究科技政策时,也采用了巴克的四种政策文化模型。他们认为,"这些文化在我们所评论的文献中代表了主要的呼声,代表了不同的政治和社会利益,并援引不同的制度基础和制度传统来支持各自的立场。每一种政策文化对政策都有着自己的理解,其中包括教条预设、意识形态偏好和科学理念,而且每一种政策文化与政治和经济权力的持有者之间都有一组不同的关系"[1]。第一种是官僚的政策文化。在许多国家,军事部门很大程度上主导着这种文化。它的基地是国

---

[1] 埃尔津加,贾米森. 科技政策议程的演变 [M]// 贾撒诺夫,马克尔,彼得森,等. 科学技术论手册. 盛晓明,孟强,胡娟,等译. 北京:北京理工大学出版社,2004:440–445.

家行政管理及其机构、委员会、理事会和顾问团，它主要涉及有效的管理、协调、计划和组织。在此，科学的社会应用是主要兴趣点；人们的关注点是科学之于政策的意义，人们关心的是如何使公共政策变得更科学。第二种是学术的政策文化。这种文化的基地是科学实践者自身，它涉及为科学制定政策以及传统的学术价值观的延续。第三种是与商业和管理有关的经济的政策文化，它的基地是工业公司，它的关注点是科学的技术应用。在此发挥作用的是企业精神或气质，它试图把科学成果转化为成功的创新，从而在商业市场中传播。我们最后要谈的是公民的政策文化。它最具动态性的形式是大众的社会运动，比如环境保护主义和女权主义。它更关心科学的社会影响和意义，而不是科学的生产和应用。公民的政策文化通过游说、运动以及公共利益组织来表达自己的立场。主流文化倾向于把科技政策引向"技术统治论"的方向，而公民的政策文化则代表了科技政策中所谓的"民主战略"。①

因此，每一种政策文化都代表了一定行动者的利益诉求。就科技政策而言，不同行动者对科学技术与社会的关系有着不同的理解，因而对科技发展的目标、科技管理的方式、政策工具的选择等有着不同的社会认知。不同行动者之间的交互作用，以及某一时期特定的经济、政治、文化等社会背景的影响，往往使该时期的科技政策为某种社会认知所主导，呈现出一定的政策文化特征。而且，制度的变革往往引起某些行动者放弃对一种政策文化的拥护，转而为另一种政策文化辩护。②

四、中国科普政策文化的四种类型

在中国科普政策的议程设置、政策制定等具体实践中，同样存在着具有不同利益诉求、思维习惯、价值观念等特征的行动者，他们对科普工作的目标、内容、理念等持有不同的观点，代表着不同的政策文化。某一特定时期的政治、经济、文化等社会环境，以及促成政策议程设置的社会热点事件，都可能

---

① 埃尔津加，贾米森. 科技政策议程的演变［M］// 贾撒诺夫，马克尔，彼得森，等. 科学技术论手册. 盛晓明，孟强，胡娟，等译. 北京：北京理工大学出版社，2004：440-445.
② BAARK E. The Making of Science and Technology in China［J］.International Journal of Technology Management，2001，21（1/2）：17.

导致相应的科普政策为某一种政策文化所主导。借鉴国际上关于政策文化的研究成果，结合我们对中国科普实践的观察，我们认为，中国科普政策主要存在四种基本的政策文化：政治文化、经济文化、科学文化和公民文化，它们各自的特点如表4-3所示。①

表4-3   中国科普政策文化的四种类型

项目	政治文化	经济文化	科学文化	公民文化
发展目标	国家目标 社会稳定	提高生产技能	争取公众理解 支持科学	更好的生活 更好的社会
科普内容	科学精神 科学的发展模式	实用生产技术	科学知识 科学方法 科学思想 科学精神	生活科学 科学技术对社会的影响 参与公共事务的知识
科普理念	自上而下 中心广播模型	实用性	缺失模型	民主模型
科普活动	科技周、科普日 三下乡、四进社区等	科普惠农计划等	科普创作 科普报告 科技馆	参与活动
相关部门 或群体	科技部、中国科协、中宣部、中央文明办等	卫健委、农业部、林业局等	科学共同体	公众 非政府组织（NGO）

这四种科普政策文化，在中国科普的实践（包括政策实践）中，发挥着不同的作用，它们之间既存在竞争，也发生合作。

---

① 关于生活科学的有关论述参见：曾国屏，李红林. 生活科学与公民科学素质建设［J］. 科普研究，2007（5）：7-15。关于中心广播模型的有关论述参见：刘华杰. 科学传播的三种模型与三个阶段［J］. 科普研究，2009（2）：12-20。关于缺失模型的有关论述参见：李正伟，刘兵. 公众理解科学的理论研究：论约翰·杜兰特的缺失模型［J］. 科学对社会的影响，2003（3）：12-15；刘兵，李正伟. 布赖恩·温的公众理解科学理论研究：内省模型［J］. 科学学研究，2003，21（6）：581-585；谭笑，刘兵. 公众理解科学的修辞学分析［J］. 自然辩证法通讯，2007，29（2）：44-48；刘华杰. 科学传播的三种模型与三个阶段［J］. 科普研究，2009（2）：12-20。关于民主模型的有关论述参见：李正伟，刘兵. 公众理解科学的理论研究：论约翰·杜兰特的缺失模型［J］. 科学对社会的影响，2003（3）：12-15；刘华杰. 科学传播的三种模型与三个阶段［J］. 科普研究，2009（2）：12-20；曹昱. 科学传播"民主模型"的现实意义——公众参与科技决策的理论研究［J］. 科学技术哲学研究，2009，26（4）：108-112。

五、结语

本文认为，科普政策既包含为了发展科普事业的政策，也包含利用科普实现国家的社会、政治和经济目标以及个人目标的政策。科普政策可以从科普政策发布部门的层次和科普政策的形式两个维度划分为六种类型，它们共同构成了中国科普政策体系。政策文化是从社会建构论的观点研究公共政策提出的概念和模型。中国科普政策文化主要有四种类型，即政治文化、经济文化、科学文化和公民文化。在中国的科普政策中，政治文化和科学文化占主导地位。

第二节　中国科普政策的议程设置和制定过程案例研究

一、国外学者关于议程设置的多源流模型

约翰·W. 金登（John W. Kingdon）的多源流模型能够较好地说明公共政策议程设置的内在机理，有利于分析政策形成过程中的行动者和影响因素，其较强的解释性也得到了学术界的肯定。

在《议程、备选方案与公共政策》（*Agendas，Alternatives，and Public Policies*）一书中，金登详细论述了其研究工作，他在长达四年（1976—1979 年）的时间内进行了 247 次深入访谈和 23 项案例研究，在此基础上提出了颇有说服力的研究结论——议程设置的多源流模型。詹姆斯·P. 莱斯特（James P. Lester）和约瑟夫·斯图尔特（Joseph Stewart）评价说："金登在议程设置方面的研究工作，为理解这一政策阶段的中心要素提供了一个丰富有效的解释框架。"[①]

从其具体应用情况来看，莱斯特和斯图尔特应用多源流模型分析了美国有毒废弃物处理基金和《空气清洁修正法案》（*Clean Air Act Amendments*）两个案

---

① 莱斯特，斯图尔特. 公共政策导论［M］. 北京：中国人民大学出版社，2003：37.

例的议程设置。牟芳廷应用多源流模型对我国废止收容遣送制度的政策过程进行了研究。王程韡和曾国屏应用多源流模型考察了我国科研不端行为处理的政策议程。① 安妮·泰尔曼（Anne Tierman）和特雷·柏克（Trey Burke）用这一理论分析了澳大利亚房屋政策制定过程中的复杂现象。② 尼古劳斯·扎哈里尔迪斯（Nikolaos Zahariadis）和克里斯多夫·艾伦（Christopher Allen）则以这一理论为模本分析了英国和德国的私有化过程，并在此基础上拓展了多源流模型的适用范围。③ 他们的研究工作证实，多源流模型不仅在政策议程中是适用的，而且在其他阶段的政策过程中同样适用。④ 王安将多源流模型用于 A 市 PX 项目迁建个案的分析。⑤

上述案例充分证明了多源流模型的强大解释力，使之成为学术界公认的一个重要理论模型。

多源流模型认为，在议程设置中有三条主要的过程"溪流"：问题流（problem stream）、政策流（policy stream）、政治流（political stream）。每一条"溪流"都有自己的特性。

问题流，是关于问题如何被识别，以及状况是怎样被界定成为问题的。具体来讲，一些系统的指标、危机和灾难等焦点事件、现行政策项目运行情况的反馈等，是引起政府内部及其周围人们注意问题的重要因素。状况被界定为问题则主要通过将现状与理想事态的价值观进行比较、将本国的绩效与其他国家的绩效进行比较以及将问题置于某一种类之中等方式来实现。

政策流，是指各种政策建议或意见主张。其重心是产生政策建议的政策共同体，包括专家和官僚、规划评估方面的人员、预算部门的人员、办事人员、学者、压力集团以及研究人员，他们都有各自最得意的想法或打算，并以种种

---

① 王程韡, 曾国屏. 政策范式的社会形塑——以《美国竞争法》为例［J］. 科学学研究, 2008（1）: 3–12.

② TIERMAN A, BURKE T. A Load of Old Garbage: Applying Garbage — Can Theory of Contemporary Housing Policy［J］. Australian Journal of Public Administration, 2002, 63（10）: 86–97.

③ ZAHARIADIS N, ALLEN C. Ideas, Networks, and Policy Streams: Privatization in Britain and Germany［J］. Review of Policy Research, 1995, 14（1–2）: 71–98.

④ 曾令发. 政策溪流: 议程设立的多源流分析——约翰·W.金登的政策理论述评［J］. 理论探讨, 2007（3）: 136–139.

⑤ 王安. 从公共问题到政策制定: 政策过程分析的"多源流"理论——以 A 市 PX 项目的迁建决策为个案分析［J］. 理论界, 2008（12）: 100–102.

方式——议案、演讲、证言、论文以及会谈等——四处传播自己的思想。那些因受到重视而保留下来的政策建议要符合若干标准，包括技术上可行、符合主导价值观和当前的国民情绪、预算具有可操作性，并能够应对可能会经历的支持或反对。

政治流，包括国民情绪的摇摆、公共舆论的变化、行政当局的更换以及利益集团的压力活动等因素，这些因素往往对议程状态具有明显的促进或者抑制作用。

问题流、政策流和政治流这三条"溪流"的发展和运作通常是相互独立的，受不同的力量和风格支配。而在某些关键的时候，当某一政策企业家利用"政策之窗"（policy window）打开的机会，有效地将这三条溪流汇合在一起时，其在政府议程中得以建立的机会就会大大增强。在这里，"政策之窗"指相关行动者提出政策建议或表达关于某问题想法的机会，其开启往往由问题流或政治流之中的事件所引发。

多源流模型的主要思想可用图 4-1 概括说明。

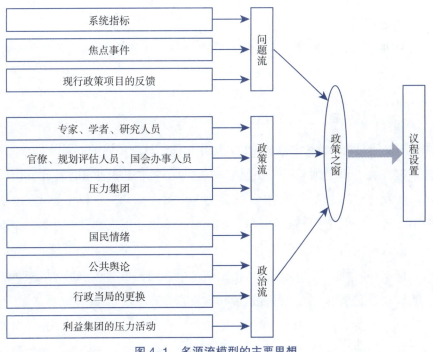

图 4-1　多源流模型的主要思想

现实生活中的议程设置过程是纷繁复杂、难以捉摸的，要以一种条理清晰的方式分析其具体实践，常常并非易事。多源流模型提供了一个分析框架。通过这个分析框架，不仅可以较完整地描述议程设置的过程，而且使对于这一过程的梳理分析更加有条理、更加有效。美国著名政治学家詹姆斯·瑟伯（James Thurber）就指出："学生们常常认为政策制定是随机行为，而且混沌（chaos）理论可以最好地描述议程建立过程中所发生的事情。虽然金登的模型很适合这些最初的倾向性，但是它作为一种对政策过程运作方式的解释，却把读者带入'有组织的无序'（organized anarchy）。与其说他关注的是'无序'，倒不如说他更为关注的是'有组织的'。"

当然，不同国家的政治文化背景不同，在运用多源流模型分析我国政策的议程设置时，有必要对该模型进行一定的修订，但这并不妨碍借鉴该模型并以之作为基本分析框架的研究思路。

二、《关于加强科学技术普及工作的若干意见》的议程设置和制定过程

1. 出台背景概述

1994年《关于加强科学技术普及工作的若干意见》（下文简称"1994年意见"）是我国第一个专门论述科普工作的顶层文件，开辟了中国科普政策的"元年"。

20世纪80年代末90年代初，我国经济建设已经初见成效，但某些地方仍存在愚昧迷信现象和伪科学活动。科普工作面临的社会环境发生了极大的变化。

申振钰在《对中国科普历史研究的思考》中这样描述当时科普工作的处境：一些发行量几十万份，甚至一二百万份的科普报刊，不到几年时间就跌到只剩下几万份、十几万份的份额。一些科普图书由于书店的订数太少，以致无法开印。许多大报开办的科普副刊，也被一些经济、消费和娱乐性版面取代。深受观众欢迎的科学教育电影，则由于城市影院的不再加映和农村放映队的解体，无人观看而难以为继。科普宣传和科普创作在兴旺了10年之后受到冷遇，科普阵地日渐萎缩，几乎成了被遗忘的角落。伪科学也借此抬头，在中国消声匿迹了几十年的封建迷信、巫婆、神汉都借科学的名义沉渣泛起。而新的伪科

学、伪技术，如"占星术""灵学""邱氏鼠药""水变油""超浅水船""无隙过盈装配技术"等也都打着新科学、新发现、新技术发明的旗号在全国炒得沸沸扬扬。①

在我们的研究过程中，有受访者称：改革开放以来，经济发展很快，其中科学技术起到了很好的推动作用。但是，一些弊端也逐渐暴露出来，体现在公民的一些行为之中。愚昧迷信是一个方面，更重要的还是弄虚作假行为。经济生活中的弄虚作假行为，甚至影响到了学术界。社会上涌现了很多"神奇"的东西，打着科学旗号骗人，甚至把人害死了的也有。这种行为不仅违背了道德，而且已经触及法律层面。② 这是 1994 年意见议程设置的重要背景。

2. 议程设置的多源流分析

（1）问题流

在 20 世纪 80 年代末 90 年代初，某些地方伪科学事件泛滥，"人体特异功能""气功大师遥测火箭、卫星发射""水变油"等事件发生，并频频见诸媒体，在社会层面造成了一定的负面影响，直接或间接地促成了 1994 年意见的议程设置。邱氏鼠药案是当时引起社会广泛关注的一个典型事件。③

事件源起于 1992 年春北京电视台播出的一部电视报告文学作品《无极之路》，其中讲述了河北省无极县郝庄乡农民邱满囤的灭鼠事迹。随着节目的热播，邱氏鼠药的"神奇"灭鼠效果在社会上引起极大轰动，邱满囤也声名鹊起，成了众所周知的"灭鼠王"。而在此之前，邱满囤灭鼠的"传奇"经历已被多家媒体报道，他本人也因此赢得各种荣誉。1987 年 6 月，"无极县邱氏灭鼠研究所"成立，邱满囤任"所长"。1988 年 5 月，邱满囤当上河北省政协委员。1989 年 4 月，河北省科学技术委员会技术鉴定成果称："邱氏诱鼠剂效果优于现有常用的诱鼠剂，为国内首创。"一个月后，大连某"邱氏诱鼠剂课题组"也得出相同的结论。1990 年 7 月，号称当时全国最大的鼠药厂——河北邱氏鼠药厂，在无极县城拔地而起。"满囤""邱王""邱满囤"等成为家喻户

---

① 申振钰. 对中国科普历史研究的思考［J］. 科普研究，2006（5）：3–10.

② 访谈记录，2009 年 11 月 9 日.

③ 苏青，陈广仁，齐志红，等. 中国具有重大影响的 50 项科技事件（上）［J］. 科技导报，2008，26（13）：19–28. 宏甲. 无极之路［M］. 北京：解放军文艺出版社，1992：258–302.

晓的鼠药商标。邱氏鼠药也获得了"振兴河北经济奖""河北优秀新产品一等奖""中国消费者信得过产品奖""全国新科技成果奖"等奖项。邱满囤还被选为无极县政协副主席。

然而，在北京电视台相关节目播出不久，1992 年 5 月，五位科技专家——汪诚信（时任中国预防医学科学院流行病学微生物学研究所副所长）、赵桂芝（中国植物保护学会鼠害防治专业委员会主任委员）、马勇（中国科学院动物研究所研究员，中国植物保护学会鼠害防治专业委员会副主任委员）、邓址（军事医学科学院专家组成员、研究员，中华预防医学会媒介生物学及控制学会常务委员）以及刘学彦（北京市植物保护站高级农艺师，中国植物保护学会鼠害防治专业委员会秘书），联名致信当时分管农业的副总理田纪云，反映邱氏鼠药存在氟乙酰胺——一种早就被国家明令禁止用作杀鼠剂的剧毒药。信中指出，由于使用了氟乙酰胺，邱氏鼠药尽管灭鼠效果立竿见影，但后续隐患大，会引起人、畜二次中毒，造成严重的环境污染危害；并提出"新闻媒介广泛宣传报道'灭鼠大王'，造成了一些混乱和误解"，要求"尊重科学事实，保证灭鼠工作的健康发展"。 1992 年 6 月 17 日，《中国乡镇企业报》发表上述五位专家的文章《呼吁新闻媒介要科学宣传灭鼠》，据称当时全国有 19 家报刊对此文章进行转载。不久，北京市、天津市、江苏省南京市、山东省等地都开始禁止销售邱氏鼠药。

1992 年 8 月 12 日，邱满囤向北京市海淀区人民法院起诉，状告汪诚信等五名专家捏造虚假事实、侵犯名誉权，要求对方恢复名誉并赔礼道歉，赔偿所造成的直接经济损失。五名专家则认为自己的行为是职务行为，并未侵权，并要求法院判令邱满囤取缔未经登记批准而擅自生产、销售禁药的邱氏鼠药厂，限期收回、销毁已流入社会的产品，追究邱满囤的经济、法律责任。

1993 年 10 月 14 日，北京市海淀区人民法院开庭公开审理此案。当年 12 月 29 日，法院一审宣判，认为"五被告收集了十一个样品进行鉴定，但其没有能提供充足证据证明该十一个样品确系邱氏鼠药厂生产，五被告据此认定邱氏鼠药厂生产的邱氏鼠药含有国家禁止使用的氟乙酰胺缺乏事实根据"，判定五名专家败诉。

全国数百家媒体对该宣判结果进行了报道，导致邱氏鼠药案迅速成为社会热点，并引发了一场"伪科学与科学之间的斗争"。①

（2）政策流

早在 1986 年，中共十二届六中全会通过了《关于社会主义精神文明建设指导方针的决议》，其中明确提出"普及和提高教育科学文化"的要求，指出："我们进行现代化建设，应当更加自觉地依靠科学，发扬尊重科学、追求知识的精神，努力在全民族范围扎扎实实地组织教育科学文化的普及和提高。"② 该文件的出台，将精神文明建设提到了重要战略位置。然而在社会层面，科普工作作为精神文明建设的内容，其重要地位并没有得到足够的重视。

一系列伪科学事件的发生，逐渐暴露出传统科普工作中存在的问题。在 1994 年 2 月 1 日中国科协四届十二次常委会上，一些常委就邱氏鼠药案发表看法。其中，冯长根指出，邱氏鼠药案反映出"对维护科学的尊严要引起注意。这不只是鼠药官司的问题，实际上社会上很多落后的、愚昧的东西重新抬头，这也说明维护科学尊严的工作做得很不够，科普还有很多工作可做"，"科学技术的力量主要发挥在经济建设上，但对社会生活中出现这样那样的事，特别是现在有一些基层迷信活动还非常厉害，也不能置之不管。因此，我觉得要重视科学普及、科学宣传、新的科学思想的弘扬"。③ 朱开轩表示："社会主义精神文明建设是我们国家生活中非常重要的一个问题。""科学普及对提高全民族的科技意识和素质是非常重要的。""科技意识的问题非常重要，科协要积极组织到群众中去，大力普及科技知识，要使广大群众都意识到它的重要。"④

1994 年 3 月 16 日，在全国政协八届二次会议全体大会上，朱光亚做了题为《社会主义市场经济、民主政治和精神文明呼唤全社会切实尊重科学》的大会发言，对社会上出现的多种不尊重科学、不尊重人才的现象，以及打着科

① 韩成刚. 邱氏鼠药案——伪科学战胜科学［J］. 中国民办科技实业，1994（8）：52–54.

② 中共中央. 关于社会主义精神文明建设指导方针的决议［EB/OL］.（2020–10–29）［2020–11–19］. http://www.cctv.com/special/256/1/20841.html.

③ 佚名. 部分中国科协常委谈贯彻"稳住一头，放开一片"方针及维护科技工作者合法权益的问题［J］. 学会，1994（5）：6–8.

④ 佚名. 部分中国科协常委谈贯彻"稳住一头，放开一片"方针及维护科技工作者合法权益的问题［J］. 学会，1994（5）：8.

学的旗号进行欺诈的伪科学行为进行了揭露和抨击。特别是针对汪诚信等五位科技专家因宣传科学灭鼠而被有关法院一审宣判败诉的事件，代表中国科协严正表示坚决支持五位专家上诉，有力地维护了科学的尊严和科技工作者的合法权益。①

（3）政治流

邱氏鼠药案在科技界引起的轰动，可能远远超过了之前的一些伪科学事件，以至于在十余年后，该事件被列入"中国科学院科普大事记"和《中国具有重大影响的50项科技事件》。②而当时科技界的激烈反应无疑推动了事件的发展。

五名科技专家一审败诉之后不久，1994年1月，中国预防医学科学院举行新闻发布会，五位专家所在的单位均发表声明，认为《呼吁新闻媒介要科学宣传灭鼠》一文属职务行为，支持专家上诉。一些专家教授也纷纷声援，认为"（这场官司）关系到科学家有没有按照科学事实讲话的权利"，"这样的结果是愚昧战胜了科学"。300多位两院院士评出1994年中国十大科技新闻，其中第二条是"'邱氏鼠药'一审判决五位科学家败诉，在科技界引起强烈反响"。由此，在科技界引发了一场"维护科学尊严"的讨论。

有报道称，邱氏鼠药案一审判决后，中国科协召开全委会，呼吁全社会要尊重科学，支持五位科学家对人民高度负责和维护科学尊严的举动，并以中国科协的名义致函最高人民法院。200多名中国科学家发表声明，支持一审败诉的五位专家上诉。从事植物保护、动物学和昆虫学研究的六位中国科学院院士裘维蕃、邱式邦、张广学、鲍文奎、陈宜瑜、钦俊德公开发表声明，对法院判决表示不解和不安，认为此案关系到科学家是否有权宣传科学和维护科学的尊严，呼吁科技界关注事态发展。山西省、山东省、广东省、湖南省、四川省、青海省等地专家学者，联名上书中国植物保护学会，呼吁"还科学家以公道，还灭鼠科学以尊严"。③

① 吴伟文. 朱光亚同志在中国科协主席岗位上——中国科协往事之二［J］. 科协论坛，2008（2）：10-12.
② 苏青，陈广仁，齐志红，等. 中国具有重大影响的50项科技事件（上）［J］. 科技导报，2008，26（13）：19-28. 宏甲. 无极之路［M］. 北京：解放军文艺出版社，1992.
③ 韩成刚. 邱氏鼠药案——伪科学战胜科学［J］. 中国民办科技实业，1994（8）：52-54.

1994 年，在全国政协会议上，290 多位政协委员针对邱氏鼠药案联名递交提案，要求恢复科学的尊严。

在上述背景下，国家科委[①]、中国科协积极讨论制定关于加强科普工作的政策文件，最终由国家科委完稿上报。1994 年 12 月 5 日中共中央、国务院发布的《关于加强科学技术普及工作的若干意见》打破了科普工作近十年的持续低迷局面，拉开了全国范围内开展科普工作的序幕。随后，为了落实文件精神，一系列专门针对科普工作的政策也相继发布。

3. 小结

综上所述，20 世纪 80 年代末 90 年代初伪科学活动的泛滥是 1994 年意见议程设置的主要背景。对此，1994 年意见本身也做出了明确表述："近些年来，由于有些地方对科普工作的重视程度有所下降，致使科普工作面临重重困难，科普阵地日渐萎缩。与此同时，一些迷信、愚昧活动却日渐泛滥，反科学、伪科学活动频频发生，令人触目惊心。这些与现代文明相悖的现象，日益侵蚀人们的思想，愚弄广大群众，腐蚀青少年一代，严重阻碍着社会主义物质文明和精神文明建设。因此，采取有力措施，大力加强科普工作，已成为一项迫在眉睫的工作。"[②] 我们认为，在伪科学事件频频发生的背景下，邱氏鼠药案的发生促使科技界在"维护科学尊严"方面达成共识，集体性呼声的"上传"，促成了 1994 年意见的议程设置。

邱氏鼠药案在科学共同体内部引发了激烈的反应，为加强科普工作的有关建议打开了"政策之窗"，使伪科学活动泛滥的问题流、加强科普工作的政策流与科技界呼吁维护科学尊严的政治流三者汇合，引发了 1994 年意见的议程设置与政策制定。

通过上述案例分析可见，科学文化在 1994 年意见的议程设置中发挥了重要影响。科学共同体是该过程的重要行动者，他们大力呼吁"捍卫科学尊严"，呼吁公众理解、支持科学，具有显著的科学文化特征。

---

① 国家科学技术委员会于 1998 年改名为中华人民共和国科学技术部。

② 中华人民共和国科学技术部政策法规与体制改革司. 中国科学技术普及发展报告（1978—2002年）[M]. 北京：科学技术文献出版社，2002：531.

三、《科普法》议程设置和制定过程 ①

1. 出台背景概述

《科普法》是世界上第一部国家科普法规，对我国科普事业的发展具有重要意义。它将我国科普工作纳入了法制轨道，使其有法可依；明确了科普工作的责任和分工，使有关科技部门各司其职，各负其责，为社会化大科普格局的形成从法律层面奠定了基础；在对科普工作加大财政支持力度方面，《科普法》也提出了明确的要求。

《科普法》的议程设置实现于世纪之交。1994 年意见出台之后，科普工作受到了极大关注，时任中共中央总书记江泽民多次就科普工作发表重要论述，中央有关部门和地方党政领导也都采取措施推动科普工作的开展，这为《科普法》议程设置的实现奠定了良好的社会基础。表 4–4 列出了其间的若干重要科普事件和政策文件，相关部门对科普工作的重视程度由此可见一斑。

表 4–4　中国科普大事记（1995—1999 年）

时间	大事记
1995 年 5 月	中共中央、国务院做出了《关于加速科学技术进步的决定》，其中明确提出："通过各种宣传媒介和舆论工具、设施场所，以群众喜闻乐见的形式，在广大人民群众中大力普及科技知识、科学思想和科学方法，进行辩证唯物主义和历史唯物主义的教育。用科学战胜迷信、愚昧和贫穷，把人民的生产、生活导入文明、科学的轨道。"
1996 年 2 月	由国家科委、中宣部和中国科协共同召开的全国科学技术普及工作会议在北京召开，这是 1949 年以来首次由党和政府召开的全国科普工作会议
1996 年 3 月	《中华人民共和国国民经济和社会发展"九五"计划和 2010 年远景目标纲要》颁布，在阐述"科教兴国战略"的内容时，明确提出"大力普及科学知识，积极开展各种形式的科普活动，提高全民族的科学文化素质"。这意味着我国政府已把科学普及工作列入科教兴国战略的组成部分② 中国科协、中国科学院、中国工程院会同中央有关部门和一些省市，面向各级领导干部举办"百名院士百场科技系列报告活动"

---

① 本部分内容以《科普政策议程设置的多源流模型分析——以〈中华人民共和国科学技术普及法〉为例》为题原载于《河池学院学报》2011 年第 4 期，作者为常静、刘立。

② 樊宏业. 科学普及与国民科学素质［M］// 中国科普研究所. 2003 年中国科普报告. 北京：科学普及出版社, 2003：237.

续表

时间	大事记
1996 年 4 月	国家科委发布《关于建立科普工作联席会议制度的通知》，将科普工作纳入政府部门的职能工作计划，加强了政府对于科普工作的领导和管理 国家科委、国家教委①、中国科学院和中国科协发布《关于结合"园丁科技教育行动"，进行研究院所面向社会开放开展科普示范试点工作的通知》，以配合 1994 年意见向师范院校开放部分研究院所，开展新型科普工作
1996 年 6 月	中宣部、国家科委、中国科协联合发布《关于加强科普宣传工作的通知》，提出加强科普宣传工作的若干意见
1996 年 12 月	国家科委等联合发出《致科技界的倡议书》，其中提出了科技界要做好"科普一事"的倡议 中宣部等十部委发出《关于开展文化、科技、卫生"三下乡"活动的通知》
1997 年 11 月	科普著作首次入选国家科技进步奖
1998 年 4 月	由中国科协牵头的"中国科普万里行"活动正式在湖南省启动
1999 年 7 月	科技部主办的大型综合性科普网站"中国科普"开通
1999 年 8 月	江泽民在全国技术创新大会上明确提出了普及"四科"的思想
1999 年 12 月	科技部等九部委联合颁布《2000—2005 年科学技术普及工作纲要》

　　注：本表参考了中华人民共和国科学技术部政策法规与体制改革司. 中国科普大事记（1978—2002 年）［R］∥中国科学技术普及发展报告（1978—2002 年）. 北京：科学技术文献出版社，2002。结合论文工作需要，有增删，力图突出 1995—1999 年相关部门科普工作的加强。

　　可见，1994 年意见出台之后，科技部、中国科协等部门发布了一系列科普政策文件，带来了全国范围内科普工作力度的加强。我国科普工作逐渐从 20 世纪 80 年代末 90 年代初的徘徊中走出。② 这成为《科普法》议程设置的重要背景。

2. 议程设置的多源流分析

　　以下应用多源流模型针对《科普法》的议程设置进行分析。

　　（1）问题流

　　科普工作内在管理问题的凸显和伪科学活动的外在压力共同构成了《科普法》议程设置的问题流。

---

① 国家教育委员会于 1998 年改名为中华人民共和国教育部。

② 《中国科学技术普及发展报告（1978—2002 年）》中认为，1988—1994 年是我国科普事业发展历程中的徘徊期。其对我国科普事业发展历程的具体分期为：萌芽时期（1949 年以前），建立时期（1949—1978 年），发展时期（1978—1988 年），徘徊时期（1988—1994 年），繁荣时期（1994—2002 年）。详见：中华人民共和国科学技术部政策法规与体制改革司. 中国科学技术普及发展报告（1978—2002 年）［R］. 北京：科学技术文献出版社，2002：21–27。

一方面，20 世纪 90 年代中后期，随着全国范围内科普工作力度的加强，传统科普工作中存在的一些管理问题逐渐凸显。在我们的研究过程中，有受访者提到对科普工作内容的认识、科普管理的体制、科普经费的保障等方面存在的一些争议，而解决我国科普经费长期不足的问题，是有关部门着力推动《科普法》制定工作的一个重要原因。[①] 有资料显示，1996 年，中国科协、省级科协、市（地）级科协的科普活动经费合计 76484160 元，全国平均每人仅 6 分钱左右 [②]；不仅如此，中、东、西部地区的人均科普经费差异显著，科普活动的开展缺乏必要的、稳定的财政支持。科普经费严重不足，自然而然地制约了科普工作的开展；而仅仅依靠之前的行政指令，难以有力地约束引导相关部门、有效地改变这种局面。增加科普投入的需求，客观上呼唤着《科普法》的制定和出台。

地方科技馆的实际运行状况，突出暴露了这些问题。科技馆是开展科普活动的重要场所，是进行科普展览、科技培训和青少年科技活动的基础设施。截至 1999 年，全国已有各类以科技馆为名的场馆约 330 座，建设总投资达十几亿元。然而，其实际运行状况却令人担忧。某省级科技馆将场地大面积出租，约有 2/3 的场地租给个体商贩从事纯商业经营活动，自己留下不到 1/3 的场地办学习班，主要通过招收学生维持运营。这种情况一经新闻媒体曝光，在社会上和科普管理部门引起一片哗然。[③] 1999 年《瞭望新闻周刊》上发表了一篇名为《从科技馆现状看科普立法》的文章，其中指出："1979 年，联合国教科文组织曾为发展中国家制定了一个科技博物馆建设标准。建议科技博物馆的建筑面积不应少于 6600 平方米，其中展厅应占 50%。但调查统计表明，我国各地的科技馆的平均建筑面积只有 4000 多平方米，其中实际自用面积平均仅占一半，自用面积占建筑面积 80% 以上的科技馆不到总数的 1/8，而自用面积不足建筑面积 30% 的却超过了 1/3；更有约 6% 的科技馆场地设施被全部占用，自用为 0。被占用的面积，大多数是被有关机关用作办公场地，开办经营实体或出租。""国际意义上的科技馆是以参与型、演示型科普展览教育为主要功能的科技博物馆。而在我国的 330 座科技馆中，拥有常设科普展览的仅有约 30 座。

---

① 访谈录音，2009 年 8 月 26 日。

② 李彩练. 试论科学技术普及的法制建设 [J]. 科技与法律，1998（1）：19–28.

③ 访谈录音，2009 年 8 月 26 日。

这些不足总数 1/10 的科技馆接待了全国科技馆科普活动总人数的 1/3 以上。有超过 1/3 的科技馆全年未举办科普展览，并且大约 1/6 的科技馆全年未开展任何科普活动。"① 文章全面分析了造成我国科技馆这种状况的原因，提出科普立法的呼吁，促进了社会公众对于科普立法问题的关注。

另一方面，伪科学活动的存在——尤其是其所造成的不良政治影响——使《科普法》议程设置的进程加快。1994 年意见出台之后，1995 年 9 月，中国科协促进自然科学和社会科学联盟工作委员会在北京友谊宾馆召开了以"捍卫科学尊严、破除愚昧迷信、反对伪科学"为主题的系列研讨会，150 余人参加了这次会议。会上集中揭露了一批迷信和伪科学事件，曝光了一些宣扬迷信的书籍，与会代表们还提出了《捍卫科学尊严、破除封建迷信的倡议书》。此后，各界人士展开了对伪科学活动的揭露和批评，一些伪科学事件得到纠正和遏制。然而，时至 20 世纪 90 年代中后期，伪科学活动呈现出一些新的态势，它们多形成有组织的帮会团体，对揭露者、批评者进行打击报复，严重扰乱了社会治安，危害了社会稳定，其中比较突出的就是"法轮功"事件。

从 1999 年 6 月 21 日到 7 月 19 日，《人民日报》一连发表了五篇论崇尚科学破除迷信的评论员文章，《求是》《南方周末》等也纷纷发表社论，呼唤科学理性精神。由此，加强科普工作的问题再次进入公众视野。

（2）政策流

关于科普立法，1994 年意见中最早明确提出："科普活动涉及全社会，有必要对政府、团体、公众普及科学技术知识的行为、权利和义务进行法律规范。国家将根据《中华人民共和国宪法》和《中华人民共和国科学技术进步法》关于'普及科学技术'的总要求，制定专项法规或实施细则，加快科普工作立法的步伐，使科普工作尽快走上法制化、制度化的轨道。"② 此后一段时期内，国家科委和中国科协都着手开展了科普立法的前期调研，以期在适当时候出台科普专项法规和实施细则，对全社会普及科学知识的行为、权利和义务进

---

① 朱梅. 从科技馆现状看科普立法［J］. 瞭望新闻周刊，1999（31）：21.

② 中华人民共和国科学技术部政策法规与体制改革司. 中国科学技术普及发展报告（1978—2002 年）［R］. 北京：科学技术文献出版社，2002：532.

行法律规范。①

从 1996 年起，地方科协陆陆续续地开始起草科普条例，先后有河北省、天津市、江苏省、北京市、湖南省、四川省、陕西省、宁夏回族自治区、新疆维吾尔自治区、贵州省十个省、直辖市、自治区以及抚顺市、沈阳市、广州市、郑州市四市制定了科普条例。据受访者称，当时的科普研究所也展开了有关科普立法的研究工作，多次召开相关会议，邀请专家研究论证。② 这些先期实践为《科普法》顺利实现议程设置打下了良好的政策基础。

（3）政治流

这一时期，在全国人大和全国政协八届、九届会议上，每年有很多的人大代表、政协委员提出议案和提案，要求国家尽快制定《科普法》。特别是 2000年九届全国人大三次会议，有 280 多名人大代表联名提出议案，要求加快制定《科普法》的进度。③

仅从 1999 年全国政协九届二次会议来看，多名代表提到了"科教兴国""公民科学素养"问题，其中徐一鸣代表在阐述"我国民众科学素养亟待提高"问题时，首先提出的政策建议就是："加强科普工作自身的管理；加快科普立法进程；明确并规范专门科普管理机构及其职责；加大对科普工作的投入；壮大一支专兼职结合的科普队伍。"④

3. 议程设置与政策制定

在上述背景下，1999 年，全国人大教科文卫委员会开始着手进行《科普法》制定的前期调研工作。2000 年 8 月，全国人大教科文卫委员会就牵头起草《科普法》草案，专门报告了全国人大常委会，得到了时任全国人大常委会委员长李鹏同志和常委会有关领导同志的批准。⑤2001 年 1 月，全国人大教科文卫委员会牵头成立国家科学技术普及法起草领导小组，由全国人大教

---

① 崔建平. 高高擎起科普的大旗——纪念中共中央、国务院《意见》发表两周年［J］. 科协论坛，1996（11）：5-8.

② 访谈记录，2009 年 12 月 4 日。

③ 佚名. 贯彻《科普法》是全社会的共同责任——中国科协副主席、党组副书记、书记处书记徐善衍答本刊特约记者问［J］. 科协论坛，2003，18（6）：4-8.

④ 刘立. 部分全国政协委员在九届二次会议上的发言辑要［J］. 马克思主义研究，1999（3）：3-5.

⑤ 访谈录音，2009 年 12 月 4 日。

科文卫委员会领导朱开轩、朱丽兰担任组长。考虑到我国直接与科普工作密切相关的两个主要部门为科技部和中国科协，为了充分体现代表性和代表面，充分吸收开展科普工作的各方意见，全国人大邀请科技部、中国科协分别派遣相关人员参与《科普法》的起草制定，并由时任科技部部长徐冠华、时任中国科协党组副书记徐善衍担任领导小组副组长；下设《科普法》起草工作小组，由全国人大教科文卫委员会科技室主任范晓峰担任组长，科技部、中国科协有关同志担任副组长。《科普法》的议程设置最终实现，研究制定工作正式展开。[①]

《科普法》的制定过程中，相关人员进行了大量的调研工作（国内、国际），并就科普的定义、相关部门的权责分工等问题展开了广泛、深入而且热烈的研讨；经过 10 个月的紧张工作，数易其稿，最终完成了《科普法》草案的制定工作。2001 年 12 月 10 日，全国人大教科文卫委员会讨论了《科普法》草案，修改后提请全国人大常委会审议。2002 年 6 月 29 日，经九届全国人大常委会第二十八次会议审议通过，《科普法》正式颁布实施。

4. 结语

综上所述，在 20 世纪 90 年代中后期，全国范围内科普工作的加强和内在管理问题的凸显是《科普法》议程设置的主要背景。"法轮功"事件的发生，严重危害了当时的社会稳定；社会舆论及相关部门的回应，强化了对科学理性精神的呼唤，推动了《科普法》的议程设置。

因此，就《科普法》而言，解决科普工作内在管理问题的需求和各有关部门、地方政府的先期实践，保证了科普立法问题始终处于立法机构的议程序列之中。"法轮功"事件的发生则形成了一个触发机制，由此引发的对于科学理性精神的呼唤使科普立法问题在立法机构议程序列中的位置提升，"政策之窗"被打开，成就了《科普法》议程设置的最终实现。

通过上述案例分析可见，政治文化在《科普法》的议程设置过程中影响最大。有受访者称，在 1999 年之前，有关科普部门（例如中国科协等）通过联合部分人大代表、政协委员，多次在"两会"上提出建议国家起草制定《科

[①] 访谈录音，2009 年 8 月 26 日。

普法》的议案。①1999 年特殊社会背景下《科普法》议程设置的最终实现，蕴含了政府层面希望通过加强科普工作引导公众崇尚科学精神、有效抵制邪教活动、维护社会安全稳定的愿望，凸显了中国科普的政治文化。

四、《全民科学素质行动计划纲要（2006—2010—2020 年）》议程设置和制定过程 ②

1. 出台背景概述

《全民科学素质行动计划纲要（2006—2010—2020 年）》（下文简称《科学素质纲要》）是我国政府发布的第一个面向科普工作的中长期规划，是全面论述公民科学素质建设的纲领性文件。从此，"公民科学素质"概念正式进入我国的政治、文化生活，公民科学素质建设成为国家行为和社会行动。③

《科学素质纲要》正式发布于 2006 年 2 月 6 日。然而，其动议的提出始于 1999 年 11 月 30 日，中国科协向中共中央、国务院上报了一份《关于实施〈全民科学素质行动计划〉的建议》。2002 年 4 月 29 日，国务院正式复函中国科协，对这一建议给予了充分肯定，要求中国科协在深入、系统研究的基础上，与有关部门共同提出实施方案。④因此，本书对《科学素质纲要》出台背景的考察将从 20 世纪 90 年代中后期开始。

20 世纪 90 年代以来，知识在经济发展中发挥着越来越重要的作用，"知识经济"这个概念逐渐形成。从发达国家来看，其知识密集型产业的产值已逐渐跃过国内生产总值的 50%。1996 年，经济合作与发展组织发布了一份报告，题为《以知识为基础的经济》，首次提出了"知识经济"的概念。世界银行 1998 年的经济报告也定名为《知识促进发展》。由此，知识经济时代的到来，已成为世界范围内的共识，并促使越来越多的国家政府大力关注本国科技事业的发展和国民素质的提升。

而早在 1992 年，中共十四大上便已指出："必须把经济建设转移到依靠科

---

① 访谈录音，2009 年 8 月 26 日。

② 本部分内容的作者为常静、刘立。

③ 吴伟文. 全民科学素质行动计划的提出和早期遭遇［J］. 科协论坛，2008（7）：2-3.

④ 上海市公民科学素质工作领导小组办公室.《全民科学素质行动计划纲要》解读［M］. 上海：上海科学普及出版社，2007：7.

技进步和提高劳动者素质的轨道上来。"1995 年，中共中央、国务院发布《关于加速科学技术进步的决定》，提出在全国范围内实施科教兴国战略。由此，"提高劳动者的素质""提高全民族的科技文化素质"等内容频频现于我国领导人讲话或政府工作报告中。

在这样的国内外背景下，我国公民科学素养调查的结果，以及美国旨在提高国民科学素质的"2061 计划"无疑引起了政府内外众多人士的极大兴趣。

2. 议程设置的多源流分析

以下应用多源流模型针对《科学素质纲要》的议程设置进行分析。

（1）问题流

20 世纪 90 年代以来，我国科普工作的发展方向在悄然发生着转变。有受访者称，作为"科普工作主要社会力量"的中国科协在新世纪来临之前，常常就自身的科普工作定位进行思考，以期区别于科技部、中科院等部门的科普工作。[①] 全国公民科学素质调查工作的开展，为中国科协重新定位科普工作提供了思路。

1989 年，当时中国科协管理科学研究中心的张仲梁博士，从中国科学院的朋友那里得到了一份美国公民科学素质调查问卷。在对部分问题进行了适合中国情况的修改后，他很快利用中国科协遍布全国的组织网络进行了公众科学素质及对科学技术态度的第一次调查。这次调查为其后中国公民科学素质调查工作的正式开展奠定了可操作性基础。

1992 年，中国科协在国家科委的支持下，经国家统计局批准，正式组织了我国第一次"中国公众对科学技术的态度抽样调查"。同年，上海市开展了"上海市公众对科学技术的态度调查"，这也是中国第一次与科学素质相关的省级调查。1994 年，中国科协和国家科委有关部门组织了第二次"中国公众与科学技术抽样调查"，调查首次关注了少数民族群体的状况。1996 年，中国科协和国家科委又共同开展了第三次全国调查，调查问卷增加了公众对经济学基本知识的理解和公众的迷信状况等内容。三次调查结果"中国公众的科学素养和对科学技术的态度"分别被收录进 1994 年、1996 年和 1998 年的《中国科学技

---

① 访谈录音，2009 年 10 月 19 日。

术指标》中，为中国公民科学素养的研究提供了实践材料，其调查结果的连续对比和国际对比也促使有关部门逐渐认识到提高公民科学素养的重要性，科技界和科普界对公民科学素养建设的呼声也越来越高。①

具体来看，1992 年、1994 年和 1996 年我国公民科学素质调查的结果基本一致，显示我国公民具备基本科学素质的比例仅为 0.3%，即 1000 个人中只有 3 个人具备基本科学素质。而 1989 年美国的调查结果为 7.1%，1992 年欧共体公众科学素质水平已经达到 5%，1989 年加拿大公众具备基本科学素质的比例为 4%，1991 年日本公众具有科学素质的比例已经达到 3%。在瑞典，将近 73% 的国民对科学技术观点达到了解的程度，中国只有接近 40% 的公民达到了解的标准。至于科学方法、情感态度与价值观素养方面，差距更大。同时，在我国知识分子聚集、人口文化层次较高的上海市，其 1993 年、1995 年、1997 年、1999 年的调查结果分别为 2.6%、3.3%、3.5%、4.3%，与同期发达国家的公民科学素质水平依然存在较大差距。②

随着公民科学素质调查的开展和相关数据的公布，我国公民科学素养状况逐渐引起了诸多关注。一个显著的表现是，关于科学素养的讨论逐渐发展，开始有学者在各种报纸期刊发表文章，呼吁国内召开关于科学素养的研讨会，且在 1999—2000 年出现了大量相关文献。而 1999 年"法轮功"事件的发生，再次从反面说明了我国公民的科学思想、科学精神有待提升，促使社会各界对传统科普工作进行反思，加深了全社会对于国民科学素质提高的必要性和紧迫性的认识。

（2）政策流

与此同时，美国"2061 计划"——一项旨在提高全体美国人科学素质的中长期规划——逐渐被引介至国内，并直接促发了我国公民科学素质建设理念的提出。

回溯至 1985 年，哈雷彗星回归在当时的美国引发了一场天文爱好热潮。1986 年 6 月，美国科学促进会组织几百名科技专家和教育工作者，组成美国科

① 何薇. 公民科学素养研究在中国的十九个春秋［J］. 科普研究，2008（4）：34–40.
② 王顺义.《全民科学素质行动计划纲要》制定的依据［M］// 上海市公民科学素质工作领导小组办公室.《全民科学素质行动计划纲要》解读. 上海：上海科学普及出版社，2007：22.

学技术教育理事会及五个学科的专家小组，开始了一项致力于美国中小学全面普及科技教育的长远计划——"2061 计划"。这一计划长达 76 年，即用几代人的努力，在哈雷彗星下一次回归时，使美国人人具备科学素质。1989 年，美国科学促进会发表了《为全体美国人的科学》报告，对中学毕业生在科学素质方面要达到的目标做出了规划。1993 年，美国科学促进会又出版了《科学素质的衡量标准》，把《为全体美国人的科学》中的目标转化为不同年级结束时的学习目标，即衡量标准。1995 年 12 月又出版了《美国国家科学教育标准》，被誉为"美国历史上第一部科学教育标准"。继美国之后，英国、加拿大、瑞典、澳大利亚、新西兰、印度、韩国、新加坡等国也都结合本国实际，采取有力措施提高公民科学素质，如印度从 1988 年起开始实施"国家素质行动计划"，取得了很好的效果。①

1998 年，时任中国科协党组书记张玉台带队参加美国科学促进会 150 周年纪念活动，也是其第 150 次年会。这次考察归来之后，中国科协确立了两件大事：一是中国科协也要办年会，促进加强国内外的学术交流；二是借鉴美国的"2061 计划"，中国也应该有一个培养人的长远计划。由此，中国科协内部形成了最初的"2049 计划"构想。"2049 计划"，实际上就是指到中华人民共和国成立 100 周年时，让我们的国民都具备基本科学素质。自从 1998 年 2 月考察归来，中国科协就一直在推动、筹划这件事情。②

1999 年年初，中国科协召开了一次小型座谈会，会议由张玉台主持，与会者包括时任中国科协主席周光召、时任中国科协调宣部部长吴伟文、时任中国科学院自然科学史研究所副所长王渝生等。在这次会议上，提出了关于"2049 计划"的初步想法。之后，1999 年的前三个季度，中国科协多次召开会议，讨论"2049 计划"上报文件的制定、修改问题，并拟订了"2049 计划"大纲（该大纲后经《中国教育报》全文登载）③，希望将"2049 计划"作为向中华人民共和国成立 50 周年的献礼。④

---

① 崔建平：《公民科学素质和公民科学素质建设》（内部资料）。

② 访谈录音，2009 年 12 月 4 日。

③ 中国科协. 全民科学素质行动计划纲要 [N]. 中国教育报，2003-02-14.

④ 访谈录音，2009 年 10 月 19 日。

1999 年 11 月，中国科协向中共中央、国务院提出《关于实施〈全民科学素质行动计划〉的建议》，建议"对有关部门的相关工作加以集成，制定和实施立足我国基本国情、面向全体国民、涵盖社会各方面，发挥从政府、企业、民间组织到社区的全社会作用，旨在提高国民整体科学素质的国家计划"①。这份文件中同时提出了"九五"和"十五"期间提高全民科学素质的奋斗目标，以及直至 2049 年中华人民共和国成立 100 周年时的远景目标，即实现"2049 年人人具备科学素质"的目标。

由此，《科学素质纲要》议程设置的政策流形成，相关政策建议直接由中国科协上报中共中央、国务院，引起了有关领导同志的重视。1999 年 12 月 9 日，时任中央政治局委员、国务院副总理温家宝做出批示。12 月 10 日，时任中央政治局常委、国务院副总理李岚清画圈同意。不过，《科学素质纲要》的议程设置尚未最终实现，制定工作仍在筹备状态。

（3）政治流

2000—2001 年，各主要媒体关于提高我国公民科学素质（或科学文化素质）的报道明显增多。例如，《人民日报》2000 年 6 月 24 日发表文章《李岚清观看"科学之门"科普展览，强调普及科学知识，弘扬科学精神，倡导科学方法，提高全民族科学素质》；《人民日报》2000 年 7 月 26 日发表文章《大力提高全民族的科学文化素质：论科学知识、科学思想、科学方法和科学精神》；中国新闻社 2001 年 6 月 22 日发表文章《江泽民指出，必须全面提高全民族科学素质》。这些报道对中央领导同志关于提高我国公民科学素质的相关讲话或论述进行了宣传，在社会上营造了重视科学素质提升的良好舆论氛围。同期，中国科协建设了"中国公众科学素养变化观测网"，并于 2001 年成功进行了第四次"中国公众科学素养调查"②。美国"2061 计划"的相关报告经科学普及出版社——翻译出版，例如，《面向全体美国人的科学》（2001 年 4 月出版）、《科学教育改革的蓝本》（2001 年 5 月出版）、《科学素养的基准》（2001 年 6 月出版）

---

① 中国科协. 关于实施《全民科学素质行动计划》的建议［M］// 上海市公民科学素质工作领导小组办公室.《全民科学素质行动计划纲要》解读. 上海：上海科学普及出版社，2007：2-7.
② 此次调查结果显示我国公众具备基本科学素养的比例为 1.4%，与之前三次调查结果比较来看，我国公众的科学素养有所提高，但仍与发达国家存在较大差距。

等。提升公民科学素质的重要性，已经越来越深入人心。

2001 年 11 月，李岚清观看了为纪念美国天文学家和著名科普作家卡尔·萨根（Carl Sagan）逝世五周年而用他的著作《魔鬼出没的世界》书名为题的电视片，并于 11 月 23 日邀请科普专家李元、李大光和传媒专家尹传红以及有关部门负责同志到中南海座谈，主题是如何进一步搞好科普工作。此后，《关于实施〈全民科学素质行动计划〉的建议》得到推进，不仅在会后印发的《国务院科普座谈会纪要》中被特别提到，更有了 2002 年 2 月国务院办公厅给中国科协的复函，要求中国科协牵头，会同有关部门研究制订全民科学素质行动计划。①

3. 议程设置与政策制定

2002 年国务院办公厅的正式复函，标志着《科学素质纲要》议程设置最终实现，政策制定工作正式启动。2002 年 2 月至 2006 年 2 月的四年时间里，中国科协会同中组部、中宣部、国家发展改革委、教育部、科技部、财政部、中科院、社科院、工程院、自然科学基金委、全国总工会、共青团中央和全国妇联等单位成立了以周光召同志为组长的"全民科学素质行动计划"制订工作领导小组。在 2003 年下半年至 2004 年 7 月，采取公开招标、并行研究的方式，组织近 200 位专家学者围绕我国公民科学素质建设开展了基础性研究工作，完成了百万字的研究报告，集中收录在《全民科学素质行动计划课题研究论文集》中，并于 2004 年 7 月在北京举办了"公民科学素质建设国际论坛"，为制定《科学素质纲要》打下了基础。2004 年 3 月正式成立了以时任中国科技馆馆长王渝生为组长的《科学素质纲要》起草组，在前期研究工作的基础上，充分借鉴吸收《国家中长期科学和技术发展规划纲要（2006—2020 年）》的前置专题研究成果"科学普及与创新文化"，经过反复修改和征求制订工作领导小组成员单位意见，在 2005 年 10 月由制订工作领导小组将初稿向国务院呈报，最终迎来了 2006 年 2 月 6 日《科学素质纲要》的诞生。

4. 结语

由上可见，《科学素质纲要》的议程设置相对复杂。总体来看，全球知识

---

① 吴伟文. 全民科学素质行动计划的提出和早期遭遇［J］. 科协论坛，2008（7）：2-3.

经济背景下，各国政府高度重视国民素质的提高，成为《科学素质纲要》议程设置的主要社会背景。公众科学素质调查的结果，反映出我国公众科学素养不高，构成《科学素质纲要》议程设置的问题流。美国"2061计划"的影响，促使中国科协萌发了"2049计划"构想，提出国家应当制订旨在提高国民整体科学素质的长远计划，相关政策建议上报中共中央、国务院，《科学素质纲要》议程设置的政策流形成。主流媒体有关科学素质的宣传报道、"2061计划"丛书的翻译出版等，则为《科学素质纲要》的议程设置提供了良好的政治文化环境。

第五章
科学家参与科学传播研究

第一节 国际上科学家、大学和科研机构 从事科普工作的文献综述

一、英国皇家学会 2006 年对英国科学家的调查

1. 调查方法

2001 年的主要调查方法是访谈。2006 年的调查采用网上问卷调查和访谈两种方法，其中问卷调查 1485 人，访谈 41 人。

2. 调查发现

英国皇家学会 2006 年的调查获得了许多重要的发现。

- 从事科普活动的比例：74% 的被调查者回答说，在过去 12 个月内，至少从事了 1 次科普活动，这个数字比 2001 年的调查上升了 18%。

- 从事科普活动的力度：被调查者中 26% 没有做过科普活动；63% 做过 1—10 次科普活动；11% 做过 10 次以上科普活动。

- 从事科普活动的形式：40% 的科学家说，在过去的 12 个月里做了公众演讲；33% 的科学家同政策制定者进行过科学交流；30% 的科学家参与

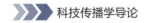
了学校科学教育；25% 的科学家撰写了科普文章；20% 的科学家参与了同公众的对话。

- 从事科普活动的阻碍因素：64% 的被调查者认为，更多的时间要花在做研究上，从而阻碍了他们做更多的科普活动；29% 的被调查者认为做科普会耽误做研究的时间；22% 的被调查者认为其他科学家会看不起做科普的科学家；3% 的被调查者认为来自同行的压力是做科普的一个障碍。
- 做科普的激励因素：81% 的被调查者认为是投入更多的钱；78% 的被调查者认为是课题经费中包括做科普的费用；56% 的被调查者认为是给予奖励。

二、对英国曼彻斯特大学的调查

波利雅科夫（Poliakoff）和韦勃（Webb）针对曼彻斯特大学的科学家从事或参与科普活动的意向进行了调查，对英国曼彻斯特大学 1000 名教师和研究生进行了问卷发放，回收率为 16.9%。结果发现，影响科学家从事科普活动的重要因素包括：①是否有做科普的经历；②行为态度；③知觉行为控制；④描述性规范。换言之，科学家不打算做科普，主要是因为：①他们过去没有做科普的经历；②他们对于做科普有负面的看法；③他们觉得自己没有做科普的能力和技巧；④他们认为其同事不会参加科普活动。因此，促进科学家做科普要从这四方面入手。

三、对英国科学家科普积极分子的调研

吉莉安·皮尔森（Gillian Pearson）对科学家科普积极分子的调研情况如下。

1. 调查方法

选取 223 位科普积极分子，发放问卷表，回收 147 份，回收率 66%。

2. 主要发现

从事科普活动的原因：想促进公众理解科学的占 30%；因为乐趣的占 24%；因为兴奋感的占 22%；因为义务感的占 10%；认为从事科普活动是工作的一部分的占 5%；为了求职的占 2%；出于其他原因的占 7%。

根据调查问卷，做科普活动的益处依次为：乐趣，获得新想法，提高交流

技巧，扩大影响／资金，被认可，其他。

根据调查问卷，做科普活动的阻力依次为：时间，资金，其他同事的压力，不被认可或承认，听众方面问题，实践问题，交流困难，其他问题。

3. 结论

科学家积极从事科普，不是来自义务感的驱动，而是享受做科普的乐趣；最大的困难是时间问题；对科学家做科普予以承认，有助于激励科学家做科普。

四、法国国家科学研究中心的调查

法国国家科学研究中心（CNRS）成立了一个科普工作组，专门探讨如何调动广大科研人员的科普积极性。工作组成立后，从 2003 年 7 月至 2004 年 6 月，就科研人员参与科普活动的程度，对 10403 名包括自然科学和社会科学在内的各学科的科研人员进行了大规模调查。结果表明，有 76% 的人（沉默的多数）在这一年中几乎从来没参与过任何科普工作，有 21% 的人（开放的少数）参与过一两次科普活动，有 3% 的科普积极分子（半职业化的科普工作者）平均参与了 6 次科普活动。参与的形式有：做科普演讲（25%），撰写科普文章（23%），参与广播电视科普节目的访谈（17%），等等。

调查报告认为，为了动员更多的人参与科普活动，对于上述三类人群应采取不同的做法。对于"沉默的多数"，一定要想办法使他们认识到科普的极端重要性。对于"开放的少数"，也许应教会他们使用一些简单的交流工具，以改进科普效果。对于"半职业化的科普工作者"，则应考虑采用什么措施使他们在本单位获得认可（对于他们而言，获得公众的认可是根本不成问题的）。

五、对参与马德里科学节活动的科学家的调研

马丁－森佩雷（Martin-Sempere）设计了结构化的访谈提纲，面对面访谈了 167 位参与科学节的科研人员及辅助人员。

森佩雷发现，他们做科普的最重要动机是想提高公众对科学的兴趣，促进公众对科学和科学家的了解。资深科学家做科普，来自义务感；年轻科学家做科普，来自满足感和乐趣。

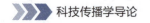

第二节　发达国家激励科学家从事科普的
若干实践及经验 ①

发达国家在激励科学家从事科普方面有一些典型经验和做法，对我国具有启示和借鉴价值。②

一、发达国家激励科学家从事科普的若干实践

一是科技社团帮助科学家树立对纳税人负责的意识。

科学家从事科学研究的经费来自纳税人，科学家需要通过科普等方式对纳税人加以回报，否则很难持续得到社会公众的支持。这迫使科学家组织、科学基金会、科研机构、大学及其科学家参与科普活动。英国、美国等国家的科技社团通过发布报告等形式，帮助科学家进一步确立进行科普的社会责任意识。如英国皇家学会 1985 年发布《公众理解科学》报告，要求"全体科学家都必须认识到自己肩负着向外行公众传播科学的严肃责任"，因为"纳税人通过公共财政对科学训练和科学研究提供了支持，科学家要对纳税人负责，要接受纳税人的问效"，并发出提醒，"如果科学家不向纳税人解说科学研究是怎么回事，那么纳税人对科学的支持水平势必会下降"。所以，"促进公众理解科学是每一位科学家职业责任的一部分"。

二是国家科学基金和国家科技计划项目设立科普资助机制。

英国科研理事会及其八个学科理事会对其资助的项目提出了从事"公众理解科学"的要求。1999 年"公众理解科学"的资金占英国五个学科理事会总资

---

① 刘立，等. 发达国家激励科学家从事科普的若干实践及经验借鉴［EB/OL］.（2014–03–10）［2020–05–20］. http://blog.sciencenet.cn/blog-71079-772592.html, http://www.xjipc.cas.cn/kxcb/kpdt/201403/t20140310_4048683.html.

② 刘立. 发达国家的启示：他们怎么做科普［N/OL］.（2014–08–11）［2020–03–20］. http://news.sciencenet.cn/htmlnews/2014/8/300842.shtm.

金的比例约为 0.2%。英国粒子物理和天文研究理事会鼓励课题负责人拿出 1% 的经费从事科普。美国国家科学基金会设有"非正规科学教育项目"（科普），该项目资助的范围包括：开发和实施旨在提升全体公众对科学、技术、工程和数学的兴趣、参与和理解的非正规学习方式；促进非正规科学教育的知识和实践。项目经费约占美国国家科学基金会总经费的 1.1%，并且美国国家科学基金会会对课题申请提出"价值评估"，涉及项目对正规科学教育和非正规科学教育的价值。美国国家航空航天局要求所有获得资助的项目提取 0.5%~1% 的资助经费用于从事面向公众科普的"社会服务和教育"活动。日本科学技术振兴机构下设有"促进公众理解科学部"，"公众理解科学"经费占日本科学技术振兴机构总支出的比例为 6.7%。欧盟"科技发展框架计划"中专门设有"科学与社会行动计划"，旨在促进科学家与公众的对话交流，促进公众理解科学。

三是科技社团、科研机构等建立提升科学家科普技能的培训机制。

英国、美国、澳大利亚等国家的科学家组织、科研机构、大学等建立了帮助科学家参与科普活动的常设项目和长效机制。英国皇家学会要求所有科学家都必须学会如何有效地向公众传播科学，要求所有的科学家通过培训，学会如何把专业术语和知识化为通俗易懂的科普语言，如何应用类比和比喻解释复杂的科学概念。英国科学促进会设有培训科学家如何与公众进行有效沟通的"视点"项目，首先在全国范围内选择科学家，对选中的科学家进行科普方式方法、交流沟通技巧方法的培训，之后会将他们的科普作品在英国科学促进会举办的科学节上展出，让科学家在现场对观众进行解说和交流。澳大利亚国立大学的科普研究和培训机构十几年坚持不懈地举办科学家科普培训班，通过演讲和问答、小组讨论、写作练习、模拟实践等方式，进行科技传播策略方面的培训，并帮助其总结交流经验。欧盟国家相关组织编写了科学家科普实用手册，免费发放，供科学家通过自学在实践中提升科普能力。

四是创新科普形式，建立科学家与公众对话互动的机制。

除了传统的科普方式，发达国家还开发出了一些新型的科普形式，如科学商店、共识会议等，来进行科普活动。科学商店是一种以公众需求为导向的、沟通科学家与公众双向交流互动的机制。具体方式为：科学商店号召公众提出需要解决的问题；科学商店将这些问题转化为课题，在大学和研究机构寻找合适的大学生或科技人员完成这些课题；科学商店将他们的研究成果以通俗易懂的方式传播给公众。科学商店最早于 20 世纪 70 年代出现在荷兰，之后向很多国家扩散。2001 年，欧盟将支持发展科学商店纳入欧盟框架计划；2003 年欧盟拨款 40 万欧元，资助建立科学商店网站；2005 年欧盟资助科学商店培训和指导项目。共识会议是一种公众与科学家就某些有争议的科学技术问题进行对话交流而形成共识的新科普形式。20 世纪 80 年代丹麦首次举办了以转基因技术为主题的共识会议。共识会议后来扩展到欧洲各国和日本、韩国、澳大利亚等国家。国际上围绕着转基因、纳米技术等具有风险和不确定性的新兴科学技术，举行了大量的共识会议，成为公众理解科学、参与科学的一种新模式。

二、启示及借鉴

一是国家科技计划设立配套科普经费。

在发达国家，国家科技计划和国家科学基金是科普经费的重要渠道。而在我国，国家科技重大专项、国家高技术研究发展计划（如"863 计划"）、国家重点基础研究发展计划（如"973 计划"）、重大基金研究项目，均没有相应的科普经费。为增强科技工作者参与科普活动的积极性，鼓励把科研与科普结合起来，建议从中央财政支持的国家科技计划经费增量中每年划拨 1%，设立"国家科普基金"。倡导科技社团、科研机构等通过多种途径增强科技工作者在科研和科普活动中对纳税人负责的意识。

二是支持大学和科研机构等依托其科研设施和科技人员创新科普形式。

在继续做好科研机构、大学公众开放日传统科普形式的同时，探索面向社区和公众需求的科学商店。对于已经建立和运行的科学商店，相关部门要及时总结经验，通过评选先进并给予奖励等方式，树立典型，使其能够起到示范带头作用。对于有意愿建立科学商店的，地方相关部门要给予一定的鼓励和支持。待时机成熟时，建立国家级的科学商店，为更广大的社区和公众提供高质量、高水平的科普服务。

三是鼓励和支持科学家通过互联网等新途径与公众进行互动。

如支持科学网站及有关科普网站建立面向公众科普需求的渠道，动员广大科学博客就公众关心的热点和焦点问题传道授业解惑，并与公众进行互动交流，打造成面向公众需求的、即时互动的网络科普平台。鼓励科技人员利用网络视频系统举办互动性的科普讲座。

四是多途径、多层次举办面对面科普交流活动。

对有争议的、公众反映强烈的科技问题，如转基因作物、核电站等，举办科学家、政府官员、企业同媒体、公众面对面对话交流的平台，为公众提供有序和谐参与科技的渠道，争取多方利益相关者形成共识。

第三节　科技工作者从事科普工作状态调查报告

一、科技工作者从事科普工作的意愿和动因

1. 科技工作者广泛认同"科普是科技工作者的社会责任"

网上调查表明：对"科普是科技工作者的社会责任（和义务）"这一观点，94.0% 的被调查者表示非常同意（58.7%）和同意（35.3%）。这在一定程度上说明，科技工作者具有从事科普工作的意愿。

有科技工作者说："如有机会，将尽量参加科普活动。""社区给机会我们都会去做，学校有要求我们也会去做，不用给什么好处，也非常不想要什么名誉，就是想让大家了解科学。"还有科技工作者说："能够为农民创业提供帮助，觉得学有所用，很有成就感；为国家公务员答疑解惑，觉得自己能为别人做点事，很欣慰。"

受访者绝大部分也支持"科普是科技工作者的社会责任（和义务）"的观点。他们认为：

从科技工作者的使命来看，科学研究工作是国家用纳税人的税金在支持，因此科技工作者掌握的科技知识并非私人财产，贡献给国民的形式之一就是科普。科技工作者的日常工作，并没有贡献自己知识的全部。通过对社会尤其是社会上的公众做报告，讲解科学研究的目的和意义，传播具有一定认识高度的科学理念，不仅可以让纳税人知晓为何要投资科研，获得他们对科研的支持，

而且也是宣扬科学认识论和方法论的一个途径，对提高大众的科学兴趣或许能够起到一定的作用。

从科技工作者所具备的能力来看，科技工作者拥有其他人群所不具有的条件和能力。科技工作者是走在科技最前沿的人群，是对科学理解和掌握程度最高的人群，比起其他人群更具备正确传播科学知识和思想的能力。

从社会大众和国家需求来看，因为当今世界科技已经渗透到社会各个角落，人们日常生活中的很多事物都包含着科学问题。而科学还没有发展到什么现象都可以解释，社会上还存在大量的文盲和半文盲，他们对事物的认识和理解还在初级阶段，很容易被邪教或不良人员蛊惑，因此社会发展和国民素质需要科普，国民科学素质对于一个国家的发展和壮大是至关重要的。从经济角度看，科普有利于科技知识从少数科学家的头脑中解放出来，变成普通人群的经济工具，从而有助于提高全社会的经济发展能力。从精神层面看，社会上缺乏科学知识者、迷信者仍有不少，科普有利于破除迷信，扫除愚昧，具有思想和知识的双重启蒙意义。再从科学领域本身来说，从事科学研究者未必具有科学精神、科学态度和科学方法，弘扬科学精神、科学态度和科学方法应是科普的重要内容，这种科普有利于提高科学界整体的科学素质。

从科普对科研工作的帮助来看，一方面，科普让民众了解科学家工作的意义和工作方式，理解和支持科学家的工作，有利于科技事业的发展；另一方面，科普可以让下一代人了解科学，激发下一代对科学的兴趣，让科技事业后继有人。

有受访者认为，科普是科技工作者的社会责任，是"理所当然的事"，是"分内之事"，"与审稿、评审国家项目或者评审国家奖励一样重要，甚至更应该认真对待"。

也有受访者在一定程度上支持"科普是科技工作者的社会责任（和义务）"，但认为不是每个科技工作者都必须要做科普工作。其理由是：

科普是科技工作者的社会责任，也是应尽的义务，但不是必须做到的，毕竟科技工作者的主要任务是科学研究，而科普要以浅显易懂且又表述无误的语言向非专业的读者介绍极其专业甚至前沿的科学内容，对专业的科学工作者来说有一定的困难。因此有的科技工作者擅长科研而不擅长科普，就不一定非要他做科普工作。

还有受访者不认为"科普是科技工作者的社会责任（和义务）"。持这种观点的理由有：

第一，因为科普不是科技工作者的本职工作。科学与技术的普及，是一项需要全社会参与的大项目，科技工作者可以根据自己的具体情况参与一些工作，但如果说这是责任或者义务，则有些牵强。科技工作者可以把科普工作当作一种爱好，而不是强加于自身的义务。

第二，目前中国的科技工作者最需要的是减负，国内的科研人员已经任务繁多，再添加科普的新任务，既会影响到他们本职工作的完成，也不能保证新任务的完成效果。

2. 促使科技工作者从事科普工作的动因主要是社会公益目的和个人兴趣

许多科技工作者有从事科普工作的意愿。纸质问卷调查表明，在促使科技工作者从事科普工作的多种动因中，位于前五位的分别是：出于科技工作者的社会责任、满足个人喜好和兴趣、促进公众理解科学、提升公众的科学素质、体现个人价值。出于社会责任而从事科普的比例最高，这与被调查者高度认同科普是科技工作者的社会责任是一致的。

在网上调查中，促使科技工作者从事科普工作的动因，其顺序和比例分别为：第一，出于科技工作者的社会责任，62.60%；第二，提升公众的科学素质，52.60%；第三，促进公众理解科学，51.80%；第四，满足个人喜好和兴趣，47.60%；第五，体现个人价值，42.10%。

促使科技工作者从事科普工作的动因，除上述五种主要动因，还有一个重要动因是"提高公众参与公共事务的能力"（在纸质调查中排第六位，比例为23.00%；在网上调查中排第七位，比例为20.00%）。

在促使科技工作者从事科普工作的动因中，排在最后两位的是"为所在科研机构吸引更多的资金投入"和"所在专业招生的需要"。可能多数被调查者并不认为科普具有实现功利目的的功能。

上述调查结果说明，科技工作者从事科普工作，主要是出于社会公益目的，出于个人兴趣，而不是出于功利性的目的。

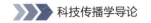

二、影响科技工作者从事科普工作的主要阻碍因素

1. 阻碍科技工作者从事科普工作的最主要因素

虽然科技工作者普遍认同科普是科技工作者的社会责任，也有出于社会公益目的和个人兴趣等动因从事科普工作的意愿，但是，科技工作者从事科普工作的比例不高，次数较低。这背后的原因是什么？

纸质问卷调查显示，个人资历不够、缺乏科普经费、缺乏科普渠道、科研工作忙，是阻碍科技工作者从事科普工作的主要因素。关于阻碍科技工作者从事科普工作的阻碍因素，在纸质问卷调查中，其顺序和比例依次为：个人资历不够，40.40%；没有接受过相关的训练和培训，39.30%；没有科普经费，31.70%；缺乏科普渠道，27.80%；科研工作忙，没有时间做科普，26.90%；缺乏单位和领导的重视，23.60%；缺乏从事科普所需要的文字或演讲能力，23.50%；行政工作忙，没有时间做科普，18%；报酬太低，15.00%；同行和同事对做科普有负面看法，11.50%；没有从事科普的兴趣，11.30%；领导对科普存在负面的看法，11%；教学工作忙，没有时间做科普，11.00%。

在网上调查中，对这一问题的选择比例依次为：个人资历不够，48.20%；缺乏科普渠道，42.10%；科研工作忙，没有时间做科普，41.30%；没有科普经费，41.10%；没有接受过相关的训练和培训，31.80%；教学工作忙，没有时间做科普，28%；缺乏单位和领导的重视，27%；缺乏从事科普所需要的文字或演讲能力，20.00%；报酬太低，9.70%；同行和同事对做科普有负面看法，8.20%；领导对科普存在负面的看法，7.60%；行政工作忙，没有时间做科普，6.80%；没有从事科普的兴趣，2.40%。

本调查的主要结果，与"全国科技工作者状况调查"课题组（2009年）的调查结果，即"缺乏参与渠道、时间精力和活动经费，是阻碍科技工作者参加科普活动的最主要因素"，总体上是一致的。

2. 阻碍科技工作者从事科普工作的主要因素，根据不同年龄段、职称段和不同科技职业类型而有所区别

（1）不同年龄段

在纸质问卷调查中，不同年龄段从事科普工作的主要阻碍因素从高到低分

别为以下情况。40 岁以下：资历不够；没有接受过相关训练和培训；没有科普经费。41 — 50 岁：没有接受过相关训练和培训；没有科普经费；资历不够；缺乏科普渠道。51 — 60 岁：没有接受过相关训练和培训；没有科普经费；资历不够；科研工作忙，没有时间做科普。

在网上调查中，不同年龄段从事科普工作的主要阻碍因素从高到低分别为以下情况。40 岁以下：资历不够；科研工作忙；缺乏科普渠道；缺乏科普经费；没有受过训练。41 — 50 岁：缺乏科普渠道；科研工作忙；教学工作忙；没有科普经费。51 — 60 岁：没有科普经费；教学工作忙。

两种调查的结果有一定差异，但大体一致。如果排除若干共性因素，可以认为：青年科技工作者认为资历不够是主要的阻碍因素，中年以上科技工作者认为科研和教学工作忙是主要阻碍因素。

（2）不同职称段

在纸质问卷调查中，不同职称段从事科普工作的主要阻碍因素从高到低分别为以下情况。正高：科研工作忙，没有时间做科普；缺乏科普经费；缺乏科普渠道。副高：科研工作忙；缺乏科普经费；缺乏科普渠道。中级：缺乏训练，资历不够；缺乏科普经费；缺乏科普渠道。初级：缺乏训练；资历不够；缺乏科普经费；缺乏科普渠道。

在网上调查中，不同职称段从事科普工作的主要阻碍因素从高到低分别为以下情况。正高：教学工作忙；科研工作忙；缺乏科普渠道；缺乏领导支持。副高：缺乏科普渠道；科研工作忙；缺乏科普经费；缺乏领导重视；教学工作忙。中级：资历不够；缺乏科普经费；缺乏训练、缺乏科普渠道以及科研工作忙并列第三；教学工作忙。初级：资历不够；缺乏训练；缺乏科普渠道；科研工作忙。

由此可见，关于阻碍因素，纸质调查和网上调查两种方式的调查结果在同一职称段中体现了不少共同因素。主要差别在于：高级职称认为科研工作忙是主要阻碍因素，中初职称认为资历不够和缺乏训练是主要障碍因素。

（3）不同科技职业类型

科研工作者、高等教育科研工作者认为科研工作忙和个人资历不够是从事科普工作的主要阻碍因素。

工程师、工程技术人员认为个人资历不够、缺乏科普经费和缺乏科普渠道是从事科普工作的主要阻碍因素。

医务工作者认为，没有接受过相关训练和培训、缺乏科普经费、个人资历不够以及科研工作忙，是从事科普工作的主要阻碍因素。

农业科技推广人员认为，个人资历不够、缺乏从事科普所需要的文字或演讲技能、报酬太低是从事科普工作的主要阻碍因素。

"全国科技工作者状况调查"课题组（2009年）发现：在阻碍因素方面，低学历、低职称及35岁以下的科技工作者强调缺乏科普能力（包括没有科普能力和缺乏相关训练）的比例相对高；与之相比，其他科技工作者强调没有时间精力的比例较高。

本课题进行对应的分析，结果与"全国科技工作者状况调查"课题组（2009年）的发现大体一致。

3. 若干主要阻碍因素分析

（1）缺乏科普经费

很多科技工作者认为，缺乏从事科普工作的经费是阻碍他们从事科普工作的因素，尤其是缺乏科普著作出版资助。

在访谈中，中科院一位女性科学家说：

目前主要是（缺少）经费和人力支持。由于缺少这些支持，一些项目开展起来十分困难，甚至有的只能半途而废。

有人说：

目前最大的问题是人们普遍对科普工作的认识不足，重视不够，经费投入不足。

科普说起来容易，但做起来难，真正干好就更难。几乎没有经费，工作很难开展，从上至下经费都很少。虽然很重视，但经费投入严重不足。

科技工作者对科普著作出版难反映强烈。

最大的困难是要自己掏腰包出科普作品，这是无人愿意从事科普的主要原因。建议国家要对科普著作给予大力支持。

从事科普特别是科普创作应该是个苦差事，稿酬偏低等原因造成大家急功近利，粗制滥造现象比较严重。

现在科技部的科学技术学术著作出版基金不允许科普著作申报，当初设立这个基金的目的是学术书难出，需要帮忙。而其实科普书也很难出。高端科普著作，销量没什么把握，难出。因此希望科技部增加这样一个资助类别。

（2）缺乏科普渠道

虽然已有多种渠道和平台从事科普工作，如科普日以及科研机构和大学的开放日，但是，科技工作者仍然感到科普渠道缺乏。一些受访者说：

最大的问题就是没有一个良好的平台。

科普工作遇到的最大问题是对于个人而言缺乏正当渠道。

打算从事科普，遇到的问题是，很难找到进行科普的途径。

没有渠道开展科普。（主动）联系社区，会被误解。

科普管理部门要（给）非专职科普工作者提供科普工作渠道。

建议国家相关部门经常组织一些（科普）活动，以普及一些常识，提升全社会的素质。让科学走进生活，生活更加科学。

需要构建全社会参与、发展的平台，自发的、个体的（科普活动）是难有作为的。

（3）科研工作忙，没有时间从事科普

我国科研处于快速发展时期，大家忙着争取课题经费，忙着写论文，应对以《科学引文索引》（SCI）论文为主的绩效考核，从而没有时间从事科普工作。

一些科技工作者说：

科普工作很有意义也很有意思，但科研人员从事日常科研工作已经非常繁忙，如果没有专项支持，很难去认真从事科普工作。

单位天天谈发了多少 paper，引进多少经费，带的学生不许出事，各类事务一大堆，每天心力交瘁的，哪有空（做科普）！

工作压力太大，对从事科普的时间和精力冲击很大。

希望个人资历雄厚的老先生或杰出人才能担当起科普的责任，不过这些人也是最忙、最没有时间科普的。

深得科学技术内涵传承的人，没有时间和精力做科普，导致科普质量低下。

科学的普及是个大事，但急功近利的社会背景下，很少有科研工作者愿意拿出相当的时间普及科学知识。

这些（科普）都是在过年放假时做的，时间很短，平时在学校很难接触到普通老百姓，有心无力。

（4）资历不够，缺乏科普培训

要做好科普，需要多方面的知识和技能。既要有一门专业的基础，又要有广博的知识；既要有理工知识，也要有人文修养；既要有知识生产能力，又要有科普传播能力。钱学森认为："一个科技人员如果不能用通俗的语言，把他的专业知识向不在行的人讲清楚，那他的专业知识就没有真正学好。"科普要做到深入浅出，但许多人感到："深入"不易，"浅出"更难。

（5）简要概括

除上述因素，有些人对科普持负面看法、政府及单位对科普工作不够重视、缺乏从事科普的社会环境和氛围，特别是现行科技评价体系等综合因素，也不利于科技工作者从事科普工作。

4. 科技评价体系不利于科技工作者从事科普工作

1/3 以上的科技工作者认为把科普纳入绩效考核可以促进科技工作者从事科普工作。建议把科普纳入科技工作者绩效考核中的"公益社会服务"类。

现行科技评价体系，一个特点是"唯以论文论英雄"，"不出版就出局"，实行 SCI 量化考核。科普在目前科技评价体系中没有位置，甚至还起负面作用。

这种绩效评价体系不利于科技工作者从事科普工作，需要改变。

中科院一位女性科学家说：

我认为最主要的是改变现有对科技工作者业绩的评价体制，这样才能调动科技工作者从事科普活动的积极性。一线科研人员压力太大，被绑在科研业绩上面，没有精力从事科普工作。

不少人持类似的看法：

在我国科研院所中，对科技工作者的考核机制在很大程度上限制了科技工作者对科普工作的热情。

一线科研人员没有动力从事科普工作，因为这些工作要花费很多时间，但不跟业绩挂钩。

科普在目前国内科研教育评价体系中的重要性十分低，迫切需要改革现在的科研教育评价体系。

科普文章和科普工作没有得到应有的评价。

关于把科普纳入绩效考核对促进科技工作者从事科普工作的影响，调查表明：认为影响大和影响很大的，纸质调查的比例为 44.5%，网上调查的比例为 33.2%；认为影响一般的，纸质调查的比例为 31.1%，网上调查的比例为 20.5%；认为影响不大和影响很小的，纸质调查的比例为 24.5%，网上调查的比例为 46.3%。

关于科普是否应该纳入绩效考核，课题组进行了专门的访谈调研。

支持者的观点可概括为以下四点。

第一，鉴于科普工作是科技工作者义不容辞的社会责任和义务，它不仅可以列入科技工作考核范围，理应成为科技工作考核的科目之一，而且应该作为一个重要的考核科目。

第二，科普工作不容易做且技术含量高，但是因为现在不作为科研人员的绩效，所以大家兴趣不大，如果纳入绩效考核，会给大家一定的鼓励。

第三，有时科普被认为是"不务正业"，因此有些科技工作者做了科普工作，但不敢对外人说，并且评奖、评职称的时候也不敢声张。如果将科普纳入考核指标，就会在一定程度上纠正一些人认为科普"不务正业"的偏见，会有

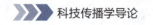

利于科普。

第四，因为科普确实可以带来很重要的社会效益（甚至经济效益），所以科普可以作为考评的一种参考指标。

不支持把科普纳入绩效考核的人，其观点主要有以下三种。

第一，从科技工作者的科普能力方面来说，有些科技工作者不擅长做科普工作，要允许这样的科研工作者不从事科普。科普是科技工作者的兴趣，是科技工作者自愿的行为，不能被强迫。目前国内的科普工作在体制机制方面尚不完善，也不正规，做科普工作的只是少数人，所以不宜纳入绩效考核中。

第二，目前中国的科技工作者最需要的是减负，国内的科研人员已经任务繁多，再添加科普的新任务，既会影响到他们本职工作的完成，又不能保证新任务的完成效果。

第三，从科技工作者的负担方面来说，对科普进行绩效考核会增加科技工作者的负担，尤其是增加一些不擅长做科普的科技工作者的负担。

关于把科普纳入考核指标的操作，受访者认为从无到有是很关键的，但是具体实施起来很难。因为科普很难像发表论文那样可以用量化的数据来考核，并且很难监督其效果，所以绩效考核实施起来不容易。有受访者认为，虽然量化的考核指标现阶段不容易实现，但最初的阶段不一定需要量化的考核指标，考核指标从无到有才是关键。

有的支持者认为，虽然科普可以纳入考核指标，但不宜搞"一刀切"，不宜把科普作为硬性指标，毕竟不同的职业、行业具体情况差异很大。

有受访者提醒，要避免科普列入考核指标后可能会出现的负面效果。

5. 一点建议：把科普纳入科技工作者绩效考核中的"公益社会服务"类

有不少著名科学家和科技管理者都曾提出过把科普纳入科技工作者绩效考核中。

1978 年，钱学森就提出："将来在科技人员考核，研究生考试，学校提讲师的时候，不但要写科技论文，还要写一篇科普文章，写不好，不能毕业，不能提级。"

2001 年，李德仁、杨叔子等 12 名院士联名向武汉市政协九届五次会议提交《科普工作应纳入科技人员业绩考核指标》提案，并得到采纳。

2002年，科技部时任部长徐冠华提出，"科研机构和高校，应把科技人员从事科普工作的绩效，纳入考评指标中"。

科普工作老领导和资深专家徐善衍认为，如果在对科学家的考核中加入科普，认可他们的这部分工作，在制度层面增加一些激励措施，将可以有效地对科学家进行政策引导，让他们更多、更主动地参与科普工作。

现行的科技工作者绩效考核通常包括本职工作和社会公益服务。大学中的教学科研工作者绩效考核包括三部分：教学、科研、公益社会服务。建议把科普纳入科技工作者绩效考核中的"公益社会服务"类，让科普这种体现社会责任和奉献的工作在绩效考核中占有一席之地。

建议以获得了大量公共资金支持的"985工程"大学和中科院所属研究所作为试点单位，把科普指标纳入科技人员考核体系。

第六章
公众参与科学研究

第一节　公众参与科学模型反思及其面临的挑战 ①

一、引言

经过 30 多年的发展，科学传播领域不论是在实践上还是在学术上都取得了一系列丰硕果实。重要的成果之一，可以说是确立了强调对话的公众参与科学模型取代由科学界教育"缺乏知识"的公众的缺失模型的理论正当性和实践可行性。然而，在公众参与科学模型得以确立并在西方国家的科学传播实践中应用多年后，这一模型也暴露出一系列问题。最核心的问题在于，赋予公众与科学家同等的对科学发展的参与权，是否就能弥补参与科学发展进程所需要的科学知识？从实践上讲，公众参与科学模型的公众分布在哪里？他们是否愿意参与科学发展？类似公民共识会议或科学听证会等形式，其最终决议的合理性和权威性何在？

实践的挑战、理论发展的滞涩以及学科的交融，在近年来催生了科学传

① 本节作者为贾鹤鹏。

播学者与实践者对公众参与科学模型的广泛反思,《科学与工程伦理》(*Science and Engineering Ethics*)、《美国国家科学院院刊》和《公众理解科学》(*Public Understanding of Science*) 等著名学术刊物纷纷出版了以公众参与科学为核心议题的专刊。本文结合对这些学术动向的分析,展示公众参与科学模型在理论和实践上的成果、不足及其未来面临的挑战,并基于中国国情做相应探讨。

二、科学传播:从公众理解科学到公众参与科学

一般来说,科学传播作为一个独立的实践与学术领域,以 1985 年英国皇家学会出版具有广泛影响的《公众理解科学》报告以及同年英国科学促进会成立公众理解科学委员会为标志。① 科学传播的学术传统更多来自富有批判传统的科学技术学(Science and Technology Study, STS),而非强调实证研究的欧美传播学。

科学传播走向参与和对话,是在社会压力和该领域学者推动的合力下形成的。20 世纪六七十年代,伴随着科学发展对西方社会、道德和宗教的影响不断增强,环境价值与技术发展之间的张力凸显,公众对新兴技术可能造成的环境和健康伤害的担忧日增,社会对科学家和政府的信任度下降,科学争议开始集中爆发。②

与此同时,早期的科学传播学者对以科学家(科学界)为中心的科学传播提出了猛烈批评。他们指出,公众理解科学被解释为要求公众理解科学的好处③;科学界支持科学传播本意是鼓励科学家积极与公众沟通,改变他们不被公众信任的状况,但公众理解科学的提法却变成了要求公众去理解来自科学家的信息,而不是相反方向。④

① ROYAL SOCIETY. The Public Understanding of Science [R].London: Royal Society, 1985.(中译本:英国皇家学会.公众理解科学 [R]. 唐英英, 译. 北京: 北京理工大学出版社, 2004.)

② NELKIN D. Science Controversies: The Dynamics of Public Disputes in the United States [C] // JASANOFF S, MARKLE G E, PETERSEN J C, PINCH T. Handbook of Science and Technology Studies, Thousand Oaks, CA: Sage Publications, 1995: 447–450.

③ LEWENSTEIN B V. The Meaning of "Public Understanding of Science" in the United States after World War II [J]. Public Understanding of Science, 1992, 1 (1): 45.

④ WYNNE B. Further Disorientation in the Hall of Mirrors [J]. Public Understanding of Science, 2014, 23 (1): 65.

众多学者的反思和科学传播工作者的推动，导致了贯彻民主精神的公众参与科学模型的诞生和发展。该模型旨在强调科学传播是一系列促进公民参与科技决策的活动，认为在科学发展问题上，公众与科学家具有同等的资历参与决策，科学的发展需要通过与公众的对话来取得他们的支持。①

迄今为止，公众参与科学模型在科学传播理论界取得了广泛共鸣。② 美国著名 STS 学者贾撒诺夫（Sheila Jasanoff）指出，美国的科技治理结构实际上是基于政府、科技界与公众的谈判而形成的，通过公众参与科学，可以对科技治理的意义，包括如何确立科学的合理边界，进行重新谈判。③ 在现实压力和理论推动下，西方社会发展出科学对话、科学听证会及公民共识会议等旨在以对话方式将公众意见融入科学决策的多种公众参与科学的形式。

三、公众参与科学：谁是公众，如何参与，何为共识？

然而，公众参与科学在近年来也面临着诸多实践与理论的挫折与挑战，其中具有标志性意义的事件之一，是丹麦政府于 2012 年停止了对以首倡和成功举办多场公民共识会议而闻名世界科学传播界的丹麦技术委员会（Danish Board of Technology）的资助，理由是丹麦技术委员会所举办的大部分共识会议，在丹麦国内的关注度并不高。这体现了公众参与科学活动的一个主要挑战，即倡议组织者积极推动这类活动，但公众并不积极参加。④

针对公众参与科学遇到的挑战，STS 学者和延续这一传统的科学传播研究者认为，现在的公众参与科学模型的本意，并非是让公众平等对话，而是以一种互动的形式，换取公众恢复对科学的支持。真正的公众参与科学，应该抛弃科学的优越性甚至中心地位，让其与对公众有意义的各种知识平等对话。⑤

---

① HOUSE OF LORDS SELECT COMMITTEE ON SCIENCE AND TECHNOLOGY. Third Report：Science and Society ［R/OL］.（2000−02−23）［2020−03−30］.http://www.publications.parliament.uk/pa/ld199900/ldselect/ldsctech/38/3801.htm.
② FISHER E. Editorial Overview：Public Science and Technology Scholars：Engaging Whom?［J］. Science & Engineering Ethics，2011，17（4）：612.
③ JASANOFF S. Constitutional Moments in Governing Science and Technology［J］. Science and Engineering Ethics，2011，17（4）：624.
④ HORST M. On the Weakness of Strong Ties［J］. Public Understanding of Science，2014，23（1）：43.
⑤ WYNNE B. Public Engagement as Means of Restoring Trust in Science? Hitting the Notes，but Missing the Music ［J］. Community Genetics，2006，10（5）：211.

其他学者指出，公众参与科学活动没有充分考虑利益攸关者，从而忽视了这类活动的政治属性，也即它们本质上是各种利益的竞争、对话与妥协。① 在这个意义上，公众参与科学的模型还不算一种审议民主（deliberative democracy）。② 审议民主通常是相对于代议制民主而言的一种体制安排，主张公民应该直接参与立法与决策过程。

除了如何界定和选择公众参与对话，现有的公众参与科学的研究和实务也在活动机构的效率与适宜性、话题选择、评估手段等方面存在一系列问题。此外，在互联网时代，如何通过网络实现公民有效参与科学，也是一个亟待研究和探索的问题。③

即便上述的程序性问题得以解决，公众参与科学仍然面临一大挑战。究竟什么是对话产生的共识，学者也见仁见智。④ 有关共识的难点在于，即便各种声音都在公众参与科学的活动中得到合理充分的表达，我们选择特定的声音而不选择其他声音的原则究竟是什么？在政治生活中，理论上各种声音都应该享有同等地位并彼此博弈。然而，在科学对话中，我们是否应该并能够做到把科学的声音与其他各种声音同等对待？

另一方面，科学界从相反的方向也对现有的公众参与科学模型提出了批评。他们认为，作为民主社会的组成部分，科学当然应该置于公众监督中，科学家当然应该与公众对话，但对话应该基于现有的科学证据⑤；仅仅在表面上让各种观点居于同等地位，并不能改变在特定议题上需要依靠科学证据做出决策的客观事实。科学与公众的对话很有必要，但应该尊重科学的权威。⑥

———————

①　NOWOTNY H. Engaging with the Political Imaginaries of Science：Near Misses and Future Targets［J］. Public Understanding of Science，2014，23（1）：17.

②　STURGIS P. On the Limits of Public Engagement for the Governance of Emerging Technologies［J］. Public Understanding of Science，2014，23（1）：39.

③　STILGOE J，LOCK S J，WILSDON J. Why Should We Promote Public Engagement with Science?［J］. Public Understanding of Science，2014，23（1）：4–15.

④　刘兵，汪洋. 对共识会议之"共识"的反思［C］// 中国科普研究所. 中国科普理论与实践探索——2010 科普理论国际论坛暨第十七届全国科普理论研讨会论文集. 北京：科学普及出版社，2010：136–137.

⑤　DICKSON D. Public "Isolated from Science" in Rich and Poor Nations［EB/OL］.（2014–06–22）［2020–03–30］. http://www.scidev.net/global/communication/news/public–isolated–from–science–in–rich–and–poor–na.html?stay=full.

⑥　NATURE EDITORIAL. Murky Manoeuvres［J］. Nature，2012，491（7422）：7.

通过本节的讨论，我们看到公众参与科学模型由于其自身的欠缺，尚无法如其承诺的一样，实现公民对科学发展的充分民主参与，这既是民主政治在选择公众代表和确保理性的民主参与等方面所固有的这类困难在科学传播领域的反应，也是由民主政治在法理上的公民平等参与权与科学知识所必然具有的精英垄断之间的冲突造成的。

四、公众参与科学的实证解决方案

鉴于公众参与医疗与环境事务等广义的科技领域在当今社会公共事务中的重要性，风险管理与公共政策研究者也对这一领域展开了主要基于实证手段的研究。他们从人类认知机制入手探讨公众参与科技的问题。

在研究人类形成态度的心理认知机制的基础上，学者们指出，像认识其他事物一样，人们要认识科学内容，需要形成认知框架来筛选相关信息，随后总是不假思索地快速将获取的信息与认知框架做对比，快速选择特定信息并做出相关决策。[①] 该认知框架的形成，部分依赖于人们此前的知识，在很大程度上也依赖于价值、信任、情感以及偏好等因素。换句话说，价值和信任等因素不是脱离开知识而单独存在于道德领域，而可能是用来形成知识的基础。

价值和道德因素会构成科学认知的框架或通道这一点，成为实证学者介入公众参与科学研究的基础。他们认为，如果要公众更好地支持科技发展，除了要向他们"提供"基于事实的科学知识，也要让他们与科学家在价值、道德上取得共识，而这一点，只能通过协商的方式来进行。[②] 多种价值立场的协调能促进科学与社会的互动与融合。

基于这种认识，风险管理研究者在环境保护、气候变化及核电发展等科技领域，开展了对公众参与治理的研究。他们更多借鉴了传统的参与式民主的研究，后者已经揭示出，公众的审议民主参与实践能够培育出精致的、包容的公民，但这些结果并非自动生成，需要克服各种障碍，包括代表选择、均衡观点

---

① LUPIA A. Communicating Science in Politicized Environments [J]. Proceedings of the National Academy of Sciences, 2013, 110(suppl. 3): 14048.

② DIETZ T. Bringing Values and Deliberation to Science Communication [J]. Proceedings of the National Academy of Sciences, 2013, 110(suppl. 3): 14082–14087.

与确保合理的利益诉求。① 风险管理研究者们通过研究认为，公众参与科学活动，在形式上与传统的审议民主并无本质不同，它们遭遇的诸如如何有效动员公民参与等挑战也具有可比性。

从公共政策角度对公众参与广义的科学事务的研究取得了一定成果。例如，通过分析公众参与环境治理的实践，研究者鉴别出处理科学与环境事务的三种专业知识，它们分别为科学性知识、社区性知识与政治性知识。只有通过直接的民主参与，这三种专业知识才能彼此协调。② 研究也表明，在风险议题上，越是对公众开放决策形成过程，越听取公众意见，公众对决策部门的信任就越高。③

美国国家科学院 2008 年出版的《公众参与环境评估与决策》报告综述了公众参与科学与环境治理的 1000 多项研究。这些研究在总体上指出，公众参与是一种有效的环境治理方式；公众参与环境科技议题既依赖于这些议题与他们的利益相关性，也与公众的利他主义情结相关；参与科技环境议题的议程设计对保证这些参与活动的成功至关重要；通过程序设置来确保平等表达才能让环境科技议题的讨论卓有成效；公民参与的深入讨论是否影响政策，对公民参与的效果有直接关系。④

由于学科以及关注点的不同，风险管理及公共政策学者提出的公众参与科学解决方案并不能看作对科学传播学者关于这一模型的批判和反思的直接解答。但客观上，政策学者的实证性研究工作为促进公众参与科学的实施提供了重要的参考和延伸。

当然，这些解决方案与科学传播学者的思考有两点巨大的不同。其一是风险管理与公共政策学者立足于现有体制的合理性，在本质上认可了政府及科学界具有"让公众"通过参与来支持科学的主导权力，而并不像 STS 学者及其科

① RYFE D M. Does Deliberative Democracy Work?[J]. Annual Review of Political Science, 2005, 8（1）: 62–65.

② DIETZ T. Theory and Method in Social Impact Assessment [J]. Sociology Inquiry, 1987, 57（1）: 54–69.

③ McCOMAS K A, ARVAI J, BESLEY J C. Linking Public Participation and Decision-making through Risk Communication [C]// HEATH R L, O'Hair H D. Handbook of Risk and Crisis Communication. New York: Routledge, 2009: 378.

④ US NATIONAL RESEARCH COUNCIL. Public Participation in Environmental Assessment and Decision Making [R]. DIETZ T, STERN P C. Washington, DC: National Academy Press, 2008: 1–6, 223–237.

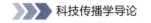

学传播继承者们一样更关注对现有体制及科学"霸权"的批判；其二是这些学者的关注重点是风险管理的实践，而对其中所涉及的如何学习知识及知识的可靠性这类 STS 学者关注的核心问题涉猎不多。

五、非政治层面的公众参与科学

面对公众参与科学模型遭遇的困难，也有学者指出，这部分地是因为目前研究者们关注的公众参与科学模型，主要聚焦于民主政治的层面，而民主政治的原则与科学精英对知识的天然垄断构成了必然的矛盾。但公众参与科学并不止于公众参与科学决策，也应该体现在参与式科学教育、公众参与研究等方面，公众参与科学模型在这些方面的应用同样有助于公众掌握科学知识、参与科学进程并与科学家实现平等对话。[①]

在进一步讨论前，有必要澄清一下"公众参与科学"这一短语的译名。"公众参与科学"，通常译自"public engagement with science"，但英语文献中也有学者使用"public participation in science"表示公众参与科学。相对于"engagement"，"participation"更多指的是形体的参加，比如参加一次共识会议；而"engagement"所指的参与，也包括思想上的融入。可见，"public engagement with science"所指的公众参与科学，其本意并不限于公众在物理空间上参加了公民科学听证会或共识会议等民主政治活动，也可以指公民在思想上融入科学的发展。将公众参与科学局限在民主政治层面的实体性参与，限制了其更加广阔的应用。

当我们考虑更为广阔的公众参与科学时，参与式的科学教育无疑是重要的一环。科学教育的实践者和教育学者早在 21 世纪头几年即在发展参与式科学教育，这也是因为教育领域已经有了参与式教育或参与式学习的概念。基于这种概念的科学教育，不仅仅强调互动式学习，更是赋予了学生主体性的地位，即让学生根据自身的经验和理解，在教师或其他途径的启发下，理解、发展、校正、形成对科学过程、科学概念及其应用的把握。

---

① LEWENSTEIN L V. ISE Evidence Wiki：Public Engagement in Science［EB/OL］.（2014-06-20）［2020-03-30］. http://www.informalscience.org/research/wiki/Public-Engagement.

参与式科学教育也走出了课堂，在各种非教学环境中促进公众更加广泛地学习科学知识、掌握科学技能。这既是各种社区科普活动的继续，也是在参与式科学教育方法论的指导下，对公众参与科学的新发展，即公众通过各种非正规的途径主动掌握科学。美国国家科学院于 2009 年专门出版了《在非正规环境中学习科学——人物、场景和追求》报告，总结这方面的实践与理论发展。①

对比参与式科学教育与民主政治层面的公众参与科学，我们很清楚地看到，前者主要是让学习者具有一种主体地位，但并没有在根本上试图颠覆科学的地位，因为学习本身即代表着一种权力关系。参与式科学教育在改造由专家教导公众的缺失模型的同时，并不完全否认公众与科学家具有知识和能力上的差距。这与倡导民主政治层面的公众平等参与科学的观点具有本质性差别。但一些科学传播学者指出，站在权利平等的角度可以很方便地批评非正规学习是在强化缺失模型，但深入地探究学习过程与政治过程在公民参与科学的机制上的不同往往更加重要。②

非政治层面的公众参与科学的另一种形式是"公众参与研究"（public participation in scientific research），这一概念出现于 2009 年的一份报告。③这种原来被冠以"公民科学"（citizen science）之称的行为早就存在，指的是没有接受过专业科学训练的普通公众参与搜集标本、观测样本以及数据运算等科学活动从而丰富科学研究的行为。这方面知名的项目包括让公众参与观测鸟类活动的康奈尔大学鸟类学实验室、通过潜水爱好者的帮助更全面了解珊瑚礁生态的数据监测，以及由天文爱好者广泛参加并贡献观测数据的银河动物园（galaxyzoo.org）等。之所以将"公民科学"改称为"公众参与研究"，在很大程度上是由于著名的科学传播学学者埃尔文（Alan Irwin）出版有《公民科学》（*Citizen Science*）一书，专注于探讨民主政治层面上的公众参与科学，这使得

①　US NATIONAL RESEARCH COUNCIL. Learning Science in Informal Environments：People，Places，and Pursuits［R］// BELL P，LEWENSTEIN B，SHOUSE A W，FEDER M A. Committee on Learning Science in Informal Environments. Washington，DC：The National Academies Press，2009.

②　DAVISE S，MCCALLIE E，SIMONSSON E，et al. Discussing Dialogue：Perspectives on the Value of Science Dialogue Events That Do Not Inform Policy［J］. Public Understanding of Science，2009，18（3）：338.

③　BONNEY R，BALLARD H，JORDAN R，et al. Participation in Scientific Research：Defining the Field and Assessing Its Potential for Informal Science Education［R］. Washington，DC：Center for Advancement of Informal Science Education，2009.

"公民科学"的概念容易被混淆。

与互动式科普不同，公众参与研究强调的是公众参与真正的科研过程，贡献真实的科学数据，促进科学发现向更广泛的领域发展，科学家为参与科研的公众提供培训，并确立搜集、计算和贡献数据的规范，确保这类研究的质量。就成果而言，这类项目已经在同行评议的科学期刊上发表了数百篇论文，获得了广泛引用，公民在参与科学研究的过程中也学习和掌握了科学方法和科学思维。但这类项目仍然面临着资金、规范、公民参与者素质不一和参与意愿不一致等多方面的挑战。[①]

认识到民主政治之外的公众参与科学的各种形式，丰富了我们对这一概念的认识。如果我们只把考察公众参与科学的工作局限在政策制定这一层面，我们不可避免地会感受到民主与科学之间的张力。

六、结论

通过上述分析，我们看到，在欧美国家，公众参与科学模型尽管在理念上符合民主政治和社会平等的诉求，但在理论和实践上仍然面临着诸多困难。毫无疑问，公众参与科学的各种解决方案并不完美。只有正视公众参与科学模型自身的不足，并汲取各方面的思想资源和实践经验，科学传播界才能更加充分地发挥公众参与科学的优势，规避其不足，特别是避免对其过于理想化的预期。

尽管公众参与科学模型有种种不足，但毋庸置疑，这一模型相比传统的科普活动，仍然体现了科学传播实践上的进步和多样性。这一点，对刚刚开始酝酿、开展互动式科学传播并在热点问题上进行科学对话的中国尤为重要。

中国科学传播活动的主体形式仍然是建立在缺失模型基础上的科学普及与科学教育。但中国社会的多元化，互联网和社交媒体的普及赋予公众的发言权，以及频发的科学争议，也让传统的科普活动遭遇了严峻挑战，使各种形式的公众参与科学成为中国科学传播活动的必然选择。[②]

---

① BONNEY R, SHIRK J, PHILLIPS T, et al. Next Steps for Citizen Science [J]. Science, 2014, 343 (6178): 1436–1437.

② JIA H, LIU L. Unbalanced Progress: The Hard Road from Science Popularisation to Public Engagement with Science in China [J]. Public Understanding of Science, 2014, 23 (1): 32–36.

研究表明，由于社交媒体的普及，即便在科学议题上，公众也表现了极强的参与欲望，这种欲望会因为热点事件的发生在微博上迅速引爆舆论。但与此同时，科学共同体的网络参与度则相当低。①

在这种情况下，只有结合中国国情，坚持对即便是不完美的公众参与科学模型的实践与探索，开展包括在线参与科学等形式的公众参与活动，让科学家及政府科技部门就热点问题与公众平等交流，让公众充分表达自己的关切并使公众的价值诉求能反映到科学进程中，我们才有可能确保公众广泛支持科学发展。

第二节　公众参与科技政策制定：一个 STS 的分析框架 ②

目前在欧洲，公众参与在与科学技术有关的公共事务和决策（如转基因、纳米技术）中得到广泛应用。从 STS③ 研究视域看，"公众参与可以大致定义为一些多元化的情形或者活动，或多或少是自发的、有组织的或结构化的过程。在有关科学的议程设置、决策制定、政策形成和知识生产等过程中，有非专业人员的介入，表达他们自己的意见"④。哈佛大学教授、STS 权威贾撒诺夫指出，公众参与科学的迫切需要，已经越来越多地反映在处理全球性问题的过程之中。⑤

本节从 STS 的视域出发，讨论公众参与科技政策制定的过程，试图解释这种参与所呈现的一系列情景化和语境化（contextualized，又译为与境化、域境化）的特征；在此基础上，提出公众参与科技政策的制定过程的分析框架，即"阶梯—行动者"模型。

---

① 贾鹤鹏，范敬群，彭光芒. 从公众参与科学视角看微博对科学传播的挑战［J］. 科普研究，2014，9（2）：17.

② 本节内容原载于《科技进步与对策》2011 年第 18 期，作者为王路昊、刘立。

③ STS 同时是 Science，Technology and Society（科学技术与社会）和 Science and Technology Studiy（科学技术学或科学技术论）的简称，二者名称不同，但并无实质性的差别。

④ BUCCHI M，NERESINI F. Science and Public Participation［M］// HACKETT E J，AMSTERDAMSKA O，LYNCH M，et al. The Handbook of Science and Technology Studies. Cambridge：The MIT Press，2008：449.

⑤ JASANOFF S. Science and Citizenship：A New Synergy［J］. Science and Public Policy，2004：31（2）：90－94.

一、"公众"角色的多样化

什么是公众？一些学者和组织提出了种种定义。按照欧洲经济委员会的定义，"公众"指"一个或多个自然人或法人以及按照国家立法或实践兼指这种自然人或法人的协会组织或团体"[①]。我国学者王锡锌所理解的"Public"一词，其公共的含义多于公众的含义的。[②] 与之相关的一个概念是"大众"。王锡锌认为可以在两个层次上理解"大众"："①指与决策具有过程和结果上利害关系的个体或者组织。②泛指对公共决策和行政正义有心理需求、期待和责任感的一般公众。"[③] 由此可以看出，在法律和公共政策领域，"公众"是经法律赋予了权利和义务，为着自身利益需要和个人社会责任感而参与到公共性事务的政策制定过程中的自然人、法人或具备法人资格的协会组织。

比较而言，STS 视域下的"公众"含义更为复杂。1985 年，英国皇家学会将"公众"（the Public）界定为"大多数非科学人士"，并划分出五个有重叠的功能类型。[④] 一些学者对英国皇家学会关于"公众"的界定进行了丰富发展和批判性反思。乌里克·费尔特（Ulrkie Felt）指出，这样一种定义，实际上是没有充分审视"公众"的角色和地位的，因此这里的"公众"依然被认为是应该理解科学。[⑤] 从 STS 视域看，"公众"已经不再被简单地界定为与"科学家"或"专家"相对应的"外行"或"非专家"。对"公众"作为"接受者"身份的反思和批判，使人们认识到"公众"的含义具有多样性。

"公众"概念的语境往往同科学与公众的关系联系在一起。乌里克·费尔特指出："公众并不是简单地以一种或另一种方式在那里等待着与科学技术相遇，而是在不同的传播场合中被诠释的。"[⑥] 他认为，在不同的语境下，"公众"

---

① 欧洲经济委员会. 在环境问题上获得信息、公众参与决策和诉诸法律的公约 [EB/OL]. （2011-04-05）[2020-02-15]. www.unece.org/env/pp/documents/chinese.pdf.

② 王锡锌. 公众参与和行政过程——一个理念和制度分析的框架 [M]. 北京：中国民主法制出版社，2007：78.

③ 王锡锌. 公众参与和行政过程——一个理念和制度分析的框架 [M]. 北京：中国民主法制出版社，2007：221.

④ 英国皇家学会. 公众理解科学 [M]. 北京：北京理工大学出版社，2004：3.

⑤ 费尔特. 优化公众理解科学——欧洲科普纵览 [M]. 上海：上海科学普及出版社 .2006：1.

⑥ 费尔特. 优化公众理解科学——欧洲科普纵览 [M]. 上海：上海科学普及出版社 .2006：23.

与以下观念相联系："普通公众""用户""消费者""公民"。① 有学者提出："'公众'概念所具有的复杂性，是基于这样的看法：存在着大量的公众，他们的组成及性质随着科学与公众相遇的环境不同而变化。"②

正是基于对语境和情景的强调，STS 视域下的"公众"，在不同场合扮演着不同的角色，如"科学的观众或消费者""科学的支持者""科学的见证人""科学的参与者"③，这提示我们在理解公众参与科技政策的制定过程时，同样要区别对待不同角色的"公众"。

本节即在上述宽泛的、多样化的意义上使用"公众"概念。

二、在"参与"中"理解科学"

不同的学者提出了公众参与科学的不同模型，历史地看，主要有以下三个模型。④

1. 缺失模型

缺失模型的功能特征体现为：①假设公众理解科学在很大程度上与科学素质相关，即公民有能力"正确"地理解科学；②假设这些理解一旦得到实现，就能确保对科学与技术创新具有良好的态度；③趋向于认为科学与公众的关系中存在的问题，单向面地出现在公众一方。⑤

缺失模型出现的历史背景，是当时"科学权威和权力被典型地认为是基于科学家和非科学家利益之间的巨大差别"⑥。我国学者（如刘兵和李正伟⑦，李红

---

① 费尔特. 优化公众理解科学——欧洲科普纵览［M］. 上海：上海科学普及出版社. 2006：23-26.

② 艾因西德尔. 理解公众理解科学与技术中的"公众"［M］// 迪尔克斯，格罗特. 在理解与信赖之间——公众、科学与技术. 北京：北京理工大学出版社，2006：146.

③ 费尔特. 优化公众理解科学——欧洲科普纵览［M］. 上海：上海科学普及出版社，2006：27-29.

④ BUCCHI M，NERESINI F. Science and Public Participation［M］// HACKETT E J，AMSTERDAMSKA O，LYNCH M，et al. The Handbook of Science and Technology Studies. Cambridge：The MIT Press，2008：449.

⑤ BUCCHI M，NERESINI F. Science and Public Participation［M］// HACKETT E J，AMSTERDAMSKA O，LYNCH M，et al. The Handbook of Science and Technology Studies. Cambridge：The MIT Press，2008：449.

⑥ MOORE K. Organizing Integrity：American Science and the Creation of Public Interest Organizations，1955–1975［J］. The American Journal of Sociology，1996：1592.

⑦ 刘兵，李正伟. 布莱恩·温的公众理解科学理论研究：内省模型［J］. 科学学研究，2003（12）：581-585.

林和曾国屏 ①) 对该模型进行了讨论，并提出了批评。缺失模型隐含着这样的预设：公众只有先理解了科学，才能参与科学，"更深的'理解'，进而意味着更多的接受"②。英国皇家学会《公众理解科学》中对于"理解"的界定便是这种模型之下的产物，该报告认为"'理解'不仅仅包括对一些科学事实的了解，还包括对科学活动及科学探索之本性的领会"③。缺失模型对于"理解"的界定过于的狭窄，并且是去情景化的，这导致"理解"的途径也变得单一，即仅仅是通过对科学进行展示。例如，《公众理解科学》提到，理解科学的途径主要是正规教育、大众传媒、科学共同体以及公共讲座、儿童活动、博物馆、图书馆和工业界对大众进行普及和传播。④ 因此，在缺失模型下，"理解"与"参与"的过程是分离的。事实上，公众可以在实践中理解科学，并且科学也需要理解公众。概言之，缺失模型忽视了公众可以通过"参与"来理解科学。

2. 批判—诠释模型

批判—诠释模型（critical-interpretative model）作为对缺失模型批判的产物，强调：公众理解的科学是在实践中具体接触到的"特殊性科学"，而非"一般性科学"⑤，同时专家或者权威也应该去理解公众。一个典型的案例是"放射羊"事件。该事件发生在切尔诺贝利核电站事故之后，专家认为放射性污染的来源是切尔诺贝利。但当地的农民却确信污染来自塞拉弗尔德。专家没有对当地农民提供的证据进行足够的跟踪，导致了农民对专家和政府的信任丧失。⑥ 刘兵和李正伟指出，布赖恩·温对于"放射羊"的研究说明："科学只有把自己置身于具体的语境下，并结合当地的公众的知识才能够获得公众的信任支持……科学家应该处理具体问题并与他们的公众进行更多的协商。"⑦

---

① 李红林，曾国屏. 米勒体系的结构演变及其理念解析［J］. 科普研究，2010（2）：11-17.

② 温. 公众理解科学［M］// 贾撒诺夫，马克尔，彼得森，等. 科学技术论手册. 盛晓明，孟强，胡娟，等译. 北京：北京理工大学出版社，2004：282.

③ 英国皇家学会. 公众理解科学［M］. 北京：北京理工大学出版社，2004：3.

④ 英国皇家学会. 公众理解科学［M］. 北京：北京理工大学出版社，2004：5.

⑤ MICHAEL M. Lay Discourses of Science：Science-in-general，Science-in-particular，and Self［J］. Science，Technology & Human Values，1992，17（3）：313.

⑥ WYNNE B. Sheep Farming after Chernobyl：A Case Study in Communicating Scientific Information［J］. Environment Magazine，1989，31（2）：10-15+33-40.

⑦ 刘兵，李正伟. 布莱恩·温的公众理解科学理论研究：内省模型［J］. 科学学研究，2003（12）：585.

批判—诠释模型揭示："理解"是在一定语境下发生的，科学需要去"理解"具体的语境，也需要去"理解"公众。因此，该模型下的"理解"是一种科学共同体与公众之间相互的"理解"，这种相互的"理解"蕴含了互动和协商的必要性。不过，正如布基（Bucchi）和内里斯尼（Neresini）所指出的，缺失模型和批判—诠释模型存在着一个共同困境，即如何对专家知识和外行知识进行划界。① 因此，可以认为，批判—诠释模型中的"参与"是作为专家知识的一种补充出现的。

3. 混合性论坛模型

混合性论坛模型（hybrid forums model）最早由卡隆（Callon）提出。他呼吁："更大幅度转向合作性的知识生产，其中非专业性人士的作用及其地方性知识能被视为既不需要通过适当的教育措施来克服障碍（如缺失模型），也不需要附加性的条件，只需要简单地丰富专业人士的专业知识（如批判—诠释模型），这对于知识生产本身是至关重要的。专家知识和外行知识不是在完全分开的背景下分别独立地生产之后才彼此接触，而是在'混合性论坛'进行中，专家和外行积极互动和共同推进。"② 混合性论坛模型将"理解"放在"信赖"和"判断"之上。有学者指出："信赖感和可信度不是个体的或者某种机构的固定配置。信赖感和可信度是相互接触、相互沟通的结果。"③ 因此，该模式强调，"理解"发生在公众和专家互动、协商和合作的过程中，更加强调合作，使公众的参与成为一种必要。这种参与式、互动式的理解活动，已经出现在许多领域中。如患者协会参与到医学研究中，社会成员参与到科技问题的讨论中，以及用户的意见进入技术形成过程中。④

麦克·迈克尔（Mike Michael）分析了三种模型的发展，他认为三种模型中

---

① BUCCHI M，NERESINI F. Science and Public Participation［M］// HACKETT E J，AMSTERDAMSKA O，LYNCH M，et al. The Handbook of Science and Technology Studies. Cambridge：The MIT Press，2008：453.

② BUCCHI M，NERESINI F. Science and Public Participation［M］// HACKETT E J，AMSTERDAMSKA O，LYNCH M，et al. The Handbook of Science and Technology Studies. Cambridge：The MIT Press，2008：453.

③ 耶利."公众理解科学"中的科学是什么意思？［M］//迪尔克斯，格罗特.在理解与信赖之间——公众、科学与技术.北京：北京理工大学出版社，2006：115.

④ BUCCHI M，NERESINI F. Science and Public Participation［M］// HACKETT E J，AMSTERDAMSKA O，LYNCH M，et al. The Handbook of Science and Technology Studies. Cambridge：The MIT Press，2008：453.

"理解"的含义经历了从"comprehension"到"apprehension"再到"prehension"的演变。[①]（表6-1）事实上，三种模型中的"理解"对于"参与"也提出了不同的要求。缺失模型认为公众只需要接受科学，公民掌握更多的知识是他们更积极有效地参与科学决策过程的前提，因此，理解与参与的过程是分离的，而且理解是参与的前提和基础。批判—诠释模型强调公众对科学的理解是实践中对具体科学的理解，"外行具备并能够强化自身的知识和能力，同时外行是科学家和专业技术人员的一个重要补充"，专家也必须理解公众，二者应形成相互的理解，因此，公众参与便成为必要，但是作为一种对专家观点的补充而出现。混合性论坛模型，认为理解是发生在公众与科学的互动过程中，公众和专家是同样重要的，因此，强调参与不仅应该是互动式和协商式的，更应该是合作式的。从信息流的角度出发，三种模型要求的"理解"对应着罗（Rowe）和弗鲁尔（Frewer）提出的三种"参与"模式：缺失模型对应的是大众传播模式，即"最大限度地将相关信息流从活动发起者转移到最大多数相关人群中"；批判—诠释模型对应的是公众咨询模式，即"最大限度地将相关信息流从最大多数相关人群转移到活动发起者"；混合性论坛模型对应的是真实的公众参与模式，即"最大限度地从最大多数相关人群中获得相关信息流，转移到另一群体中"。[②]

表6-1　公众参与科学不同模型的比较

模型	人性	意识状况	分离的地点
缺失模型	具有认知能力的个体	理解（comprehension）	从科学到公众（单向）
批判—诠释模型	社会化了的个体	领悟（apprehension）	科学—公众的协商（双向）
混合性论坛模型	混合性的	掌握（prehension）	根茎状（多向）

资料来源：Michael M. Lay Discourses of Science：Science-in-General，Science-in-Particular，and Self［J］. Science，Technology & Human Values，1992，17（3）：365。

通过对三种模型演变历史的分析，我们认为：公众参与作为一种新的科学传播形式，将是填补"将外行和科学家分隔开来的知识鸿沟"和"将科学的发

---

① MICHAEL M. Comprehension，Apprehension，Prehension：Heterogeneity and the Public Understanding of Science［J］. Sciences，Technology & Human Values，2002，27（3）：357-378.
② ROWE G，FREWER L J. A Typology of Public Mechanisms［J］. Science，Technology & Human Values，2005，30（2）：254-255.

展置于民主控制之外的权力鸿沟"①的重要途径。从这个意义上讲，STS 视域下的"参与"，为"理解"科学提供了途径和基础。这与科学传播走向有反馈、有参与的多元立场共生的趋势是一致的。②

三、科技政策的制定为公众参与科技提供了"相遇空间"

为了阐释 STS 视域中的"科学"在具体语境下的内涵，费尔特提出了"科学和公众相遇的空间"这一概念。这个概念具有丰富的内涵。首先，"空间"说明，"公众理解科学"中的"科学"总是发生在具体场合，这些场合有非常具体的限制和进入的壁垒。其次，"空间"的概念说明互动过程是多维性和非均匀性的。最后，"空间"的概念体现了科学系统和公众的互动并非是以相同方式发生在边界上的。③ 费尔特区别了五种科学与公众相遇的空间：①明确致力于科学传播的空间。包括公众直接接触的空间，如博物馆、科技周或科技节，以及公众不能直接接触的空间，如印刷媒体或媒介。②科学知识生产和传播的空间。科学知识不仅在那里传播，而且在那里生产，如大学和科研机构。③混合参与者的空间。主要包括大部分非政府组织的活动。④公众与职业知识相遇的空间。主要包括公众与专家的对话和互动，如公众咨询和技术预见。⑤科学技术政策领域。主要包括公众对于政府行为的理解。

公众参与科技政策的制定过程，为公众参与科技提供了多种"相遇空间"。科技政策的制定，是一个包括政策问题提出、议程设置、政策形成、政策执行、政策评估、政策调整以及政策终止等环节的过程。④

在科技政策的制定过程中，涉及众多的利益相关者和行动者，如大众舆论、利益集团、公民组织协会、精英、专家智囊、行政部门和机构以及公众。⑤在不同的政策制定阶段，参与者不同，与公众进行互动的行动者也相应不同；另外，参与的具体内容也不同。在不同的政策制定阶段，公众在和其他参与者互动的过程中，会产生与科学相遇的各种不同的空间。与大众舆论、利益集团

① 费尔特. 优化公众理解科学——欧洲科普纵览［M］. 上海：上海科学普及出版社，2006：13.

② 刘华杰. 科学传播的三种模型与三个阶段［J］. 科普研究，2009（4）：10–18.

③ 费尔特. 优化公众理解科学——欧洲科普纵览［M］. 上海：上海科学普及出版社，2006：94.

④ LESTER J P，STEWART JR J. Public Policy：An Evolutionary Approach［M］. 北京：北京大学出版社，2004.

⑤ 戴伊. 理解公共政策［M］. 北京：北京大学出版社，2008.

和公民组织协会互动产生混合参与者的空间，与精英和专家智囊互动产生公众与职业知识相遇的空间，与行政部门和机构互动则产生科学技术政策的空间。第一，通过混合参与者的空间。公众可以通过理解其他参与者对于科学的认识和看法，从而对科学有一个深入而立体的认识。第二，通过公众与职业知识相遇的空间，公众获得与专家直接对话和互动的机会。在参与过程中，公民可以获得大量机会，以各种方式，如质询、对话等，和专家交流，从而促进相互之间的理解。第三，通过科技政策的空间，公众可以理解科学中的政府行为。比如，在发达国家，公众通过参加共识会议、公民陪审团等活动，可以在政策的制定过程中，与专家和政府部门的有关人员进行协商和合作。

四、公众参与科技政策制定过程的阶梯—行动者模型

依据公众参与公共事务的程度，雪莉·阿恩斯坦（Sherry Arnstein）提出了公民参与的阶梯模型。[①] 安德鲁·阿克兰（Andrew Ackland）指出，该模型具有重要的价值：它提供一个公众参与的梯度。根据公众参与情况的变化，他又提出了新的阶梯模型。[②]

阿恩斯坦和阿克兰的工作为人们研究公众参与程度提供了基础。但是，我们认为，公众参与科技政策，呈现出了一些以上模型无法涵盖的特征。如前所述，STS 视域下的参与是一种理解式的参与。因此，本节基于 STS 的视域，针对科技政策制定过程中的公众参与，提出一个新的阶梯模型（图 6-1）。

本节所提出的新的阶梯模型，较之以前的阶梯模型，除了是以科技政策的制定过程这个具体领域作为出发点，主要具有以下特点。

第一，本阶梯模型分为三大阶段，其根据是上文论述的公众参与科学的三个不同的模型。大众传播阶段，以公众接收信息为主，是参与的初步阶段，对应缺失模型下的"理解"概念。大众咨询阶段，以公众表达观点为主，是参与的中级阶段，对应批判—诠释模型下的"理解"的概念。大众参与阶段，以公

---

① ARNSTEIN S R. A Ladder of Citizen Participation [J]. Journal of the American Institute of Planners, 1969, 35（4）: 216–224.

② 阿克兰. 设计有效的公众参与 [M]// 蔡定剑. 公众参与——欧洲的制度和经验. 北京：法律出版社，2009.

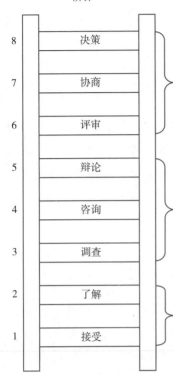

图 6-1 公众参与科技政策制定过程的阶梯模型

众和专家／政策制定者的互动为主，是参与的高级阶段，对应混合性论坛模型下的"理解"概念。

第二，参与的起点是信息的"接受"。笔者认为，参与到政策制定过程中，必须具备一定的知识基础。如王锡锌指出："政府信息公开对参与具有重要的基础性意义。在这个意义上，政府的信息输出，将会极大地影响公众向政府过程'输入'信息的能力。"[①] 因此，"接受"作为最原始的"理解"概念，给参与提供了一个前提和条件。

第三，关于阶梯的具体分层依据，除以往模型中强调的参与程度和权力分配，本模型从 STS 视域出发，还特别强调参与是理解的基础和途径，参与层次

---

① 王锡锌. 公众参与和行政过程——一个理念和制度分析的框架［M］. 北京：中国民主法制出版社，2007：119.

的高低分布，其实也是公众理解科学的高低分布。

STS 视域下的阶梯模型，强调参与的程度是与"理解"的含义密切联系的。在考察了参与程度的维度之后，本节将考察另一个维度，即科技政策制定过程所提供的接触科学的空间。

科技政策的制定过程给公众理解科学提供了三个空间：混合参与者的空间、公众与职业知识相遇的空间和科学技术政策领域的空间。实际上，三个空间中，公众相遇的是不同的政策制定行动者。混合参与者的空间中，主要是非政府组织；公众与职业知识相遇的空间中，主要是专家；科学技术政策领域中，主要是政策制定者。因此，在阶梯模型中引入政策制定行动者这个维度，即构成阶梯—行动者模型（图 6–2）。①

图 6–2　公众参与科技政策制定过程的阶梯—行动者模型

阶梯—行动者模型通过公众参与的阶梯以及公众参与的行动者两个维度，为科技政策制定过程中的公众参与活动提供了具体的情景和语境。因此，应用该模型，可以分析具体的公众参与活动的情景和语境；另外，该模型还揭示了可能开展公众参与活动的范围和领域，这为更好地在科技政策制定过程中开展公众参与提供了一个理论基础。

---

① 这里只是提供了一个理想类型。有关具体内容，尚待进行大量的案例实证研究之后进行填充。

五、结论

本节从 STS 的视域出发，指出：第一，公众的角色是多样化的；第二，参与是理解科学的一个重要途径；第三，科技政策的制定过程给公众接触科学提供了三种重要的空间。在此基础上，本节尝试提出一个公众参与科技政策制定过程的阶梯—行动者模型。该模型包含两个维度，一个是分析参与程度的参与阶梯模型，另一个维度涉及从科学的"相遇空间"中引出的公众参与的不同主体。该模型为公众的具体角色和公众参与的具体活动提供了情景和语境。在 STS 视域下，科技政策制定过程的公众参与强调参与促进了公众理解科学。事实上，公众参与的阶梯模型也已经说明了，公众对于科学的理解，也是公众参与科技政策制定过程的一个重要的准备和基础。

第三节　中国公众理解科学：从传统科普到公众参与科学的转型 ①

一、引言

自 20 世纪 70 年代末改革开放以来，中国的科学技术普及便保持强劲增长势头。然而转基因农产品、新化工厂的污染风险、废物燃烧和食品安全等科技问题引发了一定的社会忧虑。如要应对这些挑战，现行单向式的科普方式应该被更多公开平等的对话和辩论等参与方式所替代。

① 本节内容是清华大学文化传承与创新基金项目（项目编号：2012WHYX007）和国家社会科学基金项目（项目标号：08BZX076）的成果。本节内容首次发表于：JIA H，LIU L. Unbalanced Progress: The Hard Road from Science Popularization to Public Engagement with Science in China［J］. Public Understanding of Science，2014，23（1）：32–37。译文原载于清华大学科技政策研究中心《科教政策研究通讯》2014 年第 10 期，作者为贾鹤鹏、刘立。衷心感谢萨塞克斯大学詹姆斯·威尔斯顿（James Wilsdon）教授在《公众理解科学》创刊 20 周年之际的约稿邀请，以及在本节写作过程中给予的指导和帮助。

二、国家科普体系

改革开放以来，中国的政策制定者和科学传播者建立了国家科普体系，2002 年颁布了世界上第一部关于科学技术普及的法律《中华人民共和国科普法》，并于 2006 年制定了《全民科学素质行动计划纲要（2006—2010—2020年）》[①] 作为行动纲领。[②]

科学知识的传播工作也如火如荼地开展起来（图 6-3）。例如，1979—1988 年共有超过 20000 种科学教育书籍出版[③]；根据《全民科学素养行动计划纲要年报（2010 年）》（以下简称"年度报告"），2006—2010 年，全国科学博物馆的数量从 250 所上升到 581 所。[④]

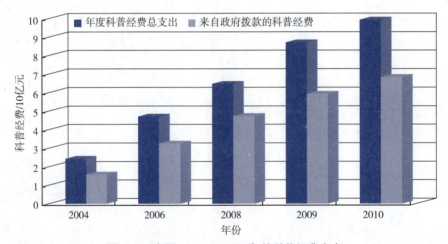

图 6-3 中国 2004—2010 年的科普经费支出

资料来源：根据科技部信息编制。参见：科学技术部. 2008 年全国科普工作统计分析报告［R/OL］.（2009-12-08）［2014-03-30］. http://www.sts.org.cn/tjbg/qtzxtj/documents/2009/09122102.htm；科学技术部. 2010 年全国科普工作统计分析报告［R/OL］.（2011-12-31）［2014-03-30］. http://www.sts.org.cn/tjbg/qtzxtj/documents/2012/201226.htm.

① 国务院. 全民科学素质行动计划纲要（2006—2010—2020 年）［EB/OL］.（2006-02-06）［2014-03-30］. http://www.gov.cn/gongbao/content/2006/content_244978.htm.

② CHEN F, SHI Y, XU F. An Analysis of the Public Scientific Literacy Study in China［J］.Public Understanding of Science, 2009（18）：607-616.

③ 章道义. 中国科普：一个世纪的简要回顾［N］. 科技日报, 2001-07-20.

④ 中国官方对科学素养的定义为：了解必要的科学技术知识，掌握基本的科学方法，树立科学思想，崇尚科学精神，并具有一定的应用它们处理实际问题、参与公共事务的能力。参见：国务院.全民科学素质行动计划纲要（2006—2010—2020 年）［EB/OL］.（2006-02-06）［2014-03-30］. http://www.gov.cn/gongbao/content/2006/content_244978.htm.

科技类媒体也发展迅速。作为湖南省和山东省开展农村科普宣传重要阵地的《湖南科技报》和《山东科技报》，都创下了近200亿份的订阅纪录。[1]

正是在这些举措的推动之下，我国具备基本科学素养的公民比例从2001年的1.44%上升到了2010年的3.27%（年度报告）（表6-2）。

表6-2　1992—2010年中国历次公民科学素养调查基本情况

年份	1992	1994	1996	2001	2003	2005	2007	2010
样本量	4800	5000	6000	8520	8520	8570	10080	69630
公民具备基本科学素养的比例	0.30（供参考）	没有计算	0.60（供参考）	1.44	1.98	1.60	2.25	3.27

资料来源：任福君，翟杰全. 科技传播及普及概论［M］. 北京：中国科学技术出版社，2012：169。

三、缺失模型及其面临的挑战

科普的目的是为了提高全民族目前较低的科学文化素养，缩小现代化和公众科学素养之间的鸿沟，摒除愚昧迷信（年度报告）。这些目的正与缺失模型这一传统科普教育模式的基本主张相类似。[2]

改革开放以来我国公民的科学素养水平虽然有了明显提升，但2010年具备基本科学素养的公民比例仍只有3.27%。[3] 从某种程度上来说，中国公民偏低的科学素养使基于缺失模型的大规模科普运动更加顽强。尽管如此，类似于第二次世界大战后科学被"玷污"的名声和对公共研发资金的需求扩大带来了西方科学交流欣欣向荣[4]，中国公民也开始质疑一定的科学技术问题和研发资金的合理性。基于缺失模型的传统科普模式面对此种变化开始显得力不从心。

---

① 申振钰. 对中国科普历史研究的思考［J］. 科普研究，2006（5）：3-10.

② STURGIS P J，ALLUM N C. Science in Society：Re-evaluating the Deficit Model of Public Attitudes［J］. Public Understanding of Science，2004（13）：55-74.

③ 中国科普研究所. 第八次中国公民科学素养调查结果［R/OL］.（2010-12-19）［2012-05-29］.http://www.cast.org.cn/n35081/n35473/n35518/12451858.html.

④ KURATH M，GISLER P. Informing，Involving or Engaging? Science Communication，in the Ages of Atom-，Bio- and Nanotechnology［J］. Public Understanding of Science，2009（18）：559-573.

与此同时，随着科学传播的新概念（如公众理解科学、公众的科学技术参与）被引进中国，越来越多的中国学者认为传统的科学家和传播者发挥教学功能的单一科普方式应该转变为科学家和公民之间的互动以及公民的科学参与。[1]

四、变化中的世界

官方的科学传播机构面对变化反应迟缓，部分原因在于科学享有不可动摇的正统思想地位。正如曾长期担任中国科学院院长的郭沫若所说，"只有社会主义才能解放科学，也只有在科学的基础上才能建设社会主义"[2]。

即便如此，公众依然已经开始质疑科学和从事科学研究的人。2004 年下半年，当农业科学家对转基因作物的商业化翘首以盼之时，中国极具影响力的报刊《南方周末》封面报道称，科学家之所以积极推动转基因作物的商业化，与他们自身的商业利益紧密相连。[3] 这一报道引起了全国范围内对转基因作物商业化的反对，并最终截断了其商业化的进程。

紧接于转基因作物争议之后，媒体对中国科学界的一批丑闻揭露进一步在人们心中刻下即便是高贵的科学家也免不了腐败的印象。

与此同时，公众对科学的兴趣也逐渐衰退。20 世纪 80 年代，一些科技类报刊超过 100 亿的订阅量迅速衰减，出版商也无力承担科学教育类书籍出版缩减带来的经济损失。[4] 大众媒体的相关科学报道、普通报刊发表的科学类文章数量都呈下降趋势，科学新闻平台开始缩减，有些科学报道页面也遭遗弃。[5]

五、科学家的反应及其成本

阅读量的下降和对科学质疑的增加，并没有督促中国科学家积极应对公众

① 吴国盛. 科学传播与科学文化再思考［N］. 中华读书报，2003-10-29（19）.

② 郭沫若. 科学的春天——在全国科学大会闭幕式上的讲话（一九七八年三月三十一日）［N］. 人民日报，1978-04-01（3）.

③ 刘鉴强. 转基因稻米与13亿人主粮的利益悬疑［N］. 南方周末，2004-12-09（A04）.

④ 申振钰. 对中国科普历史研究的思考［J］. 科普研究，2006（5）：3-10.

⑤ 黄天祥，王学锋. 科技报道及科普宣传现状调查［C］// 全民科学素质与社会发展——第五届亚太地区媒体与科技和社会发展研讨会论文集. 北京：中国科技新闻学会，2006：223-227；姜岩. 大力加强大众传媒科技传播能力建设［C］// 中国科技新闻学会第九次学术年会论文集. 北京：科学普及出版社，2007：16-22.

的呼声。

一项针对 380 名参与科技普及的科学家的在线调查显示，虽然超过 94% 的科学家同意科学普及是他们的社会责任，但是大多数并没有采取行动。2009 年，67.1% 的受访者没有写过关于科学普及的文章，80.3% 的受访者没有接受过大众媒体的采访，70.3% 的受访者没有参加过科学普及活动。①

缺乏交流技巧、缺乏时间、资金不足和参与渠道不畅等因素阻碍了中国科学家的参与。② 此外，有些中国科学家认为，与普通民众的交流不如在内部讨论科学问题来得有意义。所以，当科学技术领域出现争议的时候，科学界要么回避公众的质询，要么使用傲慢的专业术语来应对。③

大众媒体对科技争议的报道常常扮演着催化剂的角色，并借力于日益兴起的互联网而得到更加广泛的传播。这就使公众对于转基因水稻、废物燃烧、新化工厂的建立、食品安全等问题的科学解释的反对声日益高涨。④

六、迈向公众科学参与之路

中国的科学传播机构，进步仍然是显而易见的。

从 2011 年年初开始，中国科协及其地方协会开始在科学家和记者之间定期举办座谈，这些活动区分于以往的正式科普讲座和以发布科普文章为主的科学家参与方式，而更多聚焦于科学家之间的互动，往往也会牵涉社会热点问题。

同时，独立的研究者和非政府组织开始广泛参与公民科学参与的试点项目，如 2009 年中国第一届小组咨询会议对转基因作物启动了理性的对

---

① LIU L, et al. Report for the Survey on［Chinese］Scientists' Involvement in Science Popularisation（1）［in Chinese］［J］. Investigation and Research Briefing of the Policy Research and Publicity Department of CAST, 2011, 91（10）.

② LIU L, et al. Report for the Survey on［Chinese］Scientists' Involvement in Science Popularisation（1）［in Chinese］［J］. Investigation and Research Briefing of the Policy Research and Publicity Department of CAST, 2011, 91（10）.

③ LI D. China's Top-down Science Communication Fails Its People［EB/OL］.（2008-07-25）［2014-02-20］. http://www.scidev.net/en/opinions/china-s-top-down-science-communication-fails-its-p.html.

④ 贾鹤鹏, 谭一泓. 争议中的科学：促进热点议题的社会融合［M］. 北京：科学普及出版社, 2011.

话。[①]2011 年由中国科学媒体中心开展的记者和科学家的互换角色活动也取得了预期的成功。[②]

着眼当前，应致力于官方科学传播机构如科技部和中国科协与民间研究机构、大学、科学家及其他社会行动者之间的合作，积极推动就科学事件与公众沟通机制的建立，以推动公民积极的科学参与。

① 袁玥.共识会议：尝鲜转基因［J］.科学新闻，2010（5）：72-73.
② 贾鹤鹏，谭一泓.争议中的科学：促进热点议题的社会融合［M］.北京：科学普及出版社，2011.

第七章

传统媒体和新媒体的科学传播：以环境传播为例 ①

第一节 传统媒体与新媒体的科学传播模式

随着科学技术的飞速发展，环境传播的手段与平台也发生了翻天覆地的变化，互联网、移动互联网等新媒体迅速成长并成为环境传播的重要手段。在全球化发展的今天，新媒体甚至隐隐有赶超传统媒体之势。本章在构建环境传播的模式时，选取了传统媒体与新媒体这两个维度，考察在不同的媒体环境（包括传播手段）下相关环境事件的传播机制，并比较其特征与差异。目前学界对传统媒体与新媒体的概念、特征及其他方面的比较研究将是本章的重要基础。

一、传统媒体与新媒体的概念辨析

"传统"是一个在时间上相对的概念，因而，对传统媒体的界定也是随着年代的变迁而不同的。郭庆光认为，传统媒体是指"专业化的媒介组织运用先进的传播技术和产业化手段，以社会上一般大众为对象而进行的大规模的生产

---

① 谭丽李. 我国环境传播的传统媒体和新媒体研究——以 PM2.5 为案例［D］. 北京：清华大学，2016.
指导教师：刘立。

和传播活动"①。但本章所讨论的传统媒体主要是相对于门户网站、微博、微信等新兴的媒体群而言的，报纸、杂志、广播、电视等传播媒介都是本章所讨论的传统媒体。

新媒体这一概念可以追溯至约 50 年之前，就如同传统媒体随时间变迁发生变化一样，新媒体也是一个相对的概念，在不断地更新其内涵。目前国际上没有一个关于新媒体的通用概念，学者们对此各执一词。联合国教科文组织将新媒体定义为网络媒体；美国《连线》杂志提出，新媒体就是"所有人面向所有人的传播"（communication for all by all）。简·梵·迪克（J. V. Dijik）认为新媒体必须同时从集成（integration）、互动（interactivity）和数字信号（digital code）三个特征来界定，即多媒体、互动媒体和数字媒体。②

在国内，熊澄宇认为，新媒体主要指"在计算机信息处理基础之上出现和影响的媒体形态，包括在线的网络媒体和离线的其他数字媒体形式"。③

在这些研究的基础上，本章主要将新媒体界定在以互联网为基础的范围之内，如门户网站、移动社交媒体以及网络社区等。

关于传统媒体和新媒体的比较研究，主要集中在传统媒体与新媒体的特征比较。在这一方面，虽然不同学者有不同的观点，但对比这些观点，仍可以看出其中的一致性。从总体上来看，新媒体是一种即时传播的方式，没有时间滞后的问题，而且传播范围大、传播速度快、效率高；但由于网络上鱼龙混杂，许多传播者专业素质低，导致虚假报道多、舆论导向无法控制等问题。而传统媒体是一种专业的传播机构，它们在信息的收集上保持着新媒体无法企及的巨大优势；而且传统媒体的传播者往往会经过专业的训练，所报道的新闻大多是高质量、高标准的。与新媒体相比，传统媒体通常更加具有权威性。当然，在新媒体的挑战下，传统媒体互动性与时效性偏低的弊端也表现得非常明显。简·梵·迪克在其《网络社会——新媒体的社会层面》一书中，从传播容量、速度、到达率（地理层面和社会层面）、精确度、选择性、互动性、同步程度、

① 郭庆光. 传播学教程［M］. 北京：中国人民大学出版社，2011.
② 迪克. 网络社会——新媒体的社会层面［M］. 蔡静，译. 北京：清华大学出版社，2014.
③ 熊澄宇. 新媒体与文化产业［J/OL］.（2005–02–01）［2015–06–30］.http://media.people.com.cn/GB/35928/36353/3160168.html.

复杂程度，以及隐私保护程度等方面详细论述了旧媒体和新媒体之间的特征和差异，如表 7-1 所示。对于传统媒体和新媒体的这些不同特点，本章在相关的案例分析中都将进行验证。

表 7-1　简·梵·迪克在《网络社会——新媒体的社会层面》中对旧媒体和新媒体的特征比较

项目	旧媒体			新媒体		
传播方式	面对面	印刷	广播	电话	计算机网络	多媒体
速度	低	低/中	高	高	高	高
到达率（地理上的）	低	中	高	高	高	低
到达率（社会层面）	低	中	高	高	低	低
存储	低	中	中	低	高	高
精确度	低	高	低/中	低	高	高
选择性	低	低	低	高	高	高
互动性	高	低	低	中	中	中
同步程度	高	低	中	低	低	中
复杂程序	高	高	中	中	低	中
隐私保护程度	高	中	高	中	低	中

在当今社会，随着信息科学与网络技术的飞速发展，新媒体在传播过程中所产生的影响要远远高于传统媒体，许多人开始认为传统媒体终究会让位于新媒体，从而终结于此。不过也有许多人坚持认为传统媒体有着新媒体不可比拟的优势，是不能也不应该被新媒体所取代的，它们之间不仅仅是一种竞争的关系，而且还存在着逐渐融合的趋势。促进传统媒体与新媒体的均衡发展，不仅可以提供更为优质的新闻服务，提高新闻报道的吸引力和影响力，也可以锁定客户群，互利共赢。只有两者交互作用，才能产生巨大的社会影响力，共同促进环境传播事业的发展。对于两种媒体的融合发展，我国出台了《关于推动传统媒体和新兴媒体融合发展的指导意见》，表明对传统媒体与新媒体融合发展的高度重视。在学界，有学者详细界定了"媒介融合"的概念，认为媒介融合

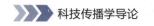

已经成为一个国际大趋势，并针对目前国内媒介融合的现状，提出了传统媒体在媒介融合过程中的七种模式，为传统媒体与新媒体的未来发展提出了许多具有参考性和可行性的意见建议。[①]

二、传统媒体与新媒体的科学传播模式象限论

在科学与公众关系的演变过程中，科学传播基本上呈现出了从单向传播方式转向双向互动传播、从单一传播手段转为多种传播手段的发展规律。环境传播作为科学传播的一个发展方向，同样展现了科学传播的某些特征，科学传播的这一规律在环境传播的过程中也同样适用。

追溯我国环境传播的历史发展过程，可以发现，在 21 世纪互联网等新兴信息技术兴起之前，我国的环境传播主要还是依靠报纸、杂志、电视、广播等传统媒体。在这些传播媒体的作用之下，我国的环境传播往往会受到许多限制，特别是在处理与公众之间关系的问题上，无法让公众真正参与环境问题的探讨与解决过程。而在互联网等新兴技术兴起之后，以互联网为主的新媒体，如门户网站、微博、微信等，对环境传播的繁荣兴盛起到了巨大的作用，我国的环境传播迎来了飞速发展的时期，公众能比较自由地参与环境问题的探讨，以高活跃性和高互动性促进我国环境传播的发展，从而推动环境问题的解决。因此，在环境传播模式的演进过程中，我们同样可以根据传播的途径和传播者与受众之间的关系这两个不同的维度，初步构建出我国环境传播的四象限宏观模型。在这四个象限中，每个象限分别对应一种环境传播类型，不同类型所反映的环境传播阶段也不一样。

在我国环境传播的宏观模型中，除传统媒体和新媒体这一构建维度，本章也根据环境信息与公众之间的关系来构建另一维度。在环境信息与公众关系上，我们不仅要考虑环境信息的传播者与普通公众之间的互动，还要考虑作为受众的普通公众之间的互动，因而，在这里，本章引入了简·梵·迪克在《网

---

① 光明网. 融合时代传统媒体引导舆论要走出三大误区——访中国人民大学新闻学院副教授黄河［EB/OL］.（2014-09-18）［2015-06-30.］http://epaper.gmw.cn/gmrb/html/2014-09/18/nw.D110000gmrb_20140918_2-07.htm.

络社会——新媒体的社会层面》一书中的"互动性"概念。①

在迪克看来，互动水平可以被用来说明一个特定媒体的互动性有多强。他将互动定义为四个层次。互动的最基本层次是传播中双方或者多种角度共存的可能性，这是个空间指向，所有的数字媒体都在一定程度上提供了这种可能性；互动的第二个层次是共时性，这是时间指向，其实就是指互动的即时性，在某些媒体环境下，人们往往会自主选择制作和收取信息的时间和地点，这样便会影响互动的即时性；互动的第三个层次是交互双方的控制程度，这个指向是由传播者和受众交换信息的能力界定的，而且它还包含互动过程中对事件的控制力；互动的第四个层次也是最高层次，是包括所有参与者在内，在传播内容和互相理解上的互动。通过对迪克四个层面上互动的理解，我们可以简单地将互动界定为互动性强和互动性弱两个指向。在本章，互动性强指的是在环境传播过程中，不仅环境信息的传播者与受众之间有比较强的互动，同时受众与受众之间也有比较强的互动；这不仅包括空间维度上互动面广，也包括时间维度上互动的即时性，还包括互动内容上的有效性。在以上对媒体和互动性进行分析的基础之上，本章初步构建了我国环境传播的四象限宏观模型，如图 7-1 所示。

从图 7-1 可以看出，媒体形式和互动性将我国的环境传播划分为四种不同的类型。类型 I 展现的是传统媒体环境下互动性弱的传播类型。在这种类型的环境传播过程中，采用的传播手段是类似于报纸、电视、杂志、书籍等形式的传统媒体，而且普通公众在其中只能被动地接收传播者传播的环境信息，既不能向环境传播者

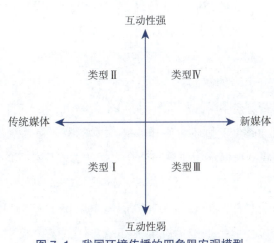

图 7-1　我国环境传播的四象限宏观模型

① 迪克. 网络社会——新媒体的社会层面［M］. 蔡静，译. 北京：清华大学出版社，2014：12-13.

反馈自己的想法，也无法与同是受众的其他人进行相关环境问题的探讨和交流。这样的传播类型所对应的是公众缺失环境信息的后期与公众理解环境信息的前期。类型Ⅱ展现的是传统媒体环境下互动性强的传播类型。在这种类型的环境传播过程中，与类型Ⅰ一样，采用的是传统媒体的传播方式，但不同的是互动性比较强，公众可以与信息的发布者进行一定程度的联系，也可以针对该信息与他们进行交流和讨论。如报纸中设置的读者来信版块，读者可以就某一环境问题发表自己的意见和看法，然后被刊登出来，在一定程度上引起其他受众的共鸣。这种传播类型对应的是公众理解环境信息的中期。类型Ⅲ和类型Ⅳ与前两类的不同主要在于传播手段，这两种传播类型都采用了互联网等新兴技术形式，而摒弃了传统的传播手段。类型Ⅲ展现的是新媒体环境下互动性弱的传播类型。这种类型的环境传播往往以互联网技术为基础，但公众难以与信息发布者进行联系，同时也难以与其他受众交流。这种传播类型反映的是公众理解环境信息的后期。类型Ⅳ同样使用新兴的互联网传播手段，不同的是在这种网络环境下，公众可以自由地针对某一环境信息进行讨论，而信息的发布者也可以充分参与其中，这体现了传播的高互动性，也与公众参与环境信息的发展阶段一致。

当然，同科学传播方式的模型一样，我们也不能认定某种传播类型就比另一种类型更高端，不能认定新媒体传播环境就比传统媒体传播环境更好，我们同样必须认识到传统媒体中无法被新媒体取代的优点，以及新媒体中暴露出来的缺陷。实际上，在现实生活中，环境传播的形式在很大程度上是传统媒体和新媒体融合基础之上的传播，这样的传播方式同样有着不可忽视的优越性。因而，在图7-1展示的我国环境传播的宏观模型的基础之上，本章将进一步分析每种类型所对应的现实媒体案例，分析在特定的环境传播案例中，不同的传统媒体和不同的新媒体对该环境事件的传播过程，并归纳出传统媒体与新媒体在环境传播中展现出来的共性特征，比较其不足之处，从而为环境传播中传统媒体和新媒体的融合提供参考，促进我国环境传播的发展进程。

第二节 传统媒体科学传播

一、报纸：对《人民日报》PM2.5 相关内容传播的实证研究

1.《人民日报》对 PM2.5 传播的计量分析

我国报纸关于 PM2.5 的报道数量巨大，本节在对报纸的研究上，主要选择了在国内具有代表性的《人民日报》。此外，因为 PM2.5 这一术语是近 20 年才在国内兴起并广泛传播的，为了减轻数据统计的烦琐度，保证研究的科学性与时效性，本章将《人民日报》上关于 PM2.5 报道的取样区间定为 2001 年 1 月 1 日至 2015 年 12 月 31 日。

本章关于《人民日报》的数据主要来源于《人民日报》图文数据库（1946—2016 年），该数据库主要提供自 1946 年 5 月 15 日以来《人民日报》刊载的所有新闻报道、时政评论及其他相关图文信息，是获取《人民日报》全文数字资源的权威数据库。首先在数据库中的高级检索栏目中固定样本日期，输入搜索关键词 "PM2.5"，获取相关信息和数据，然后运用图表方法从报道数量、报道版面、报道领域、报道体裁、报道来源和报道效果六方面进行计量分析。此外，本章还选取了《人民日报》中具有代表性的相关报道，从话题提出、议程设置、内容撰写、成果发表和传播效果几方面来进行内容分析，最后总结《人民日报》的传播特征。

（1）《人民日报》中 PM2.5 相关报道数量演化过程

对《人民日报》中 PM2.5 相关报道数量的统计，是研究《人民日报》对 PM2.5 的传播作用及传播特征必不可少的一个环节。在数据库搜索引擎中输入关键词 "PM2.5"，得到相关搜索结果 882 条；为了弄清楚 PM2.5 相关报道随着时间推移的变化过程，而后按照年份进行搜索，得到了每年相关报道的数量；最后通过图表方法，获得《人民日报》中 PM2.5 相关报道数量的演变过程图（图 7-2）。

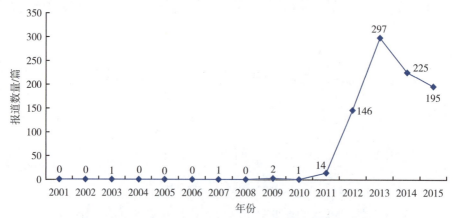

图 7-2 《人民日报》中 PM2.5 相关报道的数量演变过程
（2001 年 1 月 1 日至 2015 年 12 月 31 日）

从图中我们可以看出，《人民日报》上的 PM2.5 相关报道总数为 882 篇。在 2010 年之前，除 2003 年、2007 年、2009 年、2010 年分别有 1 篇、1 篇、2 篇和 1 篇，其他年份均没有 PM2.5 的报道。这说明 "PM2.5" 这个词汇最迟在 2003 年便出现了，但在此后的一段时期内，"PM2.5" 作为一个术语却并没有被广泛地传播出去，这也就意味着公众对 PM2.5 的认知还处于相对陌生的状态。

另外，从图中我们可以看出，2011 年是 PM2.5 报道的一个转折点。2011 年以后，PM2.5 报道呈现出井喷式增长，仅两年时间，便从 2011 年的 14 篇陡增至 2013 年的 297 篇。回顾这两年便可知，这是由于北京的 PM2.5 环境污染状况所致。公众开始关注 PM2.5 问题，《人民日报》也开始报道 PM2.5 的情况，关于 PM2.5 的报道便急速增长，而 "PM2.5" 这一专业术语也从报纸这一传统媒体上传播开来，逐渐成为一个大众词汇。

最后，从图 7-2 中还可以看出，在 2013 年之后，《人民日报》上关于 PM2.5 的报道数量开始减少，减至 2014 年的 225 篇和 2015 年的 195 篇。这说明在 2013 年之后，一方面随着相关政策法规的出台，国家开始着手治理 PM2.5 的空气污染问题；另一方面随着 "PM2.5" 成为一个大众词汇，人们对 PM2.5 这一问题的关注度已趋于平稳。但这并不代表着公众对 PM2.5 问题的讨论热度已经过去，因为相较于 2011 年之前，《人民日报》对 PM2.5 的报道数量仍然居高不下。

通过对图 7-2 中数据的整理和分析，我们可以发现，在我国环境传播的过程中，传统媒体对环境信息的传播，主要还是依赖于突发性环境事件的发生。在事件未发生之前，报纸并不会对一些环境信息进行科普式的传播，只是偶有提及。而且，从 PM2.5 事件的发生背景可以看出来，虽然之后报纸能对这一事件进行大面积的报道传播，但仍然受到普通公众对事件关注度的影响，在传播时间上具有一定的滞后性。

（2）《人民日报》中 PM2.5 相关报道所占版面统计

在报纸这样的传统媒体中，不一样的新闻报道都会占据不一样的版面。对报道所占版面的研究，可以使我们更加清楚地对报道进行一些初步分类，而且也能宏观地看出这些报道在各种报道中所呈现出的重要性。因而，本节也对《人民日报》中 PM2.5 相关报道所占版面进行了数据统计与分析。在本研究中，基于固定的样本时间范围，对每一年《人民日报》中 PM2.5 相关报道所占的版面进行搜索与数据整理，获得 PM2.5 相关报道的版面占比图（图7-3）。需要注意的是，《人民日报》从创刊至今，一共进行了七次版面调整，如表 7-2 所示。

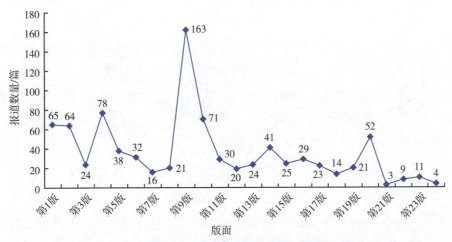

图 7-3　2011—2015 年《人民日报》中 PM2.5 相关报道所占版面

注：2003 年的 1 篇 PM2.5 报道所占版面为第 4 版，版面类型为"人与自然"；2007 年的 1 篇 PM2.5 报道所占版面为第 16 版，版面类型为"科教周刊·人与自然"；2009 年的 2 篇 PM2.5 报道分别占第 4 版与第 15 版，版面类型均为"要闻与体育"；2010 年的 1 篇 PM2.5 报道所占版面为第 13 版，版面类型为"社会"。

表 7-2 《人民日报》各时期的版数 ①

时　　期	版　　数
创刊—1956.6.30	第 4 版
1956.7.1—1979	第 4 版或第 6 版
1980—1994	第 8 版
1995—2002	第 12 版
2003—2009.6.30	第 16 版
2009.7.1—2009.12.31	第 20 版
2010 年至今	第 24 版

　　鉴于样本时间为 2001 年至 2015 年，因此《人民日报》中关于 PM2.5 报道所占版面将分别以 1995 年至 2002 年的第 12 版、2003 年至 2009 年 6 月 30 日的第 16 版、2009 年 7 月 1 日至 12 月 31 日的第 20 版及 2010 年以后的第 24 版为准。另外，考虑到《人民日报》在 2010 年之前（含 2010 年）PM2.5 相关报道很少，为了简便性与统一性，本研究仅在 2010 年以后的第 24 版中获取数据。而 2003年的 1 篇、2007 年的 1 篇、2009 年的 2 篇及 2010 年的 1 篇都将另外统计。

　　从图 7-3 中的数据可以发现，《人民日报》中 PM2.5 相关报道最多的是第 9版，总共有 163 篇；除此之外，第 4 版（78 篇）、第 10 版（71 篇）、第 1 版（65篇）和第 2 版（64 篇）PM2.5 相关报道也比较多。而在其他版面，PM2.5 相关报道则分布比较均匀。在这些数据的基础上，本研究继续统计了 PM2.5 相关报道数量排位靠前的五个版面的类型（即第 9 版、第 4 版、第 10 版、第 1 版和第 2 版），并利用图表方法获得了《人民日报》中 PM2.5 相关报道所占版面类型比例图，即图 7-4。

　　在《人民日报》中，PM2.5 的报道接近一半都集中在要闻版（49%），其次是生态周刊（27%）与视点版（15%）。要闻版块是《人民日报》一个非常重要的版块，《人民日报》的一个重要作用便在于宣传和解释党和国家的方针政策，报道国内与国际上发生的大事件，而要闻版的报道便在其中发挥着重要作

---

① 　数据来源于《人民日报》图文数据库。

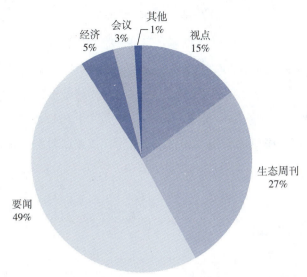

图 7-4 《人民日报》中 PM2.5 相关报道所占版面类型比例

注：统计数据主要来自第 9 版、第 4 版、第 10 版、第 1 版和第 2 版。

用。从对《人民日报》历年的版面对比来看，尽管已经改版多次，但要闻版却几乎一直占据着报纸的前四版。因而，从 PM2.5 相关报道所占版面比例可以看出，《人民日报》关于 PM2.5 的报道大多是作为当日的重要新闻传播出去的，这说明 PM2.5 在新闻报道中的重要性。此外，从图 7-4 中还可以看出，生态周刊与视点版也是 PM2.5 报道占据的重要版块。生态周刊与视点版块大多集中在第 9 版与第 10 版，生态周刊是《人民日报》开辟的生态专版，担负着为生态文明进行宣传的重任，视点版则关注社会热点问题，主要负责播报当日新闻与舆论监督部分。这都说明了 PM2.5 问题的重要性以及公众的高关注度。

总体来看，《人民日报》对 PM2.5 相关的环境问题多是作为当日重要新闻报道的，同时也有生态专版对这一环境问题进行报道。这说明在我国的环境传播过程中，报纸这种传统媒体非常重视当下的环境热点问题，同时对环境信息的传播也具有一定程度的专业性。但报纸作为纸媒，其报道大多反映国家的态度与政策，在报道形式上比较单一、严肃。

（3）《人民日报》中 PM2.5 相关报道涉及的领域研究

在 PM2.5 环境污染问题的传播过程中，《人民日报》关于 PM2.5 的报道数量很多，而且不同的报道涉及的领域也不一样。对报道涉及领域的关注可以帮助我们弄清楚《人民日报》在传播 PM2.5 相关信息过程中所表现出来的特征。因而，本节对《人民日报》中 882 篇关于 PM2.5 的报道做了简要的领域分类，根据《人民日报》图文数据库中报道的关键词统计，将 PM2.5 相关报道分为政治、经济、科技文化、社会和生态五个领域，并分别做了统计（图 7-5）。

图 7-5a 展示了相关年份里《人民日报》中关于 PM2.5 的报道所涉及领域分布情况。从该图中可以看出，2011—2015 年,《人民日报》中有关 PM2.5 的

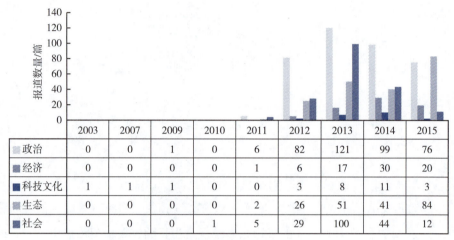

	2003	2007	2009	2010	2011	2012	2013	2014	2015
政治	0	0	1	0	6	82	121	99	76
经济	0	0	0	0	1	6	17	30	20
科技文化	1	1	1	0	0	3	8	11	3
生态	0	0	0	0	2	26	51	41	84
社会	0	0	0	1	5	29	100	44	12

a.按年份统计

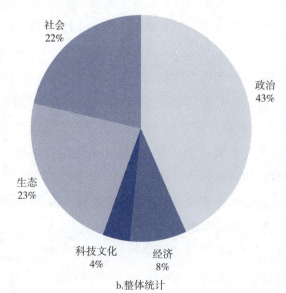

b.整体统计

图 7-5 《人民日报》中 PM2.5 相关报道所涉及的领域

报道大多集中在政治领域。特别是在 2013 年，这类报道就有 121 篇之多。在这一年，PM2.5 成为一个社会热点，相关的雾霾问题登上了《新闻联播》，在当年的"两会"期间，PM2.5 也成为"两会"代表们讨论的焦点问题之一，有关部门认真思索并采取了许多办法。在这样的背景下，《人民日报》积极响应国家的相关政策，做了许多会议专题报道和政策解读。另外，在 2013 年，《人民日报》中关于 PM2.5 的报道也有 100 篇集中在社会领域，反映了这一年 PM2.5 作为一个社会热点问题被广泛关注。除此之外，《人民日报》中 PM2.5 相关报道在经济、科技文化和生态领域都比较少，而且随时间变化比较平稳。

图 7-5b 是在图 7-5a 的数据基础之上进一步统计而来的，它反映了 2001—2005 年《人民日报》上 PM2.5 相关报道整体上所涉及的领域分布。从图中可以发现，《人民日报》中 PM2.5 相关报道 43% 集中在政治领域，其中主要包括国内国际政治、国家行政管理、相关法律法规、党政建设以及会议纪要等；23% 的 PM2.5 相关报道集中在生态文明方面，这是因为《人民日报》设有生态专版，其中主要包括了环境的治理、绿色家园的构建、正确处理人与自然的关系等方面；在社会领域，关于 PM2.5 的报道与生态领域数据比较接近，占 22%，主要关注当下社会民生、企业社会责任以及新媒体等问题；此外，有 8% 的 PM2.5 相关报道集中在经济领域，主要体现为区域经济建设、产业经济发展和城市协同发展等方面；仅有 4% 的 PM2.5 相关报道集中在科技文化领域，大多属于环境科学、资源利用、气象学以及公众安全卫生等方面。

通过以上统计分析可以看出，《人民日报》中 PM2.5 相关报道所涉及的领域还是比较广泛的，但主要还是集中在政治和社会领域，而这样的结果与《人民日报》的定位也是一致的。

（4）《人民日报》中 PM2.5 相关报道的体裁

报道的体裁是报道内容的表达方式，常见的报道体裁大致分为新闻报道、新闻评论、副刊三类。为了更好地对这些报道的体裁进行统计，了解《人民日报》对 PM2.5 问题进行传播的特征，本研究将这些报道的体裁分为通讯要闻、深度报道、评论、文件、科普知识、读者来信、副刊等。通讯要闻主要体现为具体的消息，包括国内国际相关新闻、领导人讲话，以及有关会议报道，这主要是对事实的报道，文字比较简洁，具有时效性。深度报道所占篇幅比较长，主要是在一个专题内进行报道，能系统挖掘重大的新闻事件和分析社会问题，主要包括专版专栏相关文章，以及报刊记者的深度调查。评论主要包括理论性的评论、议政建言以及评论员文章。文件包括政府下发文件、会议文件等。副刊包括一些具有文学性的报道。在对这些报道的体裁进行分类之后，本研究运用图表方法，系统地整理了《人民日报》中PM2.5相关报道的体裁比例（图7-6）。

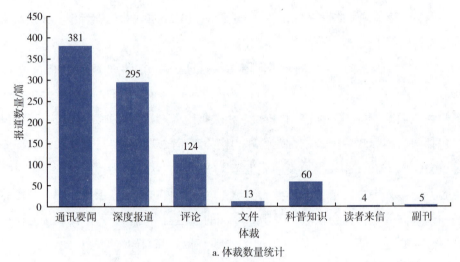

a. 体裁数量统计

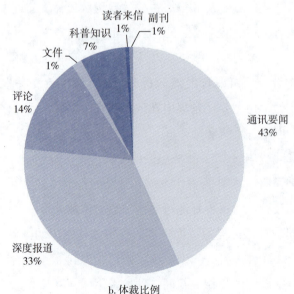

b. 体裁比例

图 7-6 《人民日报》中 PM2.5 相关报道的体裁（2001—2015 年）

图7-6a和图7-6b展示的是《人民日报》中PM2.5相关报道的体裁分类数据与占比。从这些数据中可以发现，《人民日报》中PM2.5相关报道多是通讯要闻形式。这些消息主要包括领导人讲话、会议相关报道以及国际国内相关热点新闻，这说明《人民日报》从自身报刊性质出发，主要立足于表达政府的态度。同时，《人民日报》中PM2.5相关报道也通常以深度报道的形式被传播出去，这一方面依靠《人民日报》开辟的相关专版，另一方面是因为报刊记者的追踪调查比较多。在这些调查中，记者往往深入基层，挖掘事件背后的原因与本质，并追踪和探索其发展趋势。此外，《人民日报》中PM2.5相关报道比较常见的体裁还有评论，大多是相关评论员文章，也往往紧扣政府发布的主题和声明。从图中还可以看出，《人民日报》中关于PM2.5的相关报道，只有4篇是读者来信。

通过对这些数据的整理和分析，本研究发现，《人民日报》在对PM2.5进行报道时，多采用通讯要闻、深度报道和评论等体裁，其目的是宣传党和国家对PM2.5相关问题的态度与立场。

（5）《人民日报》中PM2.5相关报道的来源研究

在信息发布的过程中，信息的来源是研究传播特征的一个重要因素。关注报纸上PM2.5相关报道的消息来源可以更明显地显示传统媒体在环境传播过程中的相关特征，因而，本节也查阅了这882篇报道的作者身份，对这些报道的来源进行了比较合理的归类。

本研究将这些报道的来源分为政府、科学家、企业、公众和环保组织五个主体。其中，来源于政府的报道主要包括会议决议、文件，以及通知、指示等官方发布的信息，或者是报刊记者所报道的国内国际新闻及反映政府态度的评论员文章；来源于科学家的报道主要包括相关研究专家的立场和观点，或者是相关的科普性文章；来源于企业的报道主要是指与相关产业有关的厂商发布的文章；来源于公众的报道则主要包括公众投稿、读者来信反馈，以及记者调查的反映基层状况的消息。在这些分类的基础上，本节统计了这些报道的来源，如图7-7所示。

图7-7a和图7-7b展示的是《人民日报》中PM2.5相关报道来源的统计数据及各部分所占比例。从这两幅图中可以看出，《人民日报》中PM2.5相关报道的信息源有74%是政府，科学家、公众、企业以及环保组织等来源在整体上所

占比例较小。

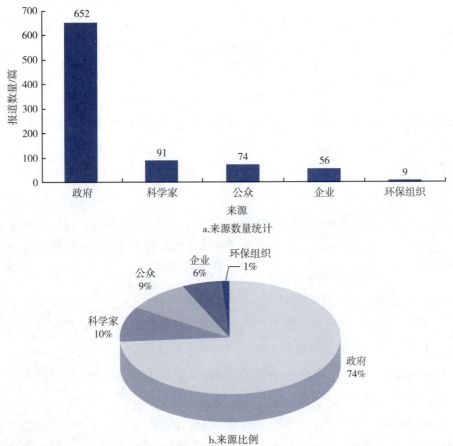

a.来源数量统计

b.来源比例

图 7-7 《人民日报》中 PM2.5 相关报道的来源（2001—2015 年）

（6）《人民日报》中 PM2.5 相关报道的传播效果研究

研究传统媒体在环境传播过程中的作用及其所表现的特征，我们除了要关注传统媒体对环境信息的传播形式，还应关注信息传播后的效果。对报纸这种传统媒体来说，要了解传播的效果，我们无法从每个阅读者那里获取读后感并跟踪他的思想与行为，因而，本节将从《人民日报》的销售量上来进行相关的传播效果研究。

从目前的报刊发行市场来看，《人民日报》虽然也进入了零售市场，但党政类报纸在零售市场上并不占据优势（图 7-8）。据统计，《人民日报》2014 年上

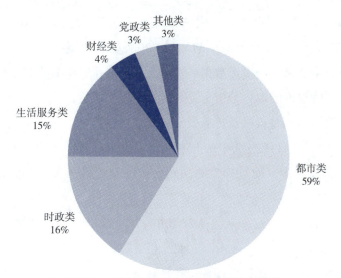

图 7-8　2014 年上半年各类报纸销售比重

资料来源：田珂. 报纸发行三大变化趋势分析［J］. 中国报业，2014（15）：37.

半年在零售市场中的销量环比下降 11% 以上，而且降幅呈每年加大的趋势。故而从总体来看，零售市场并不是《人民日报》销售的主要市场。

通过对《人民日报》销售渠道的调研发现,《人民日报》的销售方式主要是单位订阅和个人订阅，而订阅方式的特殊性决定了每年《人民日报》的发行量相对固定。在《人民日报》图文数据库中对其销量进行检索，输入关键词"人民日报发行量"，可以发现，自 2001 年以来,《人民日报》的发行量一直稳中有升，2008 年其平均期发行量达 231 万份，2011 年达 245 万份，2013 年就超过了 300 万份。[①] 从这些数据可以看出,《人民日报》每年的读者量都相对固定。虽然其发行量一直在提升，但提升幅度较小，而且《人民日报》的读者群也相对固定，受众面仍然有限，也无法在公众中形成大面积的传播。

总之，从传播效果来看，一方面,《人民日报》的受众数量比较稳定，而且每年的上升幅度较小，受众面比较狭窄；另一方面，因为订阅式发行这种特殊的发行方式,《人民日报》的读者群相对固定，导致其刊载的相关环境信息并不能在公众中形成大面积的爆炸式传播。

---

① 数据来源于《人民日报》2008 年 9 月 3 日第 12 版、2011 年 4 月 9 日第 4 版、2013 年 1 月 1 日第 3 版。

2.《人民日报》中 PM2.5 相关报道传播案例及内容分析

如上文所述,《人民日报》中的 PM2.5 相关报道数量很多,所涉及的领域也非常广泛。本节在这些报道数据的基础上,选取了一些具有代表性的报道进行分析。对这些报道的内容分析主要是从报道主题的提出、议程设置、内容撰写、报道发表版面和时机以及传播效果几方面来进行的。作为案例,本研究选取了 2014 年 1 月 3 日该报纸中的 PM2.5 相关报道,其原因在于这天的 PM2.5 相关报道不仅比较多,而且探讨的问题比较深刻,属于求证性质的深度报道(图 7-9)。

从图中可以看出,这一天《人民日报》对 PM2.5 相关话题总共报道了三篇,这是《人民日报》一天之内对 PM2.5 报道数量最多的一次。2013 年 12 月,我国中东部地区爆发了严重雾霾,引发了公众对 PM2.5 和雾霾问题的关注,这或许是《人民日报》随后密集关注 PM2.5 问题的重要原因。这三篇报道分别发布在当天报纸的第 1 版、第 4 版和第 9 版,其中第 1 版和第 4 版是要闻版块,第 9 版是视点版块。

第 1 版总共报道了九个不同主题的事件,其中关于 PM2.5 的报道虽然占据的版面很小,但仍然是头版事件,这表明了 PM2.5 问题的重要性。这篇报道的标题是 "北京 PM2.5 机动车贡献率 4% 被低估",关注的是 PM2.5 的来源问题,这也是重霾天气过后公众普遍关注的问题。另外,《人民日报》之所以在报道中关注这个主题,是因为有论文称交通排放(主要是机动车排放)对 PM2.5 的 "贡献" 不足 4%,这与此前环保部和中科院等相关课题组得出的结论大相径庭,导致媒体对这一问题出现了 "环保部、中科院对北京雾霾真凶存在分歧" 的相关热议,甚至引起了一些人对 "一线城市控制机动车上牌量" 相关政策是否还要实施的质疑。为此,中科院和环保部都紧急回应,认为论文中 4% 这个数字被严重低估了,《人民日报》也跟进这一主题,就中科院和环保部的相关回应做了报道。由于篇幅限制,第 1 版中的这篇报道仅为提示性报道,具体的报道内容在第 4 版呈现。

在第 4 版中,刊载了对北京 PM2.5 机动车 "贡献" 率的求证性深度报道,这是该版的第一篇文章,充分说明这一问题的重要性。报道从当前媒体讨论的 "环保部、中科院对北京雾霾真凶存在分歧" 的相关话题入手,详细分析了机

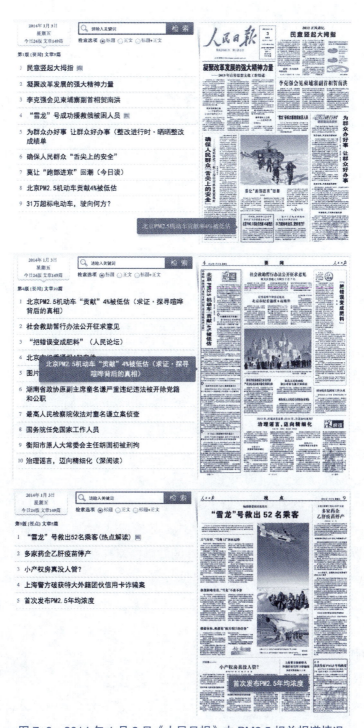

图 7-9　2014 年 1 月 3 日《人民日报》中 PM2.5 相关报道情况

动车尾气对北京 PM2.5 的真正影响力。报道主要从"4% 数据为何不准确""机动车对北京 PM2.5 影响有多大""对 PM2.5 来源解析有何意义"三方面表述了中科院和环保部对相关研究论文以及公众质疑的回应，最后得出机动车的尾气排放是触发雾霾的重要原因的结论。报道进一步引用相关专家的观点，建议通过刹住机动车数量的增长势头和严格控制尾气排放来治理当前严重的灰霾问题。从报道叙述的内容上来看，《人民日报》更多地是在客观描述这一热点争议，转述环保部和中科院的态度。

当天《人民日报》中的第三篇关于 PM2.5 的报道分布在报纸的第 9 版视点版块，其标题是"首次发布 PM2.5 年均浓度"。视点版块主要关注当前的社会热点问题。尽管该篇报道所占版面比较小，但视点版块对 PM2.5 问题的关注，仍然在一定程度上反映了公众的讨论热度。此外，前一天北京市首次公布了 PM2.5 年均浓度，也成为当时公众热议的话题。本篇内容是对空气质量监测相关问题的客观性报道，通过数据向公众传达空气污染的基本情况。

从传播效果上来看，这些报道不仅是靠报纸这种形式在当天被发行出去，同时还被许多权威性的知名网站转发。比如关于北京 PM2.5 机动车"贡献"率的这篇报道，就被新华网、人民网、中国新闻网和搜狐网等大型门户网站转发。像这样借助网络媒介等新媒体的传播力量，不仅能使相关报道获得更多的阅读量和转发量，促进多次传播，还能激发公众交流和议论，增强公众的参与度和传播中的互动性，从而扩大传播效果。

总的来说，从以上对这三篇报道的内容分析可以看出，《人民日报》在报道题材的选取上更多的是考虑社会热点，无论是对 PM2.5 来源的求证还是对 PM2.5 的数据监测，都是公众普遍关注的问题；而且在版面设置中，这些社会热点问题被刊登在公众容易关注到的版面；另外，在报道相关问题的过程中，《人民日报》更多地是针对事实的客观报道，不会添加自己对事件的看法，这使其相关报道在很大程度上具有客观公正的特征，并没有呈现出特别明显的褒贬意识和倾向性。

3. 小结

从上文对《人民日报》中 PM2.5 相关报道的计量分析和内容分析，我们可以发现，报纸这一传统媒体在 PM2.5 这一环境信息的传播过程中起到了非常重要的作用，同时也存在问题与不足。

《人民日报》中关于 PM2.5 的报道随着时间的推移呈现出急剧增长的演变规律。在 PM2.5 问题呈现之前，很少有关于 PM2.5 的报道。《人民日报》是在 PM2.5 这一问题在微博上讨论之后才开始关注这一话题，这说明报纸在环境信息传播过程中存在一定的时间差，具有滞后性。

从版面上来看，《人民日报》中关于 PM2.5 的报道多数位于重要版面，这说明报纸始终对社会热点保持着高度关注。报纸作为纸媒，其报道大多切合国家政策，且报道形式比较单一、严肃。

从报道涉及领域来看，《人民日报》中有关 PM2.5 的报道所涉及的领域比较广泛，但大多集中在政治领域和社会领域。

从消息来源看，人民日报中 PM2.5 相关报道通常更注重政府部门发布的消息。

从传播效果来看，《人民日报》的受众数量比较稳定，读者群相对固定，使得其受众范围狭窄。相关环境信息的传播效果还有待提升。

二、电视：对《新闻联播》PM2.5 相关内容传播的实证研究

除了报纸和杂志，电视也是一种非常重要的传统媒体，在人们的日常生活中扮演着很重要的角色，是人们获取信息的重要渠道。关于环境信息传播的研究中，对电视节目传播 PM2.5 相关内容的考察也是必不可少的。在我国，电视节目多种多样，不同节目所涉及的内容和领域也多有不同。考虑到涉及内容的广泛性和相关数据的易得性，本研究主要选取了具有代表性的《新闻联播》，考察 PM2.5 问题出现之后该栏目对相关问题的播报与传播情况，从而说明电视节目对 PM2.5 相关内容的传播及其作用，并进一步说明电视这一传统媒体在环境信息传播过程中的特征。

中国中央电视台播出的《新闻联播》是每天晚间一档播出的新闻节目，被普遍作为"中国政坛的风向标"，是国家级电视新闻发布窗口。该栏目在中央电视台综合频道（中央 1 套）和新闻频道（中央 13 套）并机直播，并在各大卫视和绝大多数地方电视台进行转播，是中国目前收视率最高、影响范围最广、影响力最大的栏目，内容包括了政治、经济、科技、外交等许多方面。因

而，对《新闻联播》栏目的选择，使得本研究在考察电视这一传统媒体时具有代表性。本研究主要从《新闻联播》报道 PM2.5 相关问题的次数随年份演变的过程、报道所涉及的领域、报道所产生的传播效果三方面来进行计量分析，并进一步对其中比较有代表性的报道进行简要的内容分析。本研究将时间节点定为 2011 年 1 月 1 日至 2015 年 12 月 31 日，另外将关键词定为"PM2.5"及其相关词汇，如"雾霾""灰霾""大气污染""空气污染"等。

1.《新闻联播》对 PM2.5 相关问题的播报量

本研究对《新闻联播》在 2011—2015 年播报的所有内容进行梳理，统计了每年内的播报次数，进一步关注每年播报的时间集中点，利用图表方法，得出了《新闻联播》对 PM2.5 相关问题播报量的演变过程和每月变化趋势，见图 7-10。

图 7-10a 展示了 2011—2015 年《新闻联播》中 PM2.5 相关问题播报量的演变过程。从图中可以看出，在 2011 年 PM2.5 问题出现之后的两年内，《新闻联播》关于这一问题的相关播报并不多，直到 2013 年才开始进行比较密集的相关报道。从播报内容来看，在 2013 年之前，《新闻联播》对相关环境问题的播报仍然使用的是"雾"这个词汇，2013 年之后才开始使用"PM2.5""雾霾""灰霾"等词汇。这说明在 PM2.5 相关环境问题的传播过程中，《新闻联播》在传播时间上呈现出了滞后性。图 7-10b 展示了 2011—2015 年《新闻联播》对 PM2.5 相关环境问题每月播报量的变化趋势。从图中可以发现，《新闻联播》对 PM2.5 相关问题的播报大多集中在冬春两季，即每年 10 月至次年 2 月，而在 3 月至 9 月这 7 个月间则少有相关报道。这说明，《新闻联播》对 PM2.5 相关环境问题的传播往往集中在空气污染问题严重的冬春两季，而在空气质量较好的季节则很少关注，并没有呈现出连续性，原因可能是《新闻联播》的时长只有 30 分钟，更多地是在关注并传播当日及近日新闻。

2.《新闻联播》中 PM2.5 相关播报涉及的领域

《新闻联播》的播报内容涉及的领域非常广阔，包含了政治、经济、科技等方面。对《新闻联播》中播报的 PM2.5 相关内容所涉及的领域进行研究与分类，可以清楚地看出其关注点。本研究将其分为政治、经济、科技、社会四方面。政治方面主要包括领导人讲话、会议文件精神以及相关政策等内容，经济方面主要包括能源结构调整、企业减排治污等内容，科技方面主要包含了对

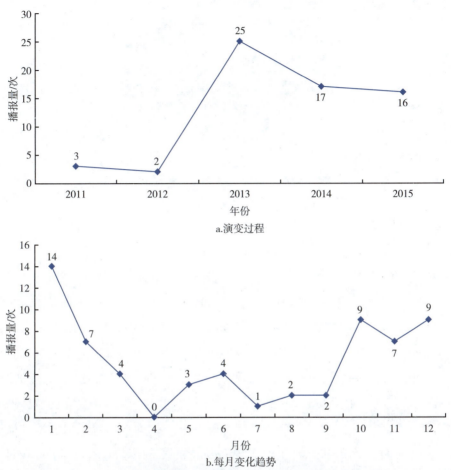

图 7-10 《新闻联播》中 PM2.5 相关问题播报量的演变过程
和每月变化趋势（2011—2015 年）

PM2.5 的科学认识等，社会方面则主要包含了雾霾天气给人们的生产生活带来的影响等内容（图 7-11）。

从图 7-11 中可以看出，《新闻联播》在播报与 PM2.5 相关的环境问题时，多是从政治与社会的角度出发的。政治方面报道占 43%，社会方面报道占 38%。这说明《新闻联播》对 PM2.5 相关问题的传播，在很大程度上传达了党和政府的声音，也比较贴近民生。

3.《新闻联播》对 PM2.5 相关环境问题的传播效果

本研究主要从《新闻联播》本身的收视率、对 PM2.5 相关环境问题的播出

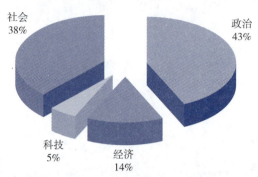

图 7-11 《新闻联播》中 PM2.5 相关内容所涉及的领域占比

频率及播报内容三方面来分析它对 PM2.5 相关环境问题的传播效果。《新闻联播》的受众和影响范围都是不可小觑的，它是我国公众了解时政、了解民生、了解世界的第一选择。在信息芜杂的今天，《新闻联播》更是以它权威、专业、严谨和客观的性质成为公众信任的新闻节目。关于《新闻联播》收视率的数据主要来自央视—索福瑞媒介研究有限公司（CVSC–SOFRES MEDIA，CSM）。数据显示，2014 年上半年，《新闻联播》的收视率为 11.06%，月均到达率[①]70% 以上，全年到达率累计 97%；而在到达人次上，其收看量月均达 72.35 亿次，也就是说近 14 亿中国人，每人都贡献了 5—6 次收视，使其稳居全国节目收视之冠，是全国渗透力最强的电视节目（表 7-3）。因而可以说，从收视率及其稳定性上来看，《新闻联播》对 PM2.5 相关环境问题的传播效果是非常可观的。

表 7-3　2014 年上半年《新闻联播》等栏目收视情况

栏目	收视率 /%	收视份额 /%	月到达率 /%	月收看人次 / 亿人
《新闻联播》	11.06	35.18	71.22	72.35
《天气预报》	6.38	17.10	38.72	27.12
《焦点访谈》	3.98	10.08	35.71	21.13

当然，《新闻联播》对 PM2.5 相关环境问题的传播不能仅从收视率来看，还应考虑到《新闻联播》对这一问题的播报频率以及播报的具体内容。《新闻联

① 到达率，指传播活动所传达的信息接收人群占所有传播对象的百分比。

播》对 PM2.5 相关环境问题的播报，频率最高的一年才 25 次（2013 年），播报率为 6.85%。此外，从播报的具体内容来看，《新闻联播》更多地是在传播各地的空气污染情况和国家政策，并没有进行太多 PM2.5 相关科学知识的传播。综合这几方面，尽管《新闻联播》的收视率高，到达面积广，但因为播报次数和播报内容的限制，它关于 PM2.5 相关环境问题的传播只能在短时间内起作用，而不能形成长时期的、连续性的影响。

4.《新闻联播》中 PM2.5 相关内容传播案例及内容分析

本研究从主题的提出、议程设置、播报时长、播报内容以及产生效果等方面对《新闻联播》中 PM2.5 相关内容传播进行分析。本研究选择 2013 年 1 月 12 日《新闻联播》中的 PM2.5 相关报道为例。这是《新闻联播》首次对 PM2.5 进行长时间的密集性报道，而后追踪报道持续了七天，因而比较具有代表性。其播报内容大致情况如图 7-12 所示。

2013 年 1 月 12 日的《新闻联播》对 PM2.5 问题进行了长时间的密集型播报，播报总时长 6 分钟 25 秒，从我国雾霾情况、PM2.5 的危害、雾霾对人们生活的影响、雾霾天气的形成原因以及公众应该如何行动五方面来报道了 PM2.5 问题。其中，播报雾霾情况时长为 2 分 27 秒，播报 PM2.5 的危害时长为 45 秒，播报雾霾对人们生活的影响时长为 1 分 2 秒，播报雾霾天气的成因时长为 1 分 29 秒，公众如何行动相关内容时长为 42 秒。

《新闻联播》首次对 PM2.5 问题的集中报道正处于雾霾非常严重的时期，此时公众对雾霾的关注度最高，而且对 PM2.5 问题的播报多数处于当日《新闻联播》的头条，这充分说明了 PM2.5 问题的严重性和重要性，也说明了《新闻联播》对 PM2.5 问题的高度关注。而且，当时《新闻联播》正值改版之际，改版的一个重要方面便是增强了播报内容的服务意识和实用性、可看性。雾霾是严重影响人们生产生活的环境问题，《新闻联播》对其进行播报，反映了《新闻联播》不仅是政治的晴雨表，还在做群众生活的"贴心人"。另外，从各部分内容持续的时长可以发现，《新闻联播》最重视对全国雾霾状况的播报，同时也非常关注雾霾的成因和危害。

在具体的播报内容上，《新闻联播》首先关注各地的严重雾霾状况，利用记者实地获取的视频使观众了解这一大范围空气污染的基本情况，同时通过空气

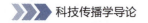

2013年01月12日

新闻联播完整版视频 20130112

[视频]我国多地雾霾笼罩

[视频]【新闻背景】PM2.5的危害

[视频]雾霾天气影响人们生活

[视频]专家解读：雾霾天气形成原因

[视频]编后话：既然同呼吸 那就共责任

[视频]云南镇雄山体滑坡搜救结束 46人遇难

[视频]2月9日起小客车高速免费不发卡抬杆放行

[视频]"寻找最美乡村医生"公益活动获奖名单揭晓

[视频]【学习贯彻十八大 行进中国·美丽中国】福建：治理水土流失 建设美好家园

[视频]记者调查：饲养牲畜吃人药 谁受害？

[视频]药单背后的秘密

[视频]【央视述评】文明让我们更安全

[视频]第二炮兵首个信息化导弹旅形成作战能力

[视频]贵州威宁：产业化扶贫促农增收

[视频]国内联播快讯

[视频]日本回应"陆海空一体化防卫战略"

[视频]本台记者探访大马士革南郊战区

<< 上一页 **1** 2 下一页 >>

[视频]萨维尔性侵案正式调查报告出炉

[视频]创意恶作剧 "隐形人"驾车买外卖

<< 上一页 1 **2** 下一页 >>

图 7-12　2013 年 1 月 12 日《新闻联播》播报情况一览

监测值分析了各地 PM2.5 超标的事实，并公布了全国污染排名前十位的城市。随后，《新闻联播》对 PM2.5 这一物质进行了简单浅显的科普，使观众对这一污染物形成比较直观的认识。《新闻联播》进一步播报了雾霾天气对交通和人们身体健康带来的影响，对相关事实进行了客观报道；通过专家向公众介绍了雾霾产生的原因是汽车尾气和燃煤排放；最后呼吁全国公众面对雾霾积极行动起来，从身边小事入手，共建蔚蓝天空。从这样的播报内容可以看出，《新闻联播》更多地针对事实进行客观报道，同时也注重对公众进行科普。通过专家进行解释，也说明了其播报内容的权威性。

5. 小结

通过对国内具有代表性的电视新闻节目《新闻联播》的数据考察与研究，可以发现，电视这一传统媒体在我国环境传播过程中起到了非常重要的作用，是公众了解环境信息的重要窗口。但这些数据也表明，电视在传播环境信息的过程中也存在一定的局限性和不足之处。

电视节目与报纸、期刊一样，对环境信息的传播在时间上具有一定滞后性。《新闻联播》中 PM2.5 相关环境问题的报道大多集中在政治和社会领域，但也不乏科学性和专业性。此外，从《新闻联播》对 PM2.5 相关环境问题的传播效果来看，虽然其收视率和到达率都很高，但由于播报时间、播报次数以及播报内容的限制，不能形成长期的连续性的影响。

三、传统媒体 PM2.5 相关内容传播研究小结

传统媒体的传播特征主要表现在以下几点。

第一，传统媒体在传播环境信息的过程中，在时间上具有滞后性和非连续性。从前文的分析中可以看出，无论是报纸还是电视节目，往往都是在 PM2.5 相关问题发生之后才开始对这一问题进行密集型的研究和报道；这些报道多集中在雾霾频发的冬春季节，其他时间则少有报道，这说明其传播具有非连续性。

第二，传统媒体在传播环境信息的过程中，传播内容具有严肃性和科学性。从报纸和电视的传播内容来看，这些报道多集中在政治领域，在内容的选择上因为"把关人"的存在而会有更多要求，这说明其传播具有严肃性；期刊的传播内容多涉及相关的科学技术知识，而报纸和电视媒体中也有不少对相关科学知识的传播。这说明其传播具有科学性和专业性。

第三，传统媒体在传播环境信息的过程中，传播范围比较狭窄。报纸和期刊这种纸质平面媒体，受众往往集中在特定的人群，而电视节目虽然到达率高，但因为传播次数和传播时间的限制，无法形成大面积持续性的传播效果，传播范围相对狭窄。

第四，传统媒体在处理科学（环境信息）与公众的关系方面，互动性比较弱，这是受传统媒体传播手段的影响。无论是报纸、期刊，还是电视节目，更

多的都是灌输式传播，普通公众很少能够参与讨论和交流。

总之，我国传统媒体在环境传播的过程中，在时间上具有滞后性和非持续性，在内容上具有严肃性和科学性，在传播效果上传播范围狭窄，在处理科学与公众的关系方面，呈现出互动性弱的特征。

第三节　新媒体的科学传播

一、对新浪新闻 PM2.5 相关内容传播的计量分析和内容分析

本研究选取了新浪网这一案例来进行门户网站环境信息传播问题分析。新浪网成立于 1998 年 12 月，在全球范围内注册用户数已经超过了 6 亿，日浏览量突破 6 亿次，在中国及全球华人群体中颇受欢迎，在传播信息的过程中发挥了巨大的作用。公众能随时在此获取全面及时的中文资讯，并轻松自由地与他人交流。新浪网毫无疑问是环境信息传播的一个重要渠道，因而，本研究也重点考察了新浪网中 PM2.5 相关信息，相关数据主要来源于新浪新闻，获取数据的关键词为"PM2.5"和"雾霾"。

1. 对新浪新闻 PM2.5 相关内容传播的计量分析

（1）新浪新闻 PM2.5 相关报道数量演化过程

对新浪新闻的数据获取主要运用了网络爬虫技术，在数据可获得的时间内抓取全网与 PM2.5 和雾霾相关的全部数据。本节总共抓取了 4923 条相关数据，时间跨度为 2014 年 2 月 24 日至 2016 年 3 月 20 日。其中，2014 年新浪新闻中 PM2.5 相关报道为 2087 条，2015 年为 2348 条，2016 年为 488 条。在这些数据的基础上，进一步统计了 2014 年 10 月 1 日至 2015 年 12 月 31 日这一年多时间内新浪新闻中的相关数据，并整理了这些数据随月份变化的过程（图 7-13）。

从图 7-13 中可以看出，一方面，新浪新闻中 PM2.5 相关报道比较密集的月份为 10 月至次年 3 月，即"今冬明春"时节，这期间正是北方地区的供暖季节，导致雾霾频发，因而新浪新闻在第一、第四季度针对雾霾的报道就会比

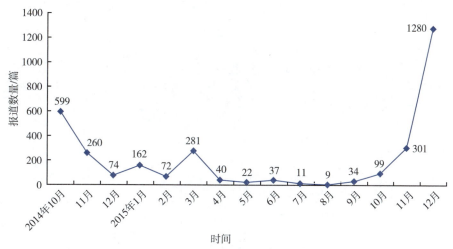

图 7-13　新浪新闻中与 PM2.5 和雾霾相关的报道随时间演化过程
（2014 年 10 月 1 日至 2015 年 12 月 31 日）

较多。尤其是在 2014 年 10 月和 2015 年 12 月，新浪新闻中的相关报道非常多，几乎每天都有数十篇。回溯这两个月的历史可知，这两个月很大范围内出现了重度雾霾，致使中央气象台拉响了雾霾双预警。这些都说明新浪新闻在传播环境信息的过程中往往能很快对社会热点做出反应，具有即时性。而且新浪新闻中设有每日新闻滚动播报，每隔一分钟就会刷新一次，使得公众能在最短的时间内获得实时讯息，这也保证了新浪新闻在进行相关讯息传播的过程中具有即时性。从图中还可以看出，除冬春季节之外，新浪新闻在其他时间段的相关报道虽然少，但比起传统媒体，仍然报道得比较频繁，对 PM2.5 相关的环境问题呈现出持续性的关注，并没有随着事件热度的降温而忽略相关报道。这说明新浪新闻在相关的信息传播过程中，在时间上具有相对的稳定性和持续性。

（2）新浪新闻中 PM2.5 相关报道涉及领域统计

本研究在上文 4923 条统计数据的基础上，对新浪新闻中 PM2.5 报道所涉及的内容进行了整理和分析，将这些新闻报道分为政策解读、产业经济、科学知识、天气报道、民众生活和其他共六种类型，得出了新浪新闻中 PM2.5 和雾霾相关报道所涉及的内容类型分布情况（图 7-14）。

从图 7-14 可以看出，新浪新闻中 PM2.5 相关报道大多集中在天气报道（28%）和民众生活（26%）这两大领域，天气报道主要是对当日雾霾情况的播

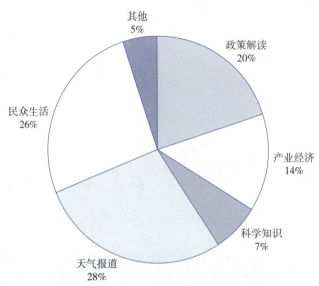

图 7-14　新浪新闻中 PM2.5 相关报道所涉及的领域分布比例图

报或者是对未来雾霾天气的预报。民众生活多是关注普通公众的日常生活，譬如雾霾对全国各地的交通情况、体育活动的影响。此外，新浪新闻关于 PM2.5 的报道中还有 20% 的政策解读和 14% 的产业经济相关内容。政策解读主要包括领导人的讲话、相关专家的评论以及对相关防治政策的传导和解读等。产业经济方面则主要包括企业的治污减排和能源结构调整等内容。新浪新闻中关于 PM2.5 和雾霾的科学知识内容也有少许，占 7%，主要涉及雾霾产生的原因和过程以及在日常生活中人们如何利用身边的物件进行雾霾的防治等。新浪新闻中还有一些内容（5%）无法划定到某一种固定的类型中去，主要涉及国际上的雾霾新闻和娱乐频道的相关内容等。从以上分析中可以看出，新浪新闻中与 PM2.5 和雾霾相关的新闻报道涉及的领域非常广泛，呈现出多元化和包容性。当然，相关新闻也有侧重点，多是在关注实时天气状况和民众的日常生活，贴近民生。这可能反映了在生活中网民更多地关心这方面的内容；同时，这也与互联网信息的特点有关系，它能够深入世界的每个角落，为公众提供大量的相关信息，而这些信息也多来自人们的生活。但是，正因为这些信息繁复芜杂、包容甚广，所以相关的科学知识并不是很多，而且这些科学知识更多的是人们生活中的经验性认知，科学性和专业性还有待提高。

（3）新浪新闻中 PM2.5 相关报道来源机构统计

新浪网不是一个独立的互联网信息提供网站，而是链接到多个不同的其他媒体，是庞大新闻链条中的一个节点，因而其内容也来自不同的媒体机构，这体现了互联网传播的交互性。本研究在上文数据的基础上，根据相关数据的可获得性，进一步整理了这些新闻的来源情况，发现它们来源于 370 多家机构。将新闻来源涉及最多的 20 家机构进行排序，呈现出新浪新闻中与 PM2.5 和雾霾相关的新闻报道的来源机构情况统计图（图 7-15）。

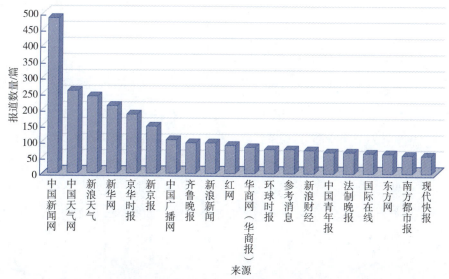

图 7-15　新浪网中 PM2.5 相关新闻报道部分来源情况（前 20 位）

从图 7-15 中可以发现，这些机构多种多样，有综合性的门户网站，如中国新闻网，也有专业性的垂直型网站，如中国天气网，还有许多地方性门户网站，如红网（湖南新闻综合门户网站）等。这一方面说明了新浪新闻内容的多元性和包容性，另一方面也说明这些互联网新闻的共享性和普惠性。在图中所示的 20 家相关新闻来源机构中，可以发现新浪新闻中的 PM2.5 相关内容很大数量来自中国新闻网、新华网这样的网站。中国新闻网主要是以原创新闻资讯为优势，是一家中央级的权威网络媒体，新华网是依托新华社的重点新闻网站。新浪网中的相关新闻多来源于此，在一定程度上保证了这些新闻的权威性。此外，从图 7-15 中还可以发现，新浪新闻中的 PM2.5 和雾霾相关内容很多来源于中国天气网，其内容主要围绕着中国气象局面向公众提供的气象信息，是专业的天气预报、气象服务门户，这也说明了新浪新闻中的 PM2.5 和雾霾相关的天气信息具有权威性。总的来说，从这些来源机构看，新浪新闻中关于 PM2.5 和雾霾的相关信息具有多元性，又具有一定程度的权威性。

（4）新浪新闻中 PM2.5 相关报道传播效果

在分析了新浪新闻中 PM2.5 和雾霾相关新闻的数量、领域和来源之后，本研究进一步考察了这些新闻的传播效果。如前文所述，新浪网的用户数量巨大，而且传播相关环境信息的过程具有即时性，使这些信息能在很短的时间内大面积传播，其传播效果无疑是非常强的。另外，考察过程中发现，新浪网在每条新闻下面都会设置评论区，用户登录后可以对该条新闻进行评论，也可针对他人的评论进行回应，并对自己觉得精彩的评论"点赞"，这保证了公众之间的互动性。新浪网在每个新闻页面上还设置有"一键分享"按钮，用户可以将自己感兴趣的新闻随时分享至自己的微博、微信和 QQ 空间中，这样的设置在最大限度上增强了相关新闻的传播效果。本研究随机选取了一些具体的新闻案例，分析了这些新闻的传播效果（表 7-4）。从中可以看出，公众对新浪新闻中 PM2.5 和雾霾相关内容的参与度非常高，公众的活跃度也非常高，选取的每篇新闻都能在短时间内聚集成千上万的网友进行评论，公众互动性强。

表 7-4　新浪网中部分 PM2.5 和雾霾相关新闻情况

序号	标题	发布时间	来源机构	参与人数
1	环保部长：柴静雾霾纪录片值得敬佩	2015-03-01	新浪新闻	53000
2	中科院：2009 至 2010 年间北京 PM2.5 有 6 大来源	2013-12-30	新华网	23359
3	33 城市空气遭遇严重污染 雾霾天气将向南北扩张	2013-01-13	人民网	6905
4	人大代表：治理雾霾不要光呼吁民众少开车	2013-03-04	郑州晚报	6784
5	北京环保部回应烹饪影响 PM2.5 言论：并非主源	2013-10-10	北京青年报	7251
6	大妈背 30 斤净化器买菜对抗 PM2.5	2013-10-18	扬子晚报	5777

序号	标题	发布时间	来源机构	参与人数
7	环保部：已初步掌握北上广雾霾元凶	2014-04-04	人民网	5680
8	明夜起京津冀等地雾霾再起，局地有重雾霾	2014-10-16	新浪天气	5268
9	世卫组织公布全球雾霾报告：新德里 PM2.5 最高	2014-05-10	新京报	1660
10	北京去年重污染天数减少 13 天 PM2.5 浓度下降 4%	2015-01-05	京华时报	1298

2. 新浪新闻中 PM2.5 相关报道传播案例及内容分析

除对新浪新闻中 PM2.5 和雾霾相关新闻进行计量分析，本节还对其中具有代表性的内容进行了简单的内容分析。新浪网中的新闻，除了以单条新闻形式出现，还会为某些热门话题设置新闻专题。在以"雾霾"和"PM2.5"为关键词的搜索过程中，发现新浪网中总共有 13 个相关专题，其中包含新闻数量最多、持续时间最长的专题为"我国多地遭遇严重雾霾"（图 7-16）。该专题创建于 2015 年 11 月 11 日，专题内最新相关新闻发布于 12 月 8 日，大约持续一个月，共包含 58 条相关新闻。本研究从专题新闻发布时间、专题内容和专题传播效果三方面对其做简单的内容分析，从而整理出新浪新闻在环境传播过程中的一些特征。

从专题的持续时间来看，当年 11 月至 12 月正是雾霾高发的时节，全国各

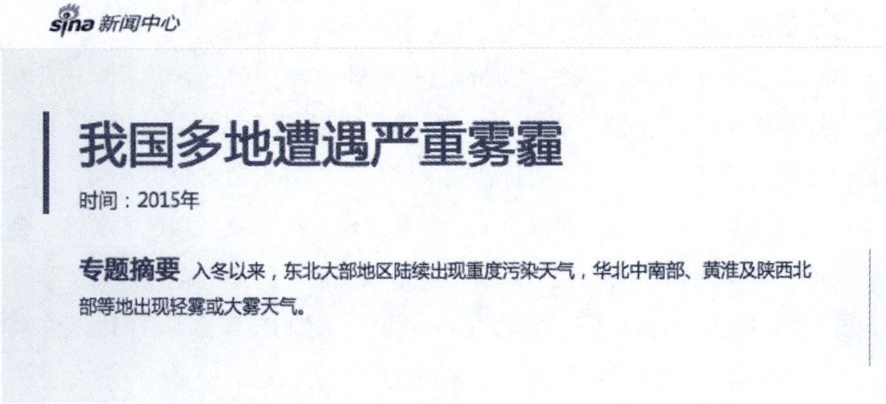

图 7-16　新浪网中"我国多地遭遇严重雾霾"专题

地的空气污染都非常严重，北京于 12 月 7 日正式发布了雾霾红色预警。在这个时间段内对雾霾进行专题报道，一方面是由于公众对其具有极高的关注度，搜索意愿比较强烈；另一方面也使得新浪用户可以在第一时间获取与 PM2.5 和雾霾相关的大部分详细信息，其整合性非常高。这一专题主要由专题摘要、头条新闻、高清图集、最新消息、视频推荐和微博热议几个版块组成。专题摘要位于标题下方，简洁明了；头条新闻主要发布当日重要新闻；高清图集发布各地被雾霾笼罩的地标图片；最新消息则滚动报道近期新闻，并且对专题内的重要新闻设置"☆"符号，一目了然；视频推荐则发布近日报道各地雾霾的重要视频新闻，这些视频主要来源于央视新闻以及地方台新闻频道；微博热议为网民提供了发表评论的平台，公众可以在此针对雾霾话题发表评论并转发至微博，同时也可以评论并分享他人的观点。当然，公众也可以在专题内的每一条新闻后面发表相关评价。这样的专题版面设置可以使公众根据自己的意愿点击阅读，自由度高，分门别类的信息整理也使公众的阅读搜索简便化。

从专题内新闻内容的选择来看，主要是报道了近日公众热议的话题，包括全国各地的雾霾状况、政府相关部门的动态以及雾霾给人们生活带来的影响等，这些都是民众高度关注的问题。在专题发布的全部 58 条相关新闻中，网民参与度和评论量最高的两条新闻分别是《环保部解析华北重污染：机动车排放对北京贡献大》和《北京首次启动空气重污染红色预警　单双号限行》。其中前者 30031 人参与，评论 1064 条；后者 15211 人参与，评论 820 条。这两条新闻一方面解释了华北雾霾重的缘由以及防治措施，另一方面报道了应对这次严重雾霾的具体措施。

从以上对新浪新闻代表性专题的内容分析可以看出，新浪新闻非常重视 PM2.5 和雾霾相关环境问题的传播。雾霾相关专题在传播信息时，往往会进行滚动报道，实时更新新闻信息，而且新闻来源广泛。其报道不仅更新快，而且内容丰富，公众在其中很容易获得全面的最新资讯。对争议性话题的关注，使这些新闻能在短时间内聚集大批网友进行讨论和交流，讨论的范围非常广。不过获"赞"较多的评论中，不乏调侃式的"吐槽"，这与新媒体入户门槛低的特征有关。从整体来看，新浪新闻多属于客观性的事实报道，少有倾向性的是非认定，但新浪网对评论的处理包容度大，符合政策与法律规定的言论都可以发布。

二、对果壳网 PM2.5 相关内容传播的计量分析和内容分析

果壳网是具有代表性的科技主题门户网站，创立于 2010 年，主要提供负责任、有智趣的科技主题内容，吸引了大约百万名用户。在这一以科技为主题的网站里，果壳用户可以自由关注感兴趣的人，阅读他们的推荐，并将有意思的内容分享给关注的人；用户还可以根据自己的兴趣关注不同的小组，精准阅读喜欢的内容并与网友交流；同时，用户也可以在"果壳问答"里提出自己困惑的科技问题，或是对别人的问题提供答案。

1. 对果壳网 PM2.5 相关内容传播的计量分析

对果壳网中 PM2.5 相关数据的收集，主要是在果壳网自有的搜索引擎中进行的，搜索样本时间为 2010 年 11 月（果壳网建立时期）至 2015 年 12 月，搜索关键词为 "PM2.5" 和 "雾霾"。通过搜索关键词，可得的相关数据为 957 条，最早能追溯至 2013 年 2 月 28 日，此前的数据可能因为网站隐藏而无法统计。数据显示结果为：2013 年 279 条，2014 年 425 条，2015 年 253 条。统计发现，这些讨论主要有四种形式，分别为文章、问答、帖子和日志。本研究分别统计了每种讨论形式的数量，得到了果壳网中 PM2.5 相关内容每种讨论形式所占比例（图 7–17）。

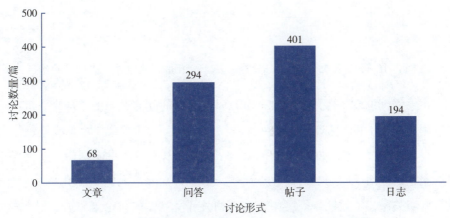

图 7–17　果壳网中不同形式的 PM2.5 相关讨论的数量
（2013 年 3 月 28 日至 2015 年 12 月 31 日）

从图中可以发现，果壳网中的 PM2.5 相关讨论主要集中在帖子形式和问答形式，而文章形式和日志形式的数量则比较少。帖子形式中的 401 个帖子主要散布在 119 个不同的主题讨论小组内，而聚集帖子数量比较高的小组为"Geek 笑点低""谣言粉碎机""美丽也是技术活儿""净化空气""健康朝九晚五""自然控"等，如图 7-18 所示。从小组内讨论的具体内容来看，帖子版块中对 PM2.5 相关环境问题的讨论涉及的领域特别广，包括地球生态、健康卫生、星象、摄影、护肤等方面，而且各个小组往往都聚集了百万以上的用户，讨论都极为活跃。这说明果壳网在传播 PM2.5 相关环境信息的过程中，内容繁杂，传播范围比较广，而且公众的互动性非常强。

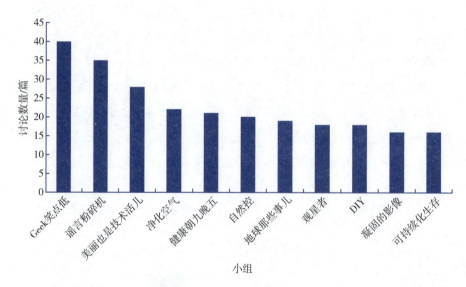

图 7-18　果壳网帖子版块中 PM2.5 相关环境问题讨论数量多的 12 个小组

在果壳网的问答版块，PM2.5 相关环境问题的问答数量为 294 个，其中大多数用户提出的问题都无人回答或很少有人回答（270 个）。回答数量超过 10 个的仅有 12 个问题，如表 7-5 所示。从表中可以看出，果壳网中这些回答较多的问题一方面反映了当时的热点话题，另一方面又与人们日常所见的各种现象有密切关系。这说明果壳网中 PM2.5 相关环境问题的讨论与传播在很大程度上依赖于公众的生活，讨论主题呈现出多样化与生活化的特征。

表 7-5　果壳网问答版块中回答数量多的问题

序号	问　　题	回答数
1	这个链接里对《穹顶之下》的批评靠谱吗？	79
2	可以用镜子破掉美国最新研制的激光武器吗？	54
3	雾霾天可以戴隐形眼镜吗？	33
4	雾霾真的会让导弹打不准吗？	19
5	雾霾天气时，越高空气质量越好吗？	16
6	火电厂烟囱里冒出的"白烟"究竟包含哪些成分，它们是 PM2.5 的主要来源吗？	16
7	为什么这张飞机上拍摄的照片中，北京会罩着这样黑的云？	16
8	如何科学地解释"雾霾天应该多吃青菜"？	16
9	雾霾会让"鲜肺 6 天变黑肺"吗？肺变黑意味着什么？	15
10	便携式空气净化器真的有效吗？	13
11	雾霾天和沙尘暴会对健康造成不同的影响吗？相对而言，哪一种更加严重呢？	12
12	中国古代也有雾霾吗？	11

注：表内相关数据截止时间为 2016 年 3 月 18 日 15:00。

从图 7-17 还可以看出，有 194 条 PM2.5 相关讨论以日志的形式表现出来。日志一般都来自个人主页，用户可以在日志版块发布自己的想法。日志中还设有评论区和推荐链接，其他用户可以评论、分享。在对这 194 篇日志进行内容分析时发现，其中有 96 篇日志具有广告性质，有 71 篇日志主要是记录作者的生活，仅有 27 篇日志的内容与 PM2.5 或雾霾直接相关。这说明在果壳日志中，公众对 PM2.5 和雾霾相关问题的讨论在内容上杂乱无章，有效的科学信息较少。另外，对这些日志的评论数进行统计时发现，评论数最高的是姬十三发布的一篇广告日志，即《面对刷屏最厉害的科学问题，果壳网做了一款空气净化器》，这说明民众对相关问题的关注在很大程度上受到作者身份的影响，其号召力越强，民众对其关注度越高。

在所有相关讨论中，仅有 68 个讨论是以文章的形式展现的。文章的来源主要有"科学人"和其他专区，其中有 60 篇文章来自"科学人"，8 篇来自其他专区。"科学人"是果壳网旗下的原创内容团队，往往通过采访科学研究者本人来开展科研报道，并向全球的相关科研人员寄发约稿信，构建"自己研究自己写"的传播方式，主要是针对公众最关心的科学热点来推出近期相关的内容专题。"科学人"致力于更深入地与科学家对话，更快更准确地将科研成果传播出去，让科学信息在公众与科学家之间充分地流动起来，从而促进公众与科学之间的相互了解。对来自"科学人"的 PM2.5 相关文章进行分析可以发现，其作者往往是相关领域的科研工作人员，内容科学性较强，而且相对于期刊中的学术文章而言，文字更加轻松活泼，视觉上也呈现了更多的相关图片，增加了文章的趣味性与易读性，使普通公众能更容易地理解相关科学知识。此外，在文章最后也设有评论区和推荐分享链接，用户登录后可以与作者直接进行探讨，可将文章推荐分享至豆瓣、微信朋友圈、微博和 QQ 空间等社交媒体上，这使得公众能更好地参与科学讨论，提出意见和建议，并扩大科学信息的传播范围。

从以上分析中可以看出，果壳网作为门户网站，对 PM2.5 相关环境问题的传播起到了非常重要的作用。总的来说，果壳网在参与环境传播的过程中，涉及的领域非常广，几乎涵盖了人们生活的方方面面；文章的表现形式轻松活泼，可读性比较强；传播效果好，公众不仅能与相关领域的科学家进行直接的交流与讨论，还能在公众之间形成良好的互动。但是正因为网络媒体的开放性，讨论门槛相应降低，尽管果壳网是一个专业的科普网站，其讨论的内容却显得繁杂、随意，有效信息较少，垃圾信息偏多。

2. 果壳网中 PM2.5 相关文章传播案例及内容分析

果壳网是一个比较专业的科学传播网站，发布的内容比较多样，既有严肃的科学文章，又有生活化的科普问答。在对果壳网中 PM2.5 相关科学信息进行内容分析的过程中，本研究选取了果壳网中科学性和专业性较强的"科学人"版块，并主要针对版块内"谣言粉碎机"栏目中的相关文章。"谣言粉碎机"是果壳网中一个非常有特点的栏目，其中的内容都是针对流行比较广的谣言进行辟谣，向公众提供科学的证实或证伪，其口号是"捍卫真相和细节，一切谣言将在这里被终结"。在这样的界定下，笔者选择了"谣言粉碎机"栏目中评论数比较高的《雾霾加重赖风电？别逗了》这篇文章，从话题提出、内容撰写、发布时机以及产生效果几个方面来进行内容分析。

"谣言粉碎机"栏目的智库成员大多是在各科技领域工作并能提供专业信息的人，他们有的是大学教师，有的是科研人员，有的是在校学生，专业覆盖了物理、化学、生物、医学等领域。《雾霾加重赖风电？别逗了》这篇文章发表于 2016 年 3 月 4 日，文章作者的果壳网账号为"大脸撑在小胸上"，果壳身份显示为气象学博士后，是"科学人"版块的特约科普作者。这样的学术背景便给人一种专业性和科学性的直观印象。

另外，从文章的产生背景来看，在当时，有许多人认为华北雾霾污染的加重是由于内蒙古的风力发电厂和三北防护林使北方风力衰减，导致雾霾无法被吹散。这条谣言最早散布于 2014 年 11 月，当时人们注意到北京自 2008 年前后大风骤减而雾霾也开始剧增这一现象，而巧合的是，从 2008 年以来，内蒙古自治区为发展新能源产业开始倾力打造风电建设。这样的巧合使人们纷纷猜测两者之间的因果关系就如蝴蝶效应一般：亚马孙雨林中的某只蝴蝶偶然扇动一下翅膀，就极有可能在大洋的另一端引发出一场可怕的龙卷风，更别说是如此大规模、大范围的风力阻滞了。这样的谣言在网络上迅速传播开来，严重影响了网民对雾霾形成原因的科学认知。作者便是在这样的现实背景之下，结合自己的气象学专业知识，在"科学人"版块中发布了对这一谣言的质疑。

作者从防护林哪里挡得住冷空气、风电仅消耗量级很小的风力、冷空气减弱不是雾霾的根本原因三个层面入手，打破风电建设与雾霾之间所谓的因果关系。文章认为，防护林防的风与吹散雾霾的风并不一样，防护林能减弱的风只是非常浅薄的一层地表风，而吹散北京雾霾的却是大范围的冷空气系统，两者不可同日而语；而且根据目前国内外对风电消耗风量的研究数据，可以初步证明风力发电厂对气候产生的影响非常小，甚至不如自然气候本身的变率大；此外，风力的减弱只对雾霾起推波助澜的作用，而绝非雾霾形成的根本原因，雾霾形成的根本原因在于人类活动造成的大气污染物的排放已经远远超过大气的自净化能力。在这些分析基础之上，作者得出结论：三北防护林和内蒙古的风力发电厂都不能减弱北京的风，也不会因此加剧北京的雾霾。文章中有数据也有图片，对重要的观点加粗字体显示，语言比较活泼，这在很大程度上降低了阅读难度，提升了公众的阅读兴趣，也让人容易信服。这篇文章收获了 63 条评论，这些评论既有持支持观点的，也有持反对观点的，用户之间存在碰撞交流。这一方面说明了这篇文章具有一定程度的影响力，另一方面也说明了公众讨论相关问题的高自由度。

从上文对这篇文章的分析来看，果壳网中的 PM2.5 和雾霾相关文章在发布时间和内容主题上会选择公众关注度高的热门事件进行相当程度上的科学性解析。在果壳网中具有严肃性质的科学传播版块，对约稿作者的选择也会非常谨慎，大都选择在专业领域掌握了相关知识的人士，这保证了科普文章的权威性和科学性。此外，果壳网是一个年轻人比较活跃的科学网站，因而其内容在具有科学严肃特征的同时，又会加上许多相关图片，包括网络上比较流行的图片，并且用轻松活泼的语言撰写，这样的科学传播方式更容易被不具专业知识的普通网民所接受，从而放大传播效果。

3. 门户网站在 PM2.5 相关环境内容传播过程中的特征

从上文对综合性门户网站新浪网和专业性门户网站果壳网多方面的分析可以看出，门户网站在 PM2.5 相关环境问题传播过程中发挥了巨大的作用，也呈现出明显的特征。首先，门户网站能在第一时间对相关的环境问题做出反应，在短时间内聚集大批网友参与其中，而且能对该环境问题进行持续的报道和讨论，这说明门户网站在相关环境问题传播过程中呈现出即时性和持续性。其次，门户网站建立在互联网信息的基础上，其信息来源多样，内容涉及的范围和领域也就非常广阔，大到国际政治经济，小到普通民众的生活，都能成为门户网站中相关环境信息的来源；而且每个用户都能相对自由地发表自己的观点，这使门户网站中的相关环境内容具有多元化的特征，呈现多极大的包容性。最后，门户网站的用户数量巨大，受众范围比较大，而且这些用户互动性非常强，还能将自己感兴趣的信息分享至其他网络媒体，这都保证了门户网站的传播效果。但是，正因为门户网站的包容性，其中会出现许多无效信息，甚至谣言。门户网站在环境信息的科学性上还需要进一步提升和改进。

三、对新浪微博 PM2.5 相关内容传播的计量分析和内容分析

本节选取了微博、微信这两个目前影响力较大的移动社交媒体为案例，通过数据的统计和内容的考察，从话题数量、传播形式、传播内容和传播效果几

方面入手，分析它们在 PM2.5 相关环境问题的传播过程中发挥的重要作用，并进一步考察移动社交媒体在环境传播过程中的特征。

　　微博即微型博客（MicroBlog）的简称。在我国，有许多微博产品，包括新浪微博、腾讯微博、网易微博和搜狐微博等。新浪微博是由新浪网于 2009 年 8 月 16 日推出的一款社交媒体，是为大众提供娱乐、休闲、生活服务信息的分享和交流平台。它虽然本质上是博客，但在形式上更多的是一种移动社交媒体，用户往往通过手机终端来使用微博提供的一系列服务。在微博中，用户可以关注自己喜欢的用户，成为他的"粉丝"，可以像使用博客和其他聊天工具一样发布内容，但不超过 140 字（2015 年，微博将 140 字的字数限制开放至2000 字），同时也可以把喜欢的内容一键转发到自己的微博，转发时还可加上自己的评论。截至 2014 年 3 月，微博月活跃用户已达到 1.438 亿，日活跃用户6660 万，其中包括大量的政府机构、企业、明星和个人认证账号，是信息传播的一个重要媒体。开放的传播机制已使其成为一个"公共议事厅"。

1. 对微博 PM2.5 相关内容传播的计量分析

（1）微博中 PM2.5 相关帖子数量演变过程

　　对微博数据的获取，主要是利用了微博自有的搜索引擎，数据获取的关键词为"PM2.5"，搜索时间区间为 2009 年 8 月 16 日（微博最早可提供数据日期）至 2015 年 12 月 31 日。[①] 整理发现，在这段时间内，微博中关于 PM2.5 和雾霾的帖子数量巨大，大约有 1 亿多条相关内容。本节在这些帖子数据的基础上，进一步统计了微博中每年与 PM2.5 相关的帖子数量，获得了微博中 PM2.5 相关帖子随时间演变的过程，如图 7-19a 所示；同时，本节还以月为单位统计了微博中相关帖子的数量，描绘了 2011 年 10 月至 2015 年 8 月的帖子数量变化曲线，如图 7-19b 所示。

　　从图 7-19 中可以明显地看出，2010 年是 PM2.5 相关帖子数量变化的转折点，在这之后相关帖子显示出了快速增长的趋势。特别是在 2011 年之后，相关帖子数量从几百万篇急速增长至几千万篇，并于 2013 年增长至顶峰。了解

---

① 　微博中帖子数量巨大，本节只对每年的帖子数量进行统计，在这些数据的基础上进行简单的整理和分析，而并不获取帖子的具体内容。

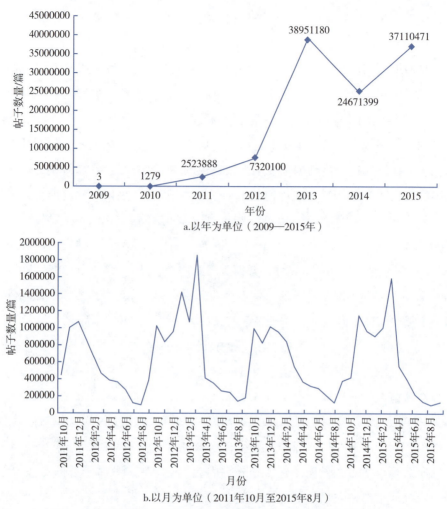

a.以年为单位（2009—2015年）

b.以月为单位（2011年10月至2015年8月）

图 7-19　新浪微博中 PM2.5 和雾霾相关帖子的数量随时间演变过程

PM2.5 相关环境问题的背景可以发现，北京 PM2.5 问题被关注就始于 2011 年 10 月，当时微博"大 V"潘石屹发布了关于空气质量的微博，在当天便被其粉丝转发了 4163 次，评论 1570 次。这使"PM2.5"和"雾霾"这样的词汇在网络上被迅速地传播开来，因而便出现了图 7-19a 中展现的在这年之后微博上 PM2.5 相关帖子数量大幅度增长的趋势。图 7-19 还显示，相关帖子数量在 2013 年达到峰值，回溯这一年的情况可以发现，当年雾霾发生的频率高、波及面广，而且污染程度非常严重，达到了前所未有的程度。最严重的时候，

PM2.5 指数连续"爆表"，白天能见度不足几十米，中小学停课，航班停飞，高速公路封闭，公交线路暂停营运，严重影响到人们的日常生活，这导致大量网友纷纷在微博上"吐槽"，使得这一年的帖子出现了爆炸式的增长。除 2013 年，2015 年也出现了微博中针对雾霾和 PM2.5 的大量发帖。这其中可能包含两方面的原因。一是 2015 年 2 月，柴静推出视频《穹顶之下》，引发了网民的持续关注和讨论；二是上一年年末也爆发了大面积的持续雾霾，上一年是有历史统计以来的"最强厄尔尼诺年"，华北地区处于"高湿度""低风速""强逆温"的极端不利气象条件，这助推了雾霾的持续积累，北京首次启动了雾霾红色预警，在这样的背景之下，微博上出现了大量讨论。从以上对微博上雾霾相关帖子随时间变化的分析中可以看出，微博能在第一时间发布相关的环境信息，公众对 PM2.5 和雾霾的关注便是从微博开始的，而且每当有新的相关环境讯息，微博几乎充当着第一个"新闻发言人"的角色，这充分说明了微博在环境传播过程中具有超强的即时性，而且这种特征比其他传播媒体表现得更明显。

（2）微博中 PM2.5 相关话题的数据分析

从上述对微博中 PM2.5 和雾霾相关帖子的时间分析中，还可以看出微博中的帖子数量巨大，可见微博对相关环境问题的传播受众多、范围广。这一结论还可以从微博中相关话题的阅读量和参与度体现出来。微博有话题功能，用户可以在两个"#"之间，插入某一话题，即"# 某一话题 #"的形式，然后发布出去。这可以聚集大批对该话题感兴趣的人一起参与讨论，并在这一话题之下进行讨论和交流。本研究搜索了微博上 PM2.5 和雾霾相关话题的数量，发现相关话题共有 1237 个。从中择取阅读量较大的 10 个话题进行展示和分析，如图 7-20 所示。

从图 7-20 可以看出，微博中关于 PM2.5 和雾霾的每个话题都能集聚大批网友进行讨论。最多的 # 北京雾霾 # 话题被阅读的总次数高达 2.2 亿，在这个话题之下的讨论数量高达 14.1 万条，聚集粉丝 4390 人。在这些数据的支撑下，相关话题在一段时间内成为微博的热门话题，进入微博热搜榜，被微博进行系统推送，进一步吸引了更多网友对此话题进行关注和讨论，这使微博对 PM2.5 和雾霾相关环境信息的传播呈现爆炸式增长，其传播广度、到达率和公众的互动性几乎是其他任何媒体都无法比拟的。此外，从图 7-20 中还可以看

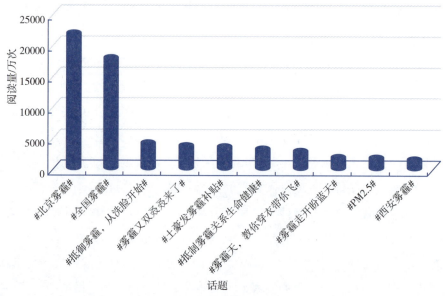

图 7-20　微博上部分 PM2.5 和雾霾相关话题的阅读量
（截至 2016 年 3 月 20 日 17：00）

出，微博中与 PM2.5 和雾霾相关的话题多种多样，有关注雾霾本身的，也有关注雾霾衍生出来的其他话题的，比如相关的时尚话题。任何一个与此相关的讨论都可以被囊括进来，并在感兴趣的公众群体中形成广度和深度上的二维传播，这保证了微博对 PM2.5 和雾霾相关信息的传播在内容上具有多元性和包容性。不过，正因为微博发布信息的门槛比较低，任何注册用户都可以在微博上发布并获取法律允许范围内的信息，这一方面使微博上的相关环境信息能被所有人共享，另一方面又使这些内容中不可避免地存在虚假信息，相关内容的科学性还有待提升。这导致谣言也迅速传播，比如"吃某种蔬菜可以防治雾霾侵害""内蒙古风电偷走北京大风致雾霾""加湿器成雾霾制造机"等帖子。除此之外，本研究还大致关注了微博中相关信息的发布形式和来源。在微博中，相关帖子可分为原创性帖子和转发性帖子，也可分为精选帖子和普通帖子。同时，因为微博的用户量巨大，使得帖子来源多种多样，有的来源于经过认证的企业和明星个人，也有的来源于未经认证的普通公众。帖子来源的复杂性同样使得微博中的相关内容多元化，同时也增大了微博中相关谣言的比例。

2. 微博中 PM2.5 相关内容传播案例及内容分析

在所有的媒体中，微博几乎是传播信息最快、到达面积最广的一个媒介。微博因为用户数量巨大，每个用户都是信息的发布者，因而其内容非常丰富，信息发布形式多样。本研究也对微博中的 PM2.5 和雾霾相关内容进行了简要的分析，主要是从代表性的话题内容入手，分析其创建时间、运作模式、具体内容和传播效果，从而在宏观上整理出微博在 PM2.5 相关环境问题传播过程中的特征。关于微博中相关话题的选择，主要是考虑了话题的关注量与阅读量，因而，本研究选择了微博中 PM2.5 和雾霾相关话题中阅读量最高的 #北京雾霾#（图 7-21）。

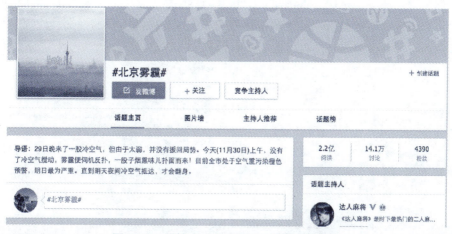

图 7-21　微博中 #北京雾霾# 话题主页截图

从图 7-21 中可以看出，#北京雾霾# 这一话题的阅读量高达 2.2 亿次，涉及该话题的微博共有 14.1 万条，聚集粉丝 4390 人，这充分显示了微博网友对该话题的关注程度。该话题的主持人显示为微博认证的企业用户"达人麻将"。其他相关话题的主持人也各不一样，在身份上并没有什么特殊性。这说明在微博世界中，创建一个话题的门槛比较低，无论是相关用户还是非相关用户都可以根据当下的热门事件发起一个话题。决定一个话题能否成为热门话题的关键便在于公众对该话题的关注度，在于该话题能否引起公众的集体讨论。在微博中，#北京雾霾# 这一话题曾多次成为热门话题，这都说明了该事件的热门程度。另外，从导语中可以看出，该话题的创建时间正是雾霾严重而频繁的冬季。

该话题之下的参与用户数量巨大，具体内容也非常丰富，有与雾霾直接相关的内容，也有与雾霾无直接关系却会涉及该话题的其他内容，有纯文字内容，有图片内容，也有文字图片相结合的内容。另外，这些微博中有许多是微博用户对当时雾霾情况的推送，有时还会用高清的图片和视频来表现雾霾。这样的微博内容形式使得该话题更像是公众对雾霾态度的大杂烩，具有随意性和包容性（图7-22）。值得注意的是，虽然整个话题的参与度比较高，但具体单条帖子的评论数量却千差万别，有些相关帖子能聚集成千上万人进行讨论和交流，另外一些帖子的评论区却门可罗雀。通过对比发现，聚集网友人数较多的微博用户往往是名人、名企或者网络红人，这些用户都具有很高的关注度，粉丝数量多，这说明微博在传播过程中具有名人效应。这种作用虽然在其他媒体中也有体现，但在微博中却表现得格外明显。这与微博本身的社交性质强、名人用户多以及用户参与的自由度高紧密相关。

图7-22 #北京雾霾#话题中的部分内容

因为对话题内具体数据获取比较难，故而笔者只能浅显地对该话题进行内容分析。从已有的内容中可以看出，因为话题门槛低，公众参与度高，故而微博在相关环境信息传播过程中具有非常强的即时性，公众可以随时随地发布和获取相关动态；同时，这些内容往往会因为网友的"吐槽"而带有很强的娱乐性和个人主观色彩；另外，微博在传播过程中名人效应表现得非常明显。

在数据可获得性的基础上，通过前文对微博中PM2.5和雾霾相关数据的统计和分析可以发现，微博在PM2.5相关环境信息传播过程中发挥了巨大的作用，其传播的速度和广度都是其他任何媒体无法比拟的。总的来说，微博在环境传播的过程中，在时间上具有非常明显的即时性，在内容上呈现出多元化特征。然而，在这样的背景下，又不得不注意到微博在环境传播过程中的缺陷，即内容缺乏权威性和科学性，微博的低准入门槛和发布信息的高自由度使得相关信息中谣言比例高，需要微博在"把关人"的作用上进一步加强。

四、对微信 PM2.5 相关内容传播的计量分析和内容分析

2011 年 1 月 21 日，腾讯公司推出了微信 App，主要用来为智能终端提供即时通信服务。所有的微信用户都可以通过移动网络即时发送免费的信息，也可以通过搜索、扫描二维码等渠道来添加好友，可以关注自己感兴趣的公众号，同时也可以将精彩的内容分享给自己的好友或朋友圈。微信目前是亚洲地区拥有最大用户群体的移动即时通信软件。截至 2015 年第一季度，90% 以上的智能手机都已安装了微信 App。微信拥有 5.49 亿的月活跃用户，覆盖 200 多个国家，20 多种语言；除此之外，微信拥有超过 800 万个品牌的公众号。这使得微信成为我国信息传播过程中一个非常重要的媒介。微信的用户量巨大，而且用户活跃度高，导致微信每日传播的信息非常多，而且其传播内容也涵盖了人们生活的方方面面。无论是政治、经济、文化，还是科学、社会、娱乐，微信都能成为这些信息流动传播的载体，在传播过程中发挥巨大的作用。因而，本研究在探讨不同媒体在 PM2.5 相关环境信息传播过程中的特征时，不可避免地要考察微信这一新兴媒体。

1. 对微信 PM2.5 相关信息传播的计量分析

微信用户要获得环境相关的科学信息，主要是通过关注相关的公众号和搜索相关的文章两种方式。因此，本研究也主要是从公众号与文章这两个角度入手，来考察 PM2.5、雾霾相关的公众号与文章的具体情况。关于微信的数据全部来自微信自有的搜索引擎，搜索关键词为"雾霾"和"PM2.5"。根据数据的可获得性和易得性，本研究对微信的考察不再考虑具体的时间节点，而将搜索时间界定为 2011 年 1 月 21 日（微信建立）至 2016 年 3 月 20 日。

（1）对微信 PM2.5 相关公众号的计量分析

如前文所述，微信目前的公众号数量巨大，其内容涉及的主题和领域也非

常广。对微信相关公众号的考察，一方面是统计分析了微信中关于 PM2.5 和雾霾的公众号数量情况、认证情况以及这些公众号的内容性质（图 7-23）；另一方面选取了比较有代表性的综合性科普公众号与专业性的雾霾（PM2.5）相关公众号，从整体上把握微信公众号在环境传播过程中的传播效果、传播特征及缺陷。

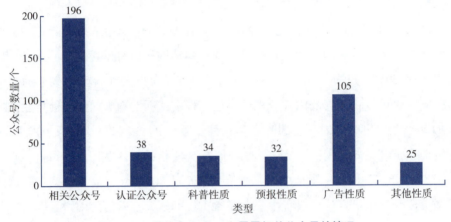

图 7-23　微信中 PM2.5 和雾霾相关公众号的情况

从图 7-23 中可以看出，微信中与 PM2.5 相关的公众号总量为 196 个，其中经过认证的公众号只有 38 个。在微信公众平台，当公众号的关注数超过了 500，就可以申请成为经过认证的公众号，而认证公众号往往能更好地取信于微信用户，从而获得更多的关注量。这说明在微信公众平台中，与 PM2.5 相关的公众号虽然不少，但多是没有经过认证的普通公众号，这样的公众号多是以个人名义打造的，背后没有企业的支撑，难以让用户产生信任感，发布的内容也往往少有用户关注，无法在微信圈内形成大范围的传播。此外，这 196 个相关公众号所关注的领域各不一样，因而其性质也有差异。按照关注点的不同，本研究将这些公众号分为科普性质、预报性质、广告性质和其他性质四种类型。其中科普性质的公众号主要关注的是 PM2.5 和雾霾相关科学知识的传播，包括其成因和如何防治等方面；预报性质的公众号主要提前发布各城市和地区的雾霾相关信息，并实时提供实地空气质量的测量指数；广告性质的公众号多由企业创立，往往是在推荐其防霾产品，内附链接至购买商城；其他性质的公众号多是一些用户抒发个人情感的平台。从图中可以看出，这些公众号中，有一半以上的公众号具有广告性质，这些广告公众号也多经过认证，而仅有34个公众号是在进行相关环境知识的科学传播。这说明，在微信中，对PM2.5相关环境信息的传播在内容上还缺乏相应的科学性和专业性，这大概是由微信用户的多元性导致的。

（2）对微信公众号传播PM2.5相关信息情况的计量分析

在上文公众号数据的基础上，本节具体考察了其中搜索排位靠前的科普性质公众号"雾霾生存指南"（微信号：wumaiguide）。这个公众号是由几位清华大学博士后联合发起的健康知识传播平台，主要用来交流雾霾环境下的生活艺术，通过实验的方法来检验那些应对雾霾的方法的可靠性。本研究在考察中发现，尽管这是一个经过认证的公众号，但其关于PM2.5和雾霾等环境问题的内容很少，而阅读量最高的文章《幼儿父母请注意：雾霾再重这些情况下孩子也不能戴口罩！》（2014年3月11日）也只达到530次，其传播内容和传播效果都极为有限。本研究还考察了另一个专业公众号"雾霾生存手册"（微信号：wmsc_520），该公众号旨在向公众介绍PM2.5、可吸入颗粒物、大气污染等与雾霾相关的科学知识，并传授各种防霾控霾手段。在这个公众号内，其文章主要是以实验结果的形式发布的，文章内容大都与人们的日常生活息息相关，是人们普遍关注的问题（表7-6），因而相对于"雾霾生存指南"公众号，其阅读量比较高，评论也比较多，微信用户的分享率相应升高，传播效果也比较好。但从表7-6中也可以看出，其文章数量较少，更新速度比较缓慢，这可能与文章内容的实验性质有关系。

表7-6　"雾霾生存手册"公众号中PM2.5相关文章统计

序号	文章标题	发布时间	评论数
1	关于空气净化器效果的实验	2015-12-02	0
2	空气质量检测仪到底哪家强？答案在此！	2015-03-02	8
3	香烟和雾霾谁更凶？	2014-11-19	10

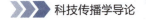

续表

序号	文章标题	发布时间	评论数
4	汽车空调能否过滤 PM2.5？雾霾天车内外 PM2.5 浓度对比	2014−11−18	3
5	下雨可以把雾霾"洗"掉吗？	2014−11−18	6
6	3M 到底靠不靠谱？	2014−11−14	11
7	如何用几十块钱降低室内 PM2.5 浓度？	2014−11−14	4
8	自扇耳光系列：中看不中用的 RESPRO 口罩	2014−11−11	21
9	自扇耳光系列：价高质次的 totobobo 口罩！	2014−11−10	15
10	雾霾天室内外 PM2.5 浓度研究	2014−08−26	47
11	室内健康躲得过雾霾？	2014−08−26	2
12	关窗开空净真的会缺氧吗？	2014−08−24	17
13	你开的是车还是移动毒气室？	2014−08−22	8
14	关于家用空气净化机效果的实验	无法获取	无法获取

关于微信公众号对 PM2.5 相关环境信息的传播，除了这些通过搜索关键词能获得的公众号之外，笔者还研究了综合性科普公众号。这些公众号关注所有的科学前沿问题，因而，对 PM2.5 等相关环境科学知识的传播，也属于其传播内容的一小部分。这类公众号中最具代表性的便是"赛先生"（微信号：iscientists）。"赛先生"微信公众号是由饶毅、鲁白和谢宇三位科学家于 2014 年 7 月 21 日共同发起并主编的科学传播平台，旨在"与科学同行，关注科学与文化"，它不仅是科学家们建言国家和社会的平台，也是一份具有可读性的科学读物。本研究统计了"赛先生"公众号中关于 PM2.5 和雾霾等环境问题的所有文章，如表 7−7 所示，考察了其对 PM2.5 相关环境问题的传播效果和传播特征。此外，建立"赛先生"公众号的三位科学家后期因为各种原因离开，重新创建了新的具有类似性质的科普公众号"知识分子"（微信号：the-intellectual），本节对知识分子公众号中的相关文章也进行了统计整理，如表 7−8 所示。

表 7-7　"赛先生"公众号中 PM2.5 相关文章统计

序号	文章标题	发布时间	阅读量与点赞量	作者
1	PM2.5 的时空分布：冬天最高，下午最低	2015-11-05	25130；54	章炎麟、曹芳（南京大学）
2	空气污染与人口死亡	2015-09-30	18201；37	张明辉（马克斯·普朗克化学所）
3	中科院揭秘："APEC 蓝"到底怎么回事？	2015-06-07	34918；35	中科院合肥物质科学研究院；中科院大气物理研究所；中科院生态环境研究中心
4	这么多年，你还叫它"沙尘暴"？	2015-04-16	75281；254	张宏仁（国际地质科学联合会前主席）
5	穹顶下之问：雾霾和儿童癌症有关系吗？	2015-03-03	77029；241	菠萝（癌症生物学博士）
6	清华教授：如何在雾霾天保护自己和家人	2014-11-26	45068；61	赵彬（清华大学建筑学院建筑技术科学系）
7	专家解析：雾霾和人类活动有什么关系？	2014-11-20	7111；18	蒋靖坤（清华大学大气污染与控制教研所）
8	清华教授解析雾霾：何时最危险	2014-11-19	100000+；104	田埂（清华大学医学院）
9	民间预报雾霾：三科学家发起空气质量预报	2014-08-06	6625；16	胡泳涛、谢绍东（美国佐治亚理工学院）、王雪松（北京大学环境科学学院）

注：数据截止时间：2016 年 3 月 20 日 17:00。

表 7-8　"知识分子"公众号中 PM2.5 相关文章统计

序号	文章标题	发布时间	阅读量与点赞量	作者
1	最新出炉！北京、上海、广州、成都、沈阳五城市 PM2.5 污染状况	2016-03-18	21497；46	陈松蹊课题组（北京大学光华管理学院、北京大学统计科学中心）
2	告别供暖季：数据解读城市增加了多少 PM2.5？	2016-03-18	2403；8	陈松蹊课题组（北京大学光华管理学院、北京大学统计科学中心）
3	雾霾或致肺癌发生率明显上升，女性更敏感	2015-12-26	59023；173	吴一龙（广东省人民医院副院长、肺癌研究所所长）
4	冬季供暖是重度雾霾的元凶吗？	2015-11-12	14983；71	陈松蹊课题组（北京大学光华管理学院、北京大学统计科学中心）

注：数据截止时间：2016 年 3 月 20 日 17:00。

从表7–7、表7–8可以看出，"赛先生"公众号和"知识分子"公众号中 PM2.5 相关文章虽然在数量上并不多，总共只有13篇，但每篇文章的质量都非常高，都来源于相关领域的科学家和工作人员，因而其内容具有科学性和专业性。而且，与期刊中学术性文章的晦涩难懂不同，这些文章都经过编辑的进一步修改和简化，易读性提高，更容易被公众理解并进行讨论和交流。另外，这些文章的主题贴近人们的生活，大多是在解答生活中的困惑，拉近了科学家与公众之间的距离，实用性较强，因而这些文章都具有较高的阅读量，获得的点赞数和分享率也很高。总的来说，在微信公众号的传播过程中，公众关于 PM2.5 的相关科学知识更多地是来自严肃的科普公众号，因为它们的相关文章数量虽然不多，但内容更具科学性、专业性和权威性，文字表达更加灵活多元，因而传播范围广，受众接受度高，公众反馈率高。

在微信中，用户除了通过关注公众号来获取相关科学知识的内容推送，还可以主动在搜索栏中输入关键词进行相关文章的搜索。在考察中发现，微信中关于 PM2.5 和雾霾等环境问题的内容除来自公众号发布的文章之外，还有些来自微信对接的其他网站，包括凤凰新闻、搜狐新闻、中国之声、中国经济网等门户网站。这一方面使环境信息的来源变广，用户可以通过微信得到更多的相关新闻和报道，另一方面又造成了文章内容杂芜。总的来说，通过对微信中 PM2.5 相关环境信息的多方位考察，可以发现，微信作为移动终端新媒体，在环境传播过程中发挥了巨大作用。微信用户数量多，活跃度高，信息的传播速度加快，传播范围变广，一个环境话题往往能得到公众充分的交流和讨论。从信息来源和信息质量来看，专门的科普公众号还不多，导致微信中的环境信息在整体上缺乏科学性和专业性。

2. 微信中 PM2.5 相关内容传播案例及内容分析

从上文对微信中 PM2.5 和雾霾相关文章的数据的整理和分析中可以看出，微信公众号中关于雾霾和 PM2.5 的文章既有纯科学性的科普文章，也有反思雾霾成因的社会时评。这些文章依托微信这一社交平台，往往能在大范围内传播，同时微信用户也能对这些文章进行比较深入的探讨和交流。本研究对微信公众号内的雾霾相关文章进行了简单的内容分析，主要从发布时间、发布平台、内容撰写和产生效果几方面来把握微信在环境传播过程中的特征。对公众号相关文章的选取，一方面考虑了公众号本身的性质，另一方面也考虑了具体文章的阅读量，综合这两个因素，本研究选取了"赛先生"中阅读量突破 10 万的《清华教授解析雾霾：何时最危险》一文。

"赛先生"中的《清华教授解析雾霾：何时最危险》一文的作者署名田埂，是清华大学医学院教授。文章根据医学院的雾霾研讨会整理，正式发布于 2014 年 11 月 19 日。从来源上看，文章理论上会具有相当程度的科学性和专业性。从发布时间上看，该文章发布于"赛先生"公众号创建后不久，是"赛先生"发布的与 PM2.5 和雾霾相关的第二篇文章，此时不仅是公众号逐渐进入公众视野的时期，也是当年雾霾逐渐严重的冬季。而且这段时间前不久，北京刚召开了亚太经合组织（APEC）会议，天空呈现出"APEC 蓝"，这种背景使公众对雾霾的敏感度比较高，公众会非常关心有关雾霾问题的信息。两方面的原因使这篇文章的关注量剧增，累计阅读量超过 10 万次。

从这篇文章的标题来看，它主要关注一天中雾霾何时最危险的话题，但在具体内容中，却非常全面地介绍了与雾霾相关的很多问题，比如"什么是雾霾和 PM2.5""雾霾是如何形成的""雾霾的健康危害""一天中什么时候雾霾最严重""室外雾霾对室内环境的影响""如何在室内消除雾霾影响"以及"我们应该如何治理雾霾"。每部分内容都是公众非常关注的话题。文章还对空气净化器的选择和使用提出了科学的建议，这与人们的生产生活息息相关。作者将这些内容全面又简洁地融合在一篇文章之内，大大提高了这篇文章的可读性和易读性，很容易引起读者的阅读兴趣，读者也愿意将文章分享至朋友圈，从而吸引更多人来阅读。这篇文章不仅在微信平台内阅读量极高，同时也被许多其他网络媒体转载，笔者以"田埂"和"雾霾"为关键词在百度中搜索，就发现这篇文章在百度贴吧、猫扑网、天涯论坛等平台中也有出现，而且点击量都比较高。

通过对微信公众号部分文章的分析可以看出，微信对 PM2.5 和雾霾相关问题的传播在内容上是比较全面的，带有科普性质的文章语言比较轻松，内容比较贴近生活，这有利于降低阅读难度，提升微信用户的阅读兴趣。

3. 移动社交媒体在 PM2.5 相关环境内容传播中的特征

在上文中，本研究主要从 PM2.5 相关环境内容的数量、内容、来源和传播效果几个方面，对微博和微信这两个移动社交媒体进行了统计和分析。在分析中发现，移动社交媒体拥有庞大的用户群，获取信息的方式很简便，往往能在第一时间将相关信息进行发布和传播，因而具有即时性。在移动社交媒体的世界中，每个用户都是一个信息源，每个人都可成为信息的发布者，发布的内容通常会因人而异，涉及日常生活的方方面面，这导致移动社交媒体的传播内容与门户网站一样，具有多元性和包容性。最重要的是，移动社交媒体因为庞大和活跃的用户群，其传播范围非常广，而且用户能对这些信息进行讨论和交流。从科学与公众的关系角度来看，移动社交媒体的互动性非常高。但值得注意的是，在移动社交媒体中，因为信息的发布门槛降低，用户的科学素养水平各异，所以发布的信息五花八门，其中会掺杂谣言。这些不实信息也会呈现出爆炸式的传播，导致整体内容的科学性受损，从而对用户造成误导。

五、对科学网博客关于 PM2.5 相关内容传播的实证研究

科学网博客也是网络社区的一种形式。科学网博客的博主主要是由科学家群体和相关知识分子群体构成的，宗旨在于构建全球华人的科学社区。在科学网里，每个博主都有自己的博客地址，他们在博客中记载自己的生活与工作，介绍、探讨自己关心的科学问题，随时与别人分享自己的思想与见解。注册科学网博客的用户可以与自己感兴趣的其他博主互加好友，也可以加入自己感兴趣的群组，随时关注其动态，与他人进行有关科学主题的观点探讨。此外，科学网博客还设有评论区，用户登录后可以对相关博文进行评论，也可以将优秀博文收藏，或分享至 QQ 空间、微博、微信、人人等外接媒体。科学网博客号称全球最大的中文科学社区，汇集了成千上万学术背景各异的海内外学者、研究生、本科生。不同的学术背景使科学网博客中的博文内容也涉及科学领域的方方面面，PM2.5 和雾霾相关的环境问题科学博文也在其中。因而，科学网博客可谓一个非常重要的科学传播平台，作为网络社区新媒体的一种，在科学的传播过程中发挥了巨大的作用。

1. 对科学网博客 PM2.5 相关内容传播的计量分析

本研究主要从博文数量演变过程、博文涉及学科、博文作者，以及博文的

传播效果几方面来对科学网博客进行数据分析。对博客中相关数据的获取，本研究主要使用网络爬虫技术，抓取该网络社区中所有与 PM2.5 和雾霾有关的博文，而后进行相关数量统计和分析。基于数据的可获得性，共抓取相关数据5540 条，在这些数据的基础上，进一步获得科学网博客中 PM2.5 相关博文的数量随时间演变的过程（图 7-24）。

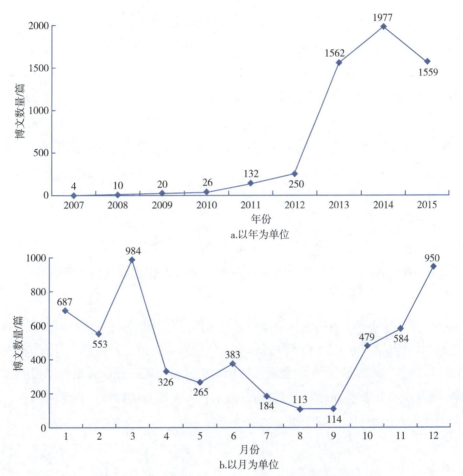

图 7-24 科学网博客中 PM2.5 相关博文数量演变过程

注：基于数据可获得性，抓取数据的时间区间为 2007 年 3 月至 2015 年 12 月。

图 7-24a 展示了科学网博客中 PM2.5 相关博文数量 2007—2015 年的演变过程。从图中可以看出，科学网博客中 PM2.5 相关博文的数量在 2010 年（含）

之前还比较少，这说明在北京 PM2.5 问题引发公众关注之前，科学网博客中就有科学家博主关注并探讨 PM2.5 问题了，但主要是小范围的讨论。2011 年之后，科学网博客中的 PM2.5 相关博文数量迅速增长，至 2014 年达到顶峰。而且，在对 2011 年的相关博文数量进行统计时发现，博文数量从 2011 年 11 月开始快速增长（10 月为 9 篇、11 月为 29 篇、12 月为 79 篇），这很明显是因为受到微博 PM2.5 相关内容（发表于 2011 年 10 月 22 日）的影响，科学家和知识分子群体开始关注与 PM2.5 相关的环境问题。另外，从图 7-24a 还可以看出，从 2013 年开始，科学网博客中 PM2.5 相关博文数量几乎呈垂直上升趋势，2012 年 12 月仅 9 篇，2013 年 1 月便上升至 223 篇，这可能与 2013 年 1 月爆发的大范围持续性雾霾有关。那次雾霾持续了很久，整个 1 月份仅有 4 天空气优良。此外，在对 2015 年的 PM2.5 相关博文进行统计时发现，该年相关博文数量最多的月份为 3 月（431 篇），这可能与 2 月 28 日柴静推出的调查视频《穹顶之下》相关。这说明，科学网博客对 PM2.5 相关环境问题的关注会受到社会热点事件的影响，而且相关博主往往能在第一时间对该问题进行科学性质的分析和讨论。

图 7-24b 展示了科学网博客中 PM2.5 博文数量随月份变化的趋势。从图中可以看出，一年中的第一季度和第四季度是 PM2.5 相关博文的密集发布时间，第二季度和第三季度则发布较少，这很明显与北方冬季雾霾高发紧密相关。第二、第三季度尽管博文数量较少，但也能保证每月发布十几篇原创博文。这说明，科学网博客在 PM2.5 相关环境问题的传播过程中，一方面关注当下社会热点问题，具有即时性，另一方面又对 PM2.5 相关环境问题保持着持续性的关注，每个时间段都会有相关博文产出。

除了从 PM2.5 相关博文数量的演变过程考察，本研究还进一步考察了这些博文的来源，对博主的身份进行识别，统计了科学网博客中发布 PM2.5 相关博文数量最多的 20 位博主（图 7-25），在此基础上，挑选了具有代表性的几位博主的相关博文进行内容分析和传播效果考察（表 7-9）。

从图 7-25 可以看出，在科学网博客中发布 PM2.5 相关博文的博主几乎都是相关科学领域的专家和学者，还有"科学报官微"与"科学出版社"这种科普媒体，这在很大程度上保证了博文的科学性与专业性。另外，这些专家和学

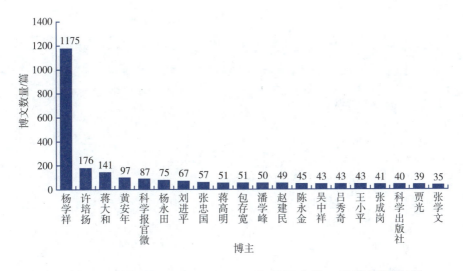

图 7-25　科学网博客中发布 PM2.5 相关博文数量多的 20 位博主数据统计

者都分布在不同的科学领域，关注的话题角度也往往不一样，因而其 PM2.5 相关博文涉及的领域和范围也各有侧重，有关注全球变化的（杨学祥），有关注环境科学与工程的（蒋大和），也有关注医学的（许培扬）。从整体上来看，科学网博客相关博文关注的领域往往非常广阔，兼容并包，这使科学网博客传播的相关科学知识具有多元性和包容性。

　　在对上述统计数据的基础上，本研究进一步考察了发布博文数量最多的博主杨学祥（博客地址：http://blog.sciencenet.cn/u/ 杨学祥）以及他发布的相关博文，并分析了他的部分博文的传播效果。杨学祥在退休前是吉林大学地球探测科学与技术学院的一名教授，主要进行与地球动力学、自然灾害和全球变化相关的科学研究。他认为盲目的生产是对自然资源的巨大浪费，这样的研究方向使他非常关注与 PM2.5 相关的环境科学问题，试图将这一环境问题与全球环境变化联系起来。杨学祥在科学网博客中的数据显示，其博客已有 1800 多万人访问过，发布博文数量为 11100 篇（截止时间：2016 年 3 月 21 日），其中关于 PM2.5 和雾霾的博文有 1175 篇，在科学网博客圈中是一个比较高产的博主。本研究在他有关 PM2.5 的博文数据基础上，根据阅读量排序，整理出了阅读量靠前的 10 篇文章，如表 7-9 所示。

表 7-9 科学网博主杨学祥部分博文情况

序号	标题	发布时间	关键词	阅读量、推荐数、评论数
1	雾霾的危害：危及健康、交通、粮食、流感、低温	2014-02-08	雾霾、流感、低温、粮食、交通拥堵	5054；3；0
2	2014 年是全球极端灾害频发年：高温、干旱、雾霾和强震	2014-01-04	高温、干旱、雾霾、强震	4286；3；0
3	2014 至 2016 年月亮赤纬角最小值有利于 PM2.5 浓度降低	2013-02-12	PM2.5、自然因素、月亮赤纬角、地震、地下排气	4110；1；0
4	雾霾的季节性特征和潮汐组合类型的关系	2013-12-25	雾霾、潮汐组合、强潮汐时期、季节性特征	4007；2；1
5	中国雾霾能飘到美国：中国的雾霾来自何方？	2014-02-19	雾霾、棕色云团、大气环流、整体防治	3664；5；6
6	2013 年北京上半年雾霾天气天数与雾霾潮汐组合关系	2013-12-26	雾霾、潮汐组合	3415；1；0
7	2014—2016 年干旱的前兆：2013 年高温、雾霾和暖冬	2014-01-27	拉马德雷冷位相、月亮赤纬角、高温干旱	3411；3；1
8	北京雾霾的拉马德雷周期	2013-03-14	雾霾、拉尼娜、拉马德雷	3332；5；0
9	全球雾霾的准 60 年周期：从伦敦雾都到北京雾霾	2013-12-28	雾霾周期、拉马德雷、冷位相、灾害链	3308；5；5
10	北京雾霾 6 大贡献源查明 化石燃料成主要来源：跨境传输值得关注	2013-12-31	雾霾、沙尘暴、大气环流、远距离输送	3001；8；9

　　通过对这十篇文章关键词和内容的分析，可以看出，这些文章多是在阐述 PM2.5 与潮汐之间的关系，这与博主的学科背景是紧密相关的。从其他博主的相关文章里也可以看出，许多博文都与博主的学术经历息息相关，多是在博主自身的学术基础上做相关的科学探讨，这在很大程度上保证了传播内容的科学性和专业性。当然，这也与科学网博客的性质是一致的。科学网博客是一个科学社区，科学家和知识分子在这个社区内交流和探讨科学问题，这本身就在很大程度上保证了传播内容的科学性与专业性。表 7-9 中还展示了这些博文的阅读量，杨学祥的许多 PM2.5 相关博文阅读量都已过千，推荐数和评论数也不

少，而且对这些博文进行推荐和评论的科学网用户也多是关心这一环境问题的科学网博主。在考察这些博文的过程中发现，与杨学祥互动率最高的博主是蒋大和，后者是同济大学环境科学与工程学院教授，在科学网博客中发布了 141 条与 PM2.5 相关的科学性博文，这说明至少在科学共同体之内，科学网博客在相关科学传播过程中，互动性是非常强的。

　　总的来说，通过对科学网博客中的 PM2.5 相关博文进行数据统计和分析，可以发现，科学网博客在与 PM2.5 和雾霾相关的环境问题传播过程中，一方面能迅速对社会热点进行反应，具有即时性，另一方面又会在较长时间范围内比较稳定地关注这一问题，具有持续性。博文内容多与博主的学术经历相关。因而博文内容一方面具有多元性和包容性，另一方面具有科学性与专业性。此外，科学网博客只要博主不特别设置，网友便可以对其内容进行搜索浏览，可在注册之后发布评论，与博主本人进行深度交流和探讨，也可以将自己感兴趣的博文随时分享至其他社交媒体，这不仅保证了传播过程的普惠性、共享性和互动性，也使这些科学内容能形成一定范围内的传播。但值得注意的是，科学网博客在本质上是一个科学家和知识分子群体的交流社区，尽管其内容比较容易获得，但比较专业和晦涩，许多普通用户可能无法看懂，从而影响传播效果。

2. 科学网博客中 PM2.5 相关内容传播案例及内容分析

　　科学网博客中除科学家发布博文，还会针对当前的热点问题建立相关的博文专题，专题里会包含许多优秀的针对该热点进行探讨的博文。本研究在上文数据的基础上，进一步考察了科学网博客中的雾霾和 PM2.5 专题情况，并对专题内的相关文章进行了简单的内容分析。通过搜索发现，科学网博客中共有两个雾霾专题，即"重霾围城，谁是罪魁祸首？"（内含 20 篇博文）和"空气污染和 PM2.5"（内含 127 篇博文）。前一个专题中博文的发表时间区间为 2015 年 11 月 14 日至 2016 年 1 月 15 日，主要是在当时雾霾严重的背景下探讨雾霾的成因；后一个专题中博文发表的时间跨度比较长，最早可追溯至 2011 年 12 月 5 日，最新的博文发表时间为 2015 年 6 月 13 日，该专题包含博文数量多，聚集了大量的科学家博主，探讨的问题也比较广泛，有介绍 PM2.5 和雾霾概念的，有探讨雾霾成因的，也有记录生活的日志。在对科学网博客进行内容分析时，本节主要选取了后一专题，对专题中两篇具有代表性的文章进行考察。

在"空气污染和 PM2.5"专题中,发表博文最多的作者为蒋大和,共有 46 篇相关博文。蒋大和的博文既有单纯的科普文章,也有针对当前热点的时事评论。在专题内蒋大和的所有博文中,阅读量最高的是《关于北京的 PM2.5、灰霾或雾霾》,这也是科学网博客中的精选博文,发表于 2011 年 12 月 8 日,至今共有 14295 次阅读。从文章的内容看,其中关于 PM2.5 和雾霾的讨论实际上只是博主一系列 PM2.5 文章的开头部分,其他部分散落在他的另外三篇文章中。这四篇系列性文章都写于 2011 年 11—12 月,正处于雾霾污染严重的冬季,媒体和普通公众都对雾霾表现出高度关注,但当时社会上关于 PM2.5 和雾霾的科普知识并不多,蒋大和作为研究大气环境与全球气候变化的专家,对相关问题进行重点关注并写作科普博文完全在情理之中。此外,从写作形式看,这几篇文章都是"图说"式的,用许多图片来支撑博主的观点。针对这一问题,蒋大和解释说是因为自己刚学会在博文中上传和插入图片,便产生了写一个"图说我国空气污染"博文的想法。[①] 在文章内容中,博主借助图片主要探讨了四个问题。第一是解释了什么是"一次污染"和"二次污染",认为控制它们应使用不同的方式;第二是通过网友叠加的 PM2.5 全球浓度分布图与机动车拥有量超过 200 万的城市分布图,发现机动车保有量和 PM2.5 浓度没有明显的正比相关性;第三是通过自己积累的当时由环保部每日发布的城市空气污染指数 API 实测数据,认为不能抹杀我国已经进行的努力和达到的成效;第四提出"两控区"[②] 政策有可能是引起北方 PM2.5 严重污染的政策性原因。与学术性文章中对字句的谨慎推敲不同,这篇文章虽然同样具有科学性,但在语句上比较随意轻松,更多的是作者自己的科研笔记,使人读起来不觉晦涩,普通的网友也可以理解其中意思。作者在文中并不笃定地表达自己的观点,而是使用了许多问句,字里行间透露出想要交流探讨的明显态度,因而,在这篇文章的评论区,有许多针对相关问题与博主的探讨。

---

① 见蒋大和的博文序言:蒋大和. 关于北京的 PM2.5,灰霾或雾霾 [EB/OL].(2011–12–08)[2015–06–30]. http://blog.sciencenet.cn/blog–609047–516218.html.

② 两控区,环保领域的专有名词,是酸雨控制区或二氧化硫污染控制区的简称。《大气污染防治法》规定,根据气象、地形、土壤等自然条件,可以将已经产生、可能产生酸雨的地区或者其他二氧化硫污染严重的地区,划定为酸雨控制区或者二氧化硫污染控制区,即"两控区"。

在该专题中，另一篇比较有代表性的博文，题为《可怕的空气污染》，作者为施一公，发表于 2011 年 12 月 5 日。这篇博文不仅是科学网博客中的精选博文，也是该专题内阅读量最高的文章，高达 92375 次，较之前一篇文章，这篇文章更多的是生活日志，通过博主自己的生活体验表达了对空气污染的担忧，同时简单地介绍了空气污染特别是雾霾和 PM2.5 对幼儿身体健康的影响，最后表达了自己对治理空气污染的期望，希望采取措施，尽快改善目前的空气污染状况。这篇文章从整体上看，并不是严格意义上的科普博文，而是从日常生活体验入手来表达自己的观点，字字恳切，很容易拉近与读者之间的距离，使读者感同身受，产生赞同感。因而，这篇文章获得的评论也比较多，共有228 条，推荐人数达 343 人，无论是从阅读量还是从互动性上来看，都显示了比较好的传播效果。

通过对该专题情况的大致考察，以及对专题内两篇代表性文章的内容分析，可以发现，科学网博客中的 PM2.5 相关博文在主题的选择上主要还是依赖博主自己的学术兴趣和关注领域；发布时机的选择也比较随意，遵从博主自己的习惯，属于自发性质。这些博文内容涉及的范围非常广阔，形式多样，不过，除博主自己的生活随笔之外，大多数文章还是带有科普性质的对相关问题的科学解读。值得注意的是，这些博文与期刊上的学术文章相比，文笔更加轻松，公众更容易理解，也更容易与博主交流和探讨，也就使得这些文章有更好的传播效果。

六、新媒体 PM2.5 相关内容传播研究小结

新媒体在 PM2.5 相关内容传播过程中发挥了巨大的作用，其传播特征主要表现在以下几个方面。

第一，新媒体 PM2.5 相关内容传播具有即时性和一定程度的连续性。从对以上案例的分析中可以看出，新媒体往往能在第一时间对环境问题做出反应，对这些问题进行报道和传播；虽然新媒体对这些环境问题的传播多是集中在冬季，但在平时仍会有一定数量的持续性报道。

第二，新媒体的传播内容具有多元性和包容性。无论是综合性网站还是专业性网站，其传播内容往往会涉及社会的各个领域，关注人们生活的方方面

面，这体现了传播内容的多元性。在像微博、微信、果壳网和科学网博客这样的新媒体形式中，每个用户都可能是一个信息源，因而发布的信息内容也会因人而异，每种观点都能在这里寻求到安放点，这体现了传播内容的包容性。此外，新媒体的准入门槛相对于传统媒体来说要低一些，每个用户都可以在注册后看到相关的环境信息，这也说明新媒体的传播内容具有共享性和普惠性。

第三，新媒体传播范围广，传播效果优于传统媒体。如上所述，与传统媒体不同，新媒体的准入门槛低，信息获取便捷，相关资源丰富，每一个用户都可以寻找到自己需要的环境信息，都有可能成为信息的发布者。

第四，新媒体在 PM2.5 相关内容传播过程中，在处理科学（环境信息）与公众的关系时，互动性非常高。通过新媒体，公众可以根据自己的兴趣爱好形成无数个开放式的共同体，既可以比较自由地发布自己的观点，也可以对别人的观点进行评论，然后通过深度交流和讨论加深各自对特定环境问题的认识和理解，并在很大程度上能群策群力，聚集每个人的智慧，推动相关环境问题的解决。

总之，我国新媒体在 PM2.5 相关内容传播过程中，在时间上具有即时性和一定程度的连续性，在内容上具有多元性、包容性、共享性和普惠性，在传播效果上传播范围广，在处理科学与公众的关系上，呈现出互动性强的特征。不过，值得注意的是，虽然新媒体相对传统媒体具有许多优势，但也有缺陷。其中，最明显的缺陷便是传播内容并不总是具有科学性和专业性，因为新媒体的准入门槛低，信息来源复杂，信息数量巨大的同时也增大了谣言的比例，而且这些谣言也会因此而迅速传播，信息的可靠性与可行性便大打折扣。

第八章

科学技术博物馆和科学中心研究

科学技术博物馆和科学中心，在我国是一项方兴未艾的事业，并且已成为一个巨大的"产业"。据2013年度全国科普统计数据，全国共有科技馆380个，科学技术博物馆678个，青少年科技馆（站）779个，分别比2012年增加了16个、46个和40个。据2014年度全国科普统计数据，截至2014年年底，全国共有科技馆409个，科学技术博物馆724个，分别比2013年增加了29个和46个。全国科技馆共有4192.31万参观人次，比2013年增长了12.27%。全国科学技术博物馆共有9914.62万参观人次，比2013年增长了0.95%。

然而，与我国科学技术博物馆和科学中心的快速发展和丰富实践相比，有关理论研究严重滞后。本章拟就科技博物馆和科学中心的有关理论和实践问题做一些探讨。

第一节　科学技术博物馆的界定及分类 [①]

一、科学技术博物馆的界定

在我国科普统计中，"科技馆"和"科学技术博物馆"是作为两类场馆来

---

① 本节内容来源于在第八届湖北科技论坛分论坛——2015·华中科学传播与科学教育高层论坛（武汉，2015年10月16日）上做的报告，并以《国际科技博物馆和科学中心的发展阶段、趋势及其对我国的启示》为题原载于《科学教育与博物馆》2015年第6期，作者为刘立。

统计的。科技馆指的是以科技馆、科学中心、科学宫等命名的，以展示教育为主，传播、普及科学的科普场馆；科学技术博物馆包括科技类博物馆、天文馆、水族馆、标本馆及设有自然科学部的综合博物馆等。任福君等人则认为，科技类博物馆包括科学中心（科技馆）、自然类博物馆（自然博物馆、天文馆、地质博物馆等）、工程技术（专业）科技博物馆。由此可见，在国内"科技馆""科技博物馆""科技类博物馆"等概念处于混用状态，并没有一致的定义。

在国际上，也尚未见到关于科学技术博物馆（以下简称"科技博物馆"）的统一界定。即使是《科学技术传播百科全书》，也未对"科技博物馆"提出一个明确的界定。这里笔者拟借鉴国际博物馆协会（ICOM）对"博物馆"的定义，提出科技博物馆的界定。国际博物馆协会提出：博物馆是一个以研究、教育、欣赏为目的而征集、保护、研究、传播和展出人类及人类环境的物证的、为社会及其发展服务的、向大众开放的、非营利的永久性（固定性）机构。基于此，笔者提出：科技博物馆指那些征集收藏、保存保护、研究、传播和展示自然物以及人类所创造的科学、技术、工程和产业成果的，可供公众参观、学习和休闲的，具有公益性质的场馆和场所。

根据这个定义，科技博物馆有如下特点。

（1）科技博物馆既指有建筑物的、有顶盖的场馆，如中国科技馆；也包括露天的、园囿性的场所，如植物园（北京植物园、华南植物园）、地质公园（黄山地质公园）、自然保护区（神农架自然保护区）等。后者也称园囿性博物馆。人们通常所说的科技馆，指的是有场馆的科技馆，即狭义的科技类场馆。

（2）科技博物馆的对象，包括自然物（如北京自然博物馆中的东西），也包括人工创造物（如汽车、火车、飞机等物品和物理、化学、生物等学科）。可以认为，科技博物馆是科学、技术、工程、产业以及自然的一个替代性存在场所。

（3）博物馆的主体活动和功能是：征集收藏、保存保护、研究、传播和展示自然物和人工物。

（4）博物馆是面向公众开放的、可供公众参观的场所，公众可在那里进行非正规学习，也可以在那里休闲娱乐。

（5）博物馆具有公益性，特别是公立的博物馆。即使是私立的博物馆，在很大程度上也是公益性的，可收费也可免费。

二、科技博物馆和科学中心的分类

国内外科技博物馆和科学中心林林总总，名称也五花八门。笔者尝试按两个维度对科技博物馆进行划分。一个维度是看科技博物馆强调收藏品还是强调互动性，另一个维度是看科技博物馆是综合性的还是专业性的。这样就形成了一个象限分类图，把科技博物馆分为四类（图8-1）。

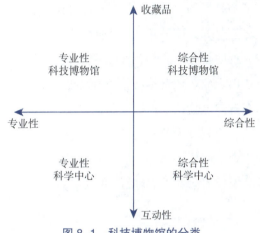

图 8-1　科技博物馆的分类

第一类，综合性科技博物馆，如柏林科技博物馆。

第二类，综合性科学中心，如旧金山探索馆、安大略科学中心、中国科技馆、广东科学中心、合肥市科技馆。

第三类，专业性科技博物馆，如伦敦自然博物馆、曼彻斯特科学与工业博物馆、奔驰博物馆、爱因斯坦博物馆、中国人民革命军事博物馆、中国邮电博物馆、中国铁道博物馆、中国航空博物馆、北京汽车博物馆。

第四类，专业性科学中心，如北京天文馆、长春中国光学科学技术馆。

需要指出，上述分类是一个"理想类型"分类。现实中，一些强调收藏品的科技博物馆也引入了科学中心的元素——互动性展品。新建的西藏自然科学博物馆是科技馆（科学中心）、自然博物馆和展览馆"三馆合一"。我国很多科技馆，虽然其英文名中使用了"Museum"（博物馆），如中国科技馆，其英文名是"China Science and Technology Museum"，但主要是"科学中心"，强调互动性，缺乏收藏品。我们观察到一个趋势，一些科学中心意义上的科技馆引入了或拟引入收藏品，如上海科技馆新建了拥有大量收藏品的上海自然博物馆。湖北省科技馆新馆拟引入科技史收藏品或仿制品。个人认为，一些新建科技馆如河南省科技馆新馆，应引入科技史收藏品或仿制品，一些老馆也应更新换代，补收藏品这个"短板"。

更广泛地讲，考虑到某些省份或地区缺乏科技博物馆，新建的大型科技馆如河南省科技馆新馆，应以综合性科学中心为主体，兼顾综合性博物馆（收藏多个领域的收藏品）、专业性科技博物馆（以某一或某些地域的历史性"镇馆之宝"为鲜明特色）、专业性科学中心（以某一专业领域的互动展品为主，形成鲜明特色）。又考虑到某些省份或地区缺乏自然博物馆，新建的或扩建的科技馆也应兼顾自然博物馆的功能，如上海科技馆、西藏自然科学博物馆都包括有自然博物馆。再加上当代科学技术日新月异，不断出现热点主题，新建的科技馆应有较大面积的处理"应急"展览的临时展览馆。总之，新建科技馆可以考虑"四位一体"：综合性科学中心、科学与工业博物馆（历史收藏品和仿制品）、自然博物馆、临时展览馆。

第二节　科技博物馆和科学中心发展的四个阶段

据施勒（Schiele）的研究，科技博物馆和科学中心的发展经历了以下四个阶段，各有其特点。

一、第一阶段：展示技术发展史

一般认为，现代意义上真正的博物馆是 1683 年在牛津建立的阿什莫林博物馆。最早一批科技博物馆主要出现在工业革命时期。世界上第一个国际博览会 1851 年在伦敦举办，展览结束后，为展览搭建起来的建筑物及展品就促成了 1857 年伦敦科学博物馆的建立。1903 年建立的维也纳技术博物馆充分利用了 1873 年维也纳国际博览会的展品。它们所展示的主题主要是技术，兼顾科学；其目的是教育公众，让他们了解基本的技术原理；它们关注的时段是过去。早期的科技博物馆主要展示历史上的收藏品，尤其注重收藏品的历史价值、新奇性和多样性。展品布置样式多年来一成不变。

二、第二阶段：展示当代科学技术，提高公众知识水平

这个阶段代表性的科技博物馆有 1930 年建立的纽约科学与工业博物馆、1933 年建立的芝加哥科学与工业博物馆和 1937 年建立的巴黎发现宫。

它们主要展示当时科学技术的进展；对公众进行教育和灌输，让他们了解科学的原理和科学的技术应用。它们关注的时段包括过去，但更多的是现在。它们不仅展示收藏品，更多的是引入了大量的展品，这些展品多年来一成不变。科技博物馆内还为公众提供科学实验演示，展现当时科学的进展和成就。

三、第三阶段：让公众接触科学技术，促进知识为民所有

1969 年建立的旧金山探索馆和安大略科学中心真正开启了"科学中心"的时代。1973 年国际科学技术中心协会的成立，象征着科学中心从科技博物馆中派生出来。

这些科学中心的愿景是让公众理解科学，体验科学方法，了解科学进展；其目的是促进公众积极主动地学习科技知识，鼓励观众参与科技活动。它们关注的时段不再是过去，而是现在和未来。科学中心推出了大量可上手操作的展品，也鼓励观众参与制作展品。展品更新换代的周期比科技博物馆要快。科学中心很重视观众的体验和满意度。

四、第四阶段：突出科学技术与社会的互动关系，突出双刃剑效应

这一阶段新出现的科技博物馆和科学中心主要有：1977 年建立的新加坡科学中心、1986 年建立的巴黎科学与工业城、2004 年建立的巴塞罗那宇宙盒科技馆。

它们的展示主题是科学和技术对当代社会的影响；其目的是让公众理解科学，知晓科技的社会影响；它们关注过去、现在和未来三个时段。其主要展示方式是临时展览和举办活动，展品频繁更新换代。它们表现科技的新奇性和未知性；注重对公众进行科学的社会影响方面的教育，使他们认识到科技既有正面积极效应，也有负面消极效应。

概言之，第一阶段是技术史博物馆阶段，第二、第三阶段的科技博物馆聚

焦于当代科学，第四阶段的科技馆侧重于科学与社会之间的相互作用。虽然每一阶段都代表着一种新的发展趋势，但这并不意味着后一个阶段是对前一个阶段的取代。相反，每一个新阶段都可以认为是对科技博物馆和科学中心已有理念、内容建设、展示方式的丰富和发展。所以，现代科学中心并不排斥，甚至引入了科技史的传统展览，如巴黎拉维莱特科学城举办了"达·芬奇：项目、设计与机器秀"展（2012 年 10 月至 2013 年 8 月）；而那些侧重非互动型藏品的科技博物馆也不排斥加入互动的元素，如伦敦科学博物馆开设了面向 5—8 岁孩子的互动展厅。

第三节　科技博物馆和科学中心的发展趋势及启示

笔者综合奇滕登（Chittenden）、施勒等前人的研究成果，加上笔者自己的观察发现，概括出国际科技博物馆和科学中心当代发展的十个趋势，并结合我国的国情，得出了若干启示。

一、展教方式从灌输式到启发式，从讲解型到动手型

考虑到我国国情，尤其是我国公民科学素质总体水平相对低的现状，我国科技馆应兼顾灌输式和启发式两种展教方式，开展科学传播与普及教育，并逐步从灌输式走向启发式。

实际上，在我们国家，观众特别喜欢听讲解员对展品进行讲解，所以我们需要坚持讲解型的展教方式，培养更多优秀的讲解员，同时也要鼓励观众尤其是青少年在操作中学习，在做中学。

二、展教内容从经典科学到新兴科学

目前在我国科技馆，展示的大多是已经被证明为真理的科学常识，比如牛顿三大定律、DNA 双螺旋结构等。然而科技的发展日新月异，出现了很多新兴的科学技术，还有战略性新兴产业，例如转基因技术、纳米科技等。国外不少

科技馆已把这些新兴科技引入展览中，让公众及时了解科技前沿动态。我们应该兼顾经典科学与新兴科学的结合。

三、展教内容从科学成果到科研过程

科技馆的展示内容基本上都是"尘埃落定"的东西，但国际上科技馆已开始展示科技成果是如何"尘埃落定"的，这就是科研开发过程。我国科技馆要扩充展教内容，不仅要展示科技知识、科学方法、科学思想和科学精神，也应介绍科研过程、科学技术对社会的影响。

四、展教立场从支持辩护型到客观中立型

科技馆的展教立场应兼顾支持辩护型与客观中立型，比如科技馆对转基因技术、核电产业方面的展教，应该站在相对中立的立场上，让公众通过展览所获得的内容、数据和证据，做出自己的判断。当然，结合我国国情，在展览时要有一定的舆论导向，把支持辩护和客观中立的方式结合起来。

五、从以科技馆为中心到以观众为中心

科技馆应兼顾以科技馆为中心和以观众为中心两种理念。科技馆专业人员具有丰富的实践经验，应适当坚持以科技馆为中心，充分考虑观众对科技馆的多种需求，尤其是对展教主题的需求。

六、把 STEAM 教育理念落地

现在的科技馆，尤其是展品，应该与艺术结合起来。

最初的"STEM"教育指的是科学、技术、工程与数学的教育；近年来逐渐转型，引入艺术和人文的元素，扩展为 STEAM 教育。科技馆要把 STEAM 理念落地，就要强调展品设计和布置，将科技与艺术结合起来，体现出科技展品的文化特性。人类最高的价值观是追求"真、善、美"，科学是求真的，人文是求善的，艺术是求美的，这些元素应该有机地结合起来。

"steam"一词在英语中的意思是"蒸汽"。说起这个词，我们常常会联想到瓦特发明的蒸汽机，正是蒸汽机推动了工业革命，改变了世界。由此，我们

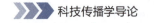

可以将 STEAM 延伸理解为：发明的源泉、创新的引擎。把 STEAM 理念贯彻到科技馆的建设、运营和实践中，就是要让公众尤其是青少年在科技馆感受、体验发明与创新，并受到激励。科技馆应提供创客空间。

七、制造场景

科技馆里的展项是"在场"的东西，要让人们联想到"不在场"的东西，形成完整的"冰山"图景。比如，哲学家海德格尔通过"壶"就联系到了"天地人神"。在展览的时候应该制造相关的背景，观众只有在一定背景下才能更多地看出展品更丰富的意义。笔者在参观伯尔尼爱因斯坦博物馆时，感觉到那里的场景制造做得非常好，有身临其境的感觉。又如，清华大学以"两弹"元勋、清华校友邓稼先为主题的原创校园话剧《马兰花开》，生动地再现了科学大师的光辉业绩和崇高精神，对弘扬科学精神、激励青年学子献身于实现中华民族伟大复兴的中国梦很有意义。

八、增加临时展览

当今社会发展迅速，科技馆要跟上时代，就必须增加一些临时展览。比如，青蒿素的发现者屠呦呦成为第一位因为在中国进行的科学研究而获得诺贝尔生理学或医学奖的中国科学家，我们的科技馆应该立即跟上，围绕这个主题做一些临时展览。

九、"互联网 + 科技馆"

我们可以把实体的科技馆与互联网技术有机结合起来，把国家提倡的"互联网 +"战略思维和行动计划，与广义的科学传播普及事业结合起来，线上线下形成无缝连接。

十、集群化建设和运行

笔者对德国柏林的"博物馆岛"印象非常深刻。那里集中了五个大型博物馆（柏林老博物馆、柏林新博物馆、国家美术馆、佩加蒙博物馆、博德博物馆），创造了当地的文化品牌和文化形象。这种现象用经济学、管理学上的术语来讲，就是"集群化"。在北京奥林匹克公园、中国科技馆区域也将形成博物馆集群，包括中国国学中心、中国国家美术馆、中国工艺美术馆·中国非物质文化遗产展示馆。最近上海科技馆的王小明、宋娴出版了《重构与发展：博物馆集群化运营研究》一书，提出了"博物馆集群化运营"思路，倡导努力形成在一定地域范围内拥有强大社会影响力的博物馆体系。如何实行博物馆的集群化运营，是一个值得思考的议题。

十一、结语

科技博物馆和科学中心有许多理论问题和实践问题，需要在学术层面上加以深入研究。笔者赞同北京大学吴国盛最近提出的"科技博物馆学"思想，本节只是在"科技博物馆学"研究领域做了一些初步的尝试。我们需要把国际上科技博物馆的"最佳实践"和"科技博物馆学"的研究成果，与我国科技馆的实际情况、当地特色结合起来，推进具有中国特色的世界一流科技馆的建设和发展。

参考文献

［1］方新，王灏晨. 塑造科学文化 弘扬科学精神［J］. 科技导报，2019（10）：7-9.

［2］习近平. 在纪念马克思诞辰 200 周年大会上的讲话［EB/OL］.（2018-05-04）［2020-04-15］. http://news.12371.cn/2018/05/04/ARTI1525424759799964.shtml.

［3］何祚庥. 弘扬科学精神任重道远［N］. 人民日报，2013-09-15（5）.

［4］《科学新闻》编辑部. 回归科学精神，拒绝低俗迷信——致全国知识界的公开信［EB/OL］.（2013-10-10）［2020-04-15］. http://blog.sciencenet.cn/blog-85876-731701.html.

［5］习近平. 在中国科学院第十七次院士大会、中国工程院第十二次院士大会上的讲话［EB/OL］.（2014-06-09）［2020-04-02］. http://cpc.people.com.cn/n/2014/0610/c64094-25125594.html.

［6］习近平. 在全国科技创新大会、两院院士大会、中国科协第九次全国代表大会上的讲话［EB/OL］.（2016-05-30）［2020-03-30］. http://www.wenming.cn/specials/zxdj/xjp/xjpjh/201605/t20160530_3394092.shtml.

［7］龚育之. 简论新世纪科学普及的十大关系［J］. 科协论坛，2002（11）：4-6.

［8］刘立. 科学家是科学精神第一载体［N］. 中国科学报，2019-06-19（4）.

［9］中共中央宣传部. 习近平新时代中国特色社会主义思想三十讲［M］. 北京：学习出版社，2019：326.

［10］习近平. 一个国家、一个民族不能没有灵魂［J］. 求是，2019（8）：4-8.

［11］习近平. 在哲学社会科学工作座谈会上的讲话［M］. 北京：人民出版社，2016.

［12］毛泽东. 实践论［M］//毛泽东选集：第一卷. 北京：人民出版社，1991：284.

［13］FISCHHOFF B，SCHEUFELE D A. The Science of Science Communication［J］. Proceedings of the National Academy of Sciences，2013，110（3）：13696+14031−14110.

［14］田松. 科学传播——一个新兴的学术领域［J］. 新闻与传播研究，2007（2）：81-90+97.

［15］BUCCHI M. Of Deficits，Deviations and Dialogues：Theories of Public Communication of Science［C］//BUCCHI M，TRENCH B. Handbook of Public Communication of Science and Technology. London and New York：Routledge，2008：57−76.

［16］刘华杰. 科学传播的三种模型与三个阶段［J］. 科普研究，2009（2）：10−18.

［17］LEWENSTEIN B V. Why the "Public Understanding of Science" Field is Beginning to Listen to the Audience［M］// HIRSCH J，SILVERMAN L. Transforming Practice. Washington：Museum Education Roundtable，2000：240−249.

［18］DELIA J. Communication Research：A History［M］// CHAFFEE S，BERGER C. Handbook of Communication Science. Newbury Park，CA：Sage，1987：20−98.

［19］LANG A，EWOLDSEN D. Beyond Effects：Conceptualizing Communication as Dynamic，Complex，Nonlinear，and Fundamental［M］//ALLAN S. Rethinking Communication：Keywords in Communication Research. Cresskill，NJ：Hampton Press，2010：111−122.

［20］SO C Y K. Citation Patterns of Core Communication Journals：An Assessment of the Developmental Status of Communication［J］. Human Communication Research，1988，15（2）：236−255.

［21］GUNTHER A C，SCHMITT K. Mapping Boundaries of the Hostile Media Effect［J］. Journal of Communication. 2004，54（1）：55−70.

［22］SCHEUFELE D A，Communicating Science in Social Settings［J］. Proceedings of the National Academy of Sciences，2013，110（suppl.3）：14040−14047.

［23］MILLER J D. Scientific Literacy：A Conceptual and Empirical Review［J］. Daedalus，1983，112（2）：29−48.

［24］LUPIA A. Communicating Science in Politicized Environments［J］. Proceedings of the National Academy of Sciences，2013，110（suppl.3）：14048−14054.

［25］ CROOKES G, SCHMIDT R W. Motivation: Opening the Research Agenda［J］. Language Learning, 2013, 41（4）: 469–512.

［26］ DRUCKMAN J N, BOLSEN T. Framing, Motivated Reasoning, and Opinions about Emergent Technologies［J］. Journal of Communication, 2011, 61（4）: 659–688.

［27］ DE BRUIN W B, BOSTROM A. Assessing What to Address in Science Communication［J］. Proceedings of the National Academy of Sciences, 2013, 110（suppl.3）: 14062–14068.

［28］ SCHARRER L, BRITT M A, STADTLER M, et al. Easy to Understand but Difficult to Decide: Information Comprehensibility and Controversiality Affect Laypeople's Science–based Decisions［J］. Discourse Processes, 2013, 50（6）: 361–387.

［29］ EVELAND W P, COOPER K G. An Integrated Model of Communication Influence on Beliefs ［J］. Proceedings of the National Academy of Sciences, 2013, 110（suppl.3）: 14088–14095.

［30］ RICE R E, BORGMAN E L, REEVES B. Citation Networks of Communication Journals, 1977–1985 Cliques and Positions, Citations Made and Citations Received［J］. Human Communication Research, 1988, 15（2）: 256–283.

［31］ BROSSARD D. New Media Landscapes and the Science Information Consumer［J］. Proceedings of the National Academy of Sciences, 2013, 110（suppl.3）: 14096–14101.

［32］ MCCRIGHT A M, DUNLAP R E. The Politicization of Climate Change and Polarization in the American Public's Views of Global Warming, 2001–2010［J］. Sociology Quarterly, 2011, 52（2）: 155–194.

［33］ SCIENCE AND TECHNOLOGY COMMITTEE, UK PARLIAMENT. Eighth Report: Communicating Climate Science［R/OL］.（2014–08–02）［2020–03–15］. http://www.publications.parliament. uk/pa/cm201314/cmselect/cmsctech/254/25406.htm#a5.

［34］ DING D, MAIBACH E, ZHAO X, et al. Support for Climate Policy and Societal Action Are Linked to Perceptions about Scientific Agreement［J］. Nature Climate Change, 2011, 1（9）: 462–466.

［35］ WEBER E. Experience–based and Description–based Perceptions of Long–term Risk: Why Global Warming Does Not Scare Us（yet）［J］. Climate Change, 2006, 77（1–2）: 3–120.

［36］WEBER E, STERN P C. Public Understanding of Climate Change in the United States［J］. American Psychologists, 2011, 66（4）: 315–328.

［37］MCCRIGHT A M, DUNLAP R E. Cool Dudes: The Denial of Climate Change among Conservative White Males in the United States［J］. Global Environmental Change, 2011, 21（4）: 1163–1172.

［38］DIETZ, T. Bringing Values and Deliberation to Science Communication［J］. Proceedings of the National Academy of Sciences, 2013, 110（suppl. 3）: 14081–14087.

［39］BROSSARD D, NISBET M C. Deference to Scientific Authority among a Low Information Public: Understanding US Opinion on Agricultural Biotechnology［J］. International Journal of Public Opinion Research, 2007, 19（1）: 24–52.

［40］SEGEV E, BARAM – TSABARI A. Seeking Science Information Online: Data Mining Google to Better Understand the Roles of the Media and the Education System［J］. Public Understanding of Science, 2012, 21（7）: 813–829.

［41］LEWENSTEIN B V. From Fax to Facts: Communication in the Cold Fusion Saga［J］. Social Studies of Science, 1995, 25（3）: 403–436.

［42］MIELBY H, SANDOE P, LASSEN J. The Role of Scientific Knowledge in Shaping Public Attitudes to GM Technologies［J］. Public Understanding of Science, 2013, 22（2）: 155–168.

［43］CECCOLI S, HIXON W. Explaining Attitudes toward Genetically Modified Foods in the European Union［J］. International Political Science Review, 2012, 33（2）: 301–319.

［44］HILGARTNER S. The Dominant View of Popularization: Conceptual Problems, Political Uses［J］. Social Studies of Science, 1990, 20（3）: 519–539.

［45］JIA H, LIU L. Unbalanced Progress: The Hard Road from Science Popularisation to Public Engagement with Science in China［J］. Public Understanding of Science, 2014, 23（1）: 32–37.

［46］MILLER J D. Toward a Scientific Understanding of the Public Understanding of Science and Technology［J］. Public of Science, 1992（1）: 23–26.

［47］MILLER J D. The Measurement of Civic Scientific Literacy［J］. Public Understanding of Science, 1998, 7（3）: 203–223.

［48］曾国屏，等. 科学传播普及问题研究［M］. 北京，清华大学出版社，2015.

［49］张超，任磊，何薇. 创建中国公民科学素质指数［J］. 科普研究，2008（6）：51-58.

［50］MILLER J D. The Sources and Impact of Civic Science Literacy［M］//BAUER M W，SHUKLA R，ALLUM N. The Culture of Science：How the Public Relates to Science across the Globe. New York：Routledge，2012.

［51］陈发俊，史玉民，徐飞. 美国米勒公民科学素养测评指标体系的形成与演变，科普研究，2009（2）：41-45.

［52］任福君，翟杰全. 科技传播与普及概论［M］. 北京：中国科学技术出版社，2012.

［53］楼伟. 公民的基本科学素质及其测评［J］. 科普研究，2014（4）：29-37+77.

［54］刘立. 日本悖论：科技创新强国，科学素质弱国［EB/OL］.（2017-06-05）［2020-03-16］. http://mp.weixin.qq.com/s/nh3iBMLqoZsmHHSNXJKdcQ.

［55］新华网. 中国科协发布第九次中国公民科学素质调查结果［EB/OL］.（2015-09-19）［2020-03-20］. http://education.news.cn/2015-09/19/c_128247007.htm.

［56］任福君. 中国公民科学素质报告：第二辑［M］. 北京：科学普及出版社，2011：23.

［57］刘立. 研究"一带一路"沿线国家公民科学文化素质测评指标体系［J］. 科技传播与普及动态，2017，23（11）：26.

［58］CAROL VOGT. The Spirit of Scientific and Cultural Well‐Being：Brazil and Ibero-America［J］. Public Understanding of Science，2012，21（1）：4-16.

［59］COUNCIL OF CANADIAN ACADEMIES. Science Culture：Where Canada Stands［R］. Ottawa（ON）：The Expert Panel on the State of Canada's Science Culture，Council of Canadian Academies，2014.

［60］SHUKLA R，MARTIN B. The Science Culture Index（SCI）：Construction and Validation［M］// Martin Bauer，et al. The Culture of Science. New York，London：Routledge，2012：179-199.

［61］洪蔚. 徐善衍：科学素质调查须跳出"数字门"［EB/OL］.（2011-11-09）［2020-04-20］. http://news.sciencenet.cn/htmlnews/2011/11/255130.shtm.

［62］李群，陈雄，马宗文. 中国公民科学素质报告（2015～2016）［M］. 北京：社会科学文献出版社，2016：1-26.

［63］刘萱. 科学文化的评测［N］. 光明日报，2015-07-17（10）.

[64] 马来平. 科普理论要义——从科技哲学的角度看［M］. 北京：人民出版社，2016.

[65] 上海市科委. 2014 年上海公民科学素质调查测试结果发布［R/OL］.（2015-09-10）［2020-03-30］. http://www.stcsm.gov.cn/xwpt/gzdt/342188.htm.

[66] 徐善衍. 科学思想文化的传播与国民素质［M］// 曾国屏，刘立. 科技传播普及与公民科学素质建设的理论实践. 呼和浩特：内蒙古人民出版社，2008.

[67] 徐善衍：关于我国公民科学素质调查工作的思考与建议［J］. 科普研究，2012（1）：19-22+78.

[68] 袁江洋. 科学文化研究［J］. 科学，2015，67（4）：3-8.

[69] 袁江洋. 科学文化研究刍议［J］. 中国科技史杂志，2007，28（4）：480-490.

[70] ROYAL SOCIETY. The Public Understanding of Science［R］. London：Royal Society，1985.

[71] 英国皇家学会. 公众理解科学［R］. 唐英英，译. 北京：北京理工大学出版社，2004.

[72] NELKIN D. Science Controversies：The Dynamics of Public Disputes in the United States［C］// JASANOFF S，MARKLE G E，PETERSEN J C，PINCH T. Handbook of Science and Technology Studies，Thousand Oaks，CA：Sage Publications，1995：444-456.

[73] LEWENSTEIN B V. The Meaning of "Public Understanding of Science" in the United States after World War II［R］// Public Understanding of Science，1992，1（1）：45-68.

[74] WYNNE B. Further Disorientation in the Hall of Mirrors［J］. Public Understanding of Science，2014，23（1）：60-70.

[75] HOUSE OF LORDS SELECT COMMITTEE ON SCIENCE AND TECHNOLOGY. Third Report：Science and Society［R/OL］.（2000-02-23）［2020-03-30］. http://www.publications.parliament.uk/pa/ld199900/ldselect/ldsctech/38/3801.htm.

[76] FISHER E. Editorial Overview：Public Science and Technology Scholars：Engaging Whom?［J］. Science & Engineering Ethics，2011，17（4）：607-620.

[77] JASANOFF，S. Constitutional Moments in Governing Science and Technology［J］. Science and Engineering Ethics，2011，17（4）：621-638.

[78] HORST M. On the Weakness of Strong Ties［J］. Public Understanding of Science，2014，23（1）：43-47.

[79] WYNNE B. Public Engagement as Means of Restoring Trust in Science? Hitting the Notes，

but Missing the Music［J］. Community Genetics, 2006, 10（5）: 211–220.

［80］NOWOTNY H. Engaging with the Political Imaginaries of Science: Near Misses and Future Targets［J］. Public Understanding of Science, 2014, 23（1）: 16–20.

［81］STURGIS P. On the Limits of Public Engagement for the Governance of Emerging Technologies［J］. Public Understanding of Science, 2014, 23（1）: 38–42.

［82］STILGOE J, LOCK S J, WILSDON J. Why Should We Promote Public Engagement with Science?［J］. Public Understanding of Science, 2014, 23（1）: 4–15.

［83］刘兵, 汪洋. 对共识会议之"共识"的反思［C］// 中国科普研究所. 中国科普理论与实践探索——2010科普理论国际论坛暨第十七届全国科普理论研讨会论文集. 北京: 科学普及出版社, 2010: 133–138.

［84］DICKSON D. Public "Isolated from Science" in Rich and Poor Nations［EB/OL］.（2014–06–22）［2020–03–30］. http://www.scidev.net/global/communication/news/public–isolated–from–science–in–rich–and–poor–na.html?stay=full.

［85］NATURE EDITORIAL. Murky manoeuvres［J］. Nature, 2012, 491（7422）: 7.

［86］RYFE D M. Does Deliberative Democracy Work?［J］. Annual Review of Political Science, 2005, 8（1）: 49–71.

［87］DIETZ T. Theory and Method in Social Impact Assessment［J］. Sociology Inquiry, 1987, 57（1）: 54–69.

［88］MCCOMAS K A, ARVAI J, BESLEY J C. Linking Public Participation and Decision－making through Risk Communication［C］// HEATH R L, O'HAIR H D, Handbook of Risk and Crisis Communication. New York: Routledge, 2009: 364–385.

［89］US NATIONAL RESEARCH COUNCIL. Public Participation in Environmental Assessment and Decision Making［R］. DIETZ T, STERN P C, eds. Washington, DC: National Academy Press, 2008.

［90］LEWENSTEIN L V. ISE Evidence Wiki: Public Engagement in Science［EB/OL］.（2014–06–20）［2020–03–30］. http://www.informalscience.org/research/wiki/Public–Engagement.

［91］US NATIONAL RESEARCH COUNCIL. Learning Science in Informal Environments: People, Places, and Pursuits［R］. Committee on Learning Science in Informal Environments, BELL P, LEWENSTEIN B, SHOUSE A W, FEDER M A, eds. Washington, DC: The National

Academies Press, 2009.

［92］DAVIES S, MCCALLIE E, SIMONSSON E, et al. Discussing Dialogue: Perspectives on the Value of Science Dialogue Events That Do Not Inform Policy［J］. Public Understanding of Science, 2009, 18（3）: 338-353.

［93］BONNEY R, BALLARD H, JORDAN R, et al. Participation in Scientific Research: Defining the Field and Assessing Its Potential for Informal Science Education［R］. Washington, DC: Center for Advancement of Informal Science Education, 2009.

［94］BONNEY R, SHIRK J, PHILLIPS T, et al. Next Steps for Citizen Science［J］. Science, 2014, 343（6178）: 1436-1437.

［95］贾鹤鹏, 范敬群, 彭光芒. 从公众参与科学视角看微博对科学传播的挑战［J］. 科普研究, 2014, 9（2）: 10-17+32.

［96］CENTER FOR ADVANCEMENT OF INFORMAL SCIENCE EDUCATION（CAISE）. Many Experts, Many Audiences: Public Engagement with Science and Informal Science Education［R］. Washington, DC: CAISE, 2011: 11.

［97］贾鹤鹏. 谁是公众, 如何参与, 何为共识?——反思公众参与科学模型及其面临的挑战［J］. 自然辩证法研究, 2014（11）: 54-59.

［98］LEWENSTEIN B V. Wiki Page: Public Engagement in Science［EB/OL］.（2012-03-30）［2020-03-20］. http://informalscience.org/research/wiki/Public-Engagement.

［99］NELKIN D. Science Controversies: The Dynamics of Public Disputes in the United States ［M］// JASANOFF S, MARKLE G E, PETERSEN J C, et al. Handbook of Science and Technology Studies, Thousand Oaks, CA: Sage Publications, 1995: 444-456.

［100］孟强. 公众参与科学——兼谈科学的民主化［J］. 科学与民主, 2008（3）: 35-39.

［101］樊春良, 姚雪婷, 杜鹏, 等. "十二五"时期中国公众参与科技决策的需求和发展措施研究［J］. 中国软科学, 2011（6）: 79-86.

［102］樊春良, 佟明. 关于建立我国公众参与科学技术决策制度的探讨［J］. 科学学研究, 2008,（5）: 897-903.

［103］WYNNE B. Misunderstood Misunderstanding: Social Identities and Public Uptake of Science［J］. Public Understanding of Science, 1992, 1（3）: 281-304.

［104］JASANOFF S. Civilization and Madness: The Great BSE Scare of 1996［J］. Public

Understanding of Science, 1997, 6（3）: 221–232.

［105］IRWIN A. Constructing the Scientific Citizen: Science and Democracy in the Bioscience［J］. Public Understanding of Science, 2001, 10（1）: 1–18.

［106］NIELSEN A P, LASSEN J, SANDØE P. Public Participation: Democratic Ideal or Pragmatic Tool? The Cases of GM Foods and Functional Foods［J］. Public Understanding of Science, 2009, 18（2）: 163.

［107］STILGOE J, LOCK S J, WILSDON J. Why Should We Promote Public Engagement with Science?［J］. Public Understanding of Science, 2013, 23（1）: 4–15.

［108］IRWIN A. From Deficit to Democracy（re-visited）［J］. Public Understanding of Science, 2014, 23（1）: 72.

［109］孟庆利, 卫涛. 沐足桑拿拒绝艾滋病人 七成受访网友表示支持［EB/OL］.（2013-10-15）［2014-07-24］. http://gz.ifeng.com/zaobanche/detail_2013_10/15/1331660_0.shtml?_from_ralated.

［110］全民科学素质纲要实施工作办公室, 中国科普研究所. 2010 全民科学素质行动计划纲要年报——中国科普报告［M］. 北京: 科学普及出版社, 2011: 4.

［111］贾鹤鹏, 范敬群. 科学传播: 从普及科学到公众参与的挑战［M］//詹正茂, 卜勇, 孙颖. 中国科学传播报告（2013~2014）. 北京: 社会科学文献出版社, 2014.

［112］贾鹤鹏, 谭一泓. 争议中的科学——促进热点议题的社会融合［M］. 北京: 科学普及出版社, 2011.

［113］范敬群, 贾鹤鹏, 艾熠, 等. 转基因争议中媒体报道因素的影响评析——对 SSCI 数据库 21 年相关研究文献的系统分析［J］. 西南大学学报（社会科学版）, 2014, 40（4）: 133–141.

［114］BARBAGALLO F, NELSON J. Report: UK GM Dialogue Separating Social and Scientific Issues［J］. Science Communication, 2005, 26（3）: 318–325.

［115］COOK G, ROBBINS P T, PIERI E. "Words of Mass Destruction": British Newspaper Coverage of the Genetically Modified Food Debate, Expert and Non - expert Reactions［J］. Public Understanding of Science, 2006, 15（1）: 5–29.

［116］HORST M. On the Weakness of Strong Ties［J］. Public Understanding of Science, 2014, 23（1）: 43–47.

［117］U.S. ENVIRONMENTAL PROTECTION AGENCY（EPA）SCIENCE ADVISORY BOARD. Improved Science-based Environmental Stakeholder Processes［R］. Washington，DC：EPA，2001：309.

［118］US NATIONAL RESEARCH COUNCIL. Public Participation in Environmental Assessment and Decision Making［R］. Washington，DC：National Academy Press，2008.

［119］NOWOTNY H. Engaging with the Political Imaginaries of Science：Near Misses and Future Targets［J］. Public Understanding of Science，2014，23（1）：1620.

［120］STURGIS P. On the Limits of Public Engagement for the Governance of Emerging Technologies［J］. Public Understanding of Science，2014，23（1）：38-42.

［121］DICKSON D. The Case for a "Deficit Model" of Science Communication［EB/OL］.（2005-06-07）［2014-06-22］. http://www.scidev.net/global/communication/editorials/the-case-for-a-deficit-model-of-science-communic.html.

［122］FLIPSE M，OSSEWEIJER P. Media Attention to GM Food Cases：An Innovation Perspective［J］. Public Understanding of Science，2013，22（2）：185-202.

［123］WYNNE B. Public Engagement as Means of Restoring Trust in Science? Hitting the Notes，but Missing the Music［J］. Community Genetics，2006，10（5）：211-220.

［124］周清树. 茂名PX事件前的31天［N］. 新京报，2014-04-05（A16）.

［125］GAMEROA N，ESPLUGAB J，PRADESA A，et al. Institutional Dimensions Underlying Public Trust in Information on Technological Risk［J］. Journal of Risk Research，2011，14（6）：685-702.

［126］EINSIEDEL E F. GM Food Labeling：The Interplay of Information，Social Values，and Institutional Trust［J］. Science Communication，2002，24（2）：209-221.

［127］EARLE T C. Trust in Risk Management：A Model-Based Review of Empirical Research［J］. Risk Analysis，2010，30（4）：541-574.

［128］SIEGRIST M，CVETKOVICH G，ROTH C. Salient Value Similarity，Social Trust，and Risk/Benefit Perception［J］. Risk Analysis，2000，20（3）：353-362.

［129］DRUCKMAN J N，BOLSEN T. Framing，Motivated Reasoning，and Opinions about Emergent Technologies［J］. Journal of Communication，2011，61（4）：659-688.

［130］郭沫若. 科学的春天——在全国科学大会闭幕式上的讲话（一九七八年三月三十一

日）［N］. 人民日报，1978-04-01（3）.

［131］申振钰. 对中国科普历史研究的思考［J］. 科普研究，2006（5）：3-10.

［132］吴国盛. 科学传播与科学文化再思考［N］. 中华读书报，2003-10-29（19）.

［133］刘鉴强. 转基因稻米：13亿人主粮的利益悬疑［N］. 南方周末，2004-12-09
（A04）.

［134］国务院. 全民科学素质行动计划纲要（2006—2010—2020年）［EB/OL］.（2006-
02-06）［2014-03-30］. http://www.gov.cn/gongbao/content/2006/content_244978.htm.

［135］姜岩. 大力加强大众传媒科技传播能力建设［C］// 中国科技新闻学会. 中国科技新
闻学会第九次学术年会论文集. 北京：科学普及出版社，2007：16-22.

［136］科学技术部. 2008年全国科普工作统计分析报告［R/OL］.（2009-12-08）［2014-
03-30］. http://www.sts.org.cn/tjbg/qtzxtj/documents/2009/09122102.htm.

［137］袁玥. 共识会议：尝鲜转基因［J］. 科学新闻，2010（5）：72-73.

［138］全民科学素质纲要实施工作办公室，中国科普研究所. 全民科学素质行动计划纲要年
报［M］. 北京：科学普及出版社，2013：4-6.

［139］科学技术部. 2010年全国科普工作统计分析报告［R/OL］.（2011-12-31）［2014-
03-30］. http://www.sts.org.cn/tjbg/qtzxtj/documents/2012/201226.htm.

［140］任福君，翟杰全. 科技传播及普及概论［M］. 北京：中国科学技术出版社，2012.

［141］中国科普研究所. 第八次中国公民科学素养调查结果［R/OL］.（2010-12-19）
［2012-05-29］. http://www.cast.org.cn/n35081/n35473/n35518/12451858.html.

［142］CHEN F, SHI Y, XU F. An analysis of the Public Scientific Literacy Study in China［J］.
Public Understanding of Science，2009（18）：607-616.

［143］JIA H. Out to Debunk：China's "Science Police".（2006-02-03）［2014-02-12］. http://
www.scidev.net/en/features/out-to-debunk-chinas-science-police.html.

［144］JIA H, TAN Y. Role Exchange：An Innovative Approach to Engage Scientists and
Journalists in Science Communications［C］// The 12th Public Communication of Science and
Technology（PCST）Conference. Florence，2012.

［145］KURATH M, GISLER P. Informing, Involving or Engaging? Science Communication, in
the Ages of Atom-，Bio- and Nanotechnology［J］. Public Understanding of Science，2009
（18）：559-573.

［146］LI D. China's Top‐down Science Communication Fails Its People［EB/OL］.（2008–07–25）［2014–2–20］. http://www.scidev.net/en/opinions/china–s–top–down–science–communication–fails–its–p.html.

［147］LIU L, et al. Report for the Survey on［Chinese］Scientists' Involvement in Science Popularisation（1）［R］//Investigation and Research Briefing of the Policy Research and Publicity Department of CAST, 2011–10–26.

［148］NIELSEN A P, LASSEN J, SANDØE P. Public Participation：Democratic Ideal or Pragmatic Tool? The Cases of GM Foods and Functional Foods［J］. Public Understanding of Science, 2011（18）：163–178.

［149］STURGIS P J, ALLUM N C. Science in Society：Re-evaluating the Deficit Model of Public Attitudes［J］. Public Understanding of Science, 2004（13）：55–74.

［150］WIKIPEDIA. Public Participation［EB/OL］.（2012–12–21）［2014–02–20］. http://en.wikipedia.org/wiki/Public_participation#cite_note–test–1.

［151］WYNNE B. Creating Public Alienation：Expert Cultures of Risk and Ethics on GMO's［J］. Science as Culture, 2001（10）445–481.

［152］BUCCHI M, TRENCH B. Handbook of Public Communication of Science and Technology［M］. London, New York：Routledge, 2014.

［153］COX R. Environmental Communication and the Public Sphere［M］. London：Sage Publications, 2006.

［154］DIJK T A V. News as Discourse［M］. New Jersey：Lawrence Erlbaum Associates Inc, 1990.

［155］贝尔纳. 科学的社会功能［M］. 陈体芳, 译. 北京：商务印书馆, 1982.

［156］LUHMANN N. Ecological Communication［M］. Bednarz J, Trans. Chicago, IL：University of Chicago, 1991.

［157］JANICE X. An Examination of the Role of Chinese Media in the Olympic "Blue Sky Campaign" in Beijing［J］. National Communication Association, 2009.

［158］JANICE X. Online News Reports of Air Quality Issues in Beijing［J］. Telematics and Informatics, 2012, 29（4）：409–417.

［159］艾菲. 全媒体视野下新媒体与传统媒体融合路径探析［J］. 科技传播, 2014（20）：

158–159.

[160] 包玉青. 论环境新闻报道的新特点——以《解放日报》的"PM2.5 报道"为例 [J]. 今传媒, 2012（8）：44–45.

[161] 蔡雯, 闫东洁. 媒体微博：重塑新闻传播的新起点——以《人民日报》有关雾霾的微博报道为个案的研究与思考 [J]. 新闻记者, 2013（3）：65–68.

[162] 曹溪月. 论传统媒体与新媒体的传播融合 [J]. 现代视听, 2009（8）：66–68.

[163] 曹昱. 公众理解科学理论发展研究——对约翰·杜兰特的"民主模型"的反思 [J]. 科学技术与辩证法, 2004, 21（5）：85–89.

[164] 曹昱. 科学传播"民主模型"的现实意义——公众参与科技决策的理论研究 [J]. 科学技术哲学研究, 2009, 26（4）：108–112.

[165] 常晔. "7·23"动车事故中微博新媒体与传统媒体报道比较 [D]. 武汉：湖北大学, 2013.

[166] 陈力丹. 深刻理解"新闻"——读梵·迪克《作为话语的新闻》[J]. 新闻大学, 2004（4）：89–90.

[167] 陈路遥, 陈梅婷, 种璐. PM2.5 事件的传播效果及其影响因素——焦点小组访谈的定性资料分析 [J]. 科普研究, 2013（04）：60–67.

[168] 陈玉, 王大勇. 建立环境新理念下的媒体报道新视角 [J]. 编辑之友, 2009（2）：28–30.

[169] 程曼丽. "美丽中国"与媒体责任——从有关 PM2.5 的报道谈起 [J]. 新闻与写作. 2013（2）：84–85.

[170] 程培培. 新媒体与传统媒体合作共赢 [J]. 经营管理者, 2008（11）：112.

[171] 程少华. 环境新闻的发展历程 [J]. 新闻大学, 2004（2）：80–83.

[172] 程天飞. 浅谈新媒体与传统媒体的融合发展 [J]. 新闻传播, 2009（11）：65.

[173] 丁柏铨. 新媒体语境中重大公共危机事件舆论触发研究 [J]. 新闻大学, 2012（4）：109–117.

[174] 丁和根. 梵·迪克新闻话语结构理论述评 [J]. 江苏社会科学, 2003（6）：199–203.

[175] 董皓, 詹志华. 贝尔纳对公众参与科学的理解及当代启示——沿着《科学的社会功能》的思路 [J]. 太原理工大学学报（社会科学版）, 2015, 33（2）：62–65+70.

［176］杜鹏，李真真．"公众理解科学"运动的内涵演变及其启示［J］．未来与发展，2008（7）：54-58．

［177］范颖．新闻话语中的社会现实——评梵·迪克《作为话语的新闻》［J］．名作欣赏：中旬，2011（17）：128-129+132．

［178］冯思婧．新媒体与传统媒体比较研究［J］．忻州师范学院学报，2012，28（4）：117-119．

［179］高立鹏，唐秀萍．中国环境新闻的现状及趋势［J］．新闻记者，2002（9）：21-23．

［180］郭庆光．传播学教程［M］．北京：中国人民大学出版社，2011．

［181］郭小平．环境传播：话语变迁、风险议题建构与路径选择［M］．武汉：华中科技大学出版社，2013．

［182］郭小平．"怒江事件"中的风险传播与决策民主［J］．国际新闻界，2007（2）：26-29．

［183］贺子宸．试析新媒体与传统媒体的差异性［J］．山东社会科学，2014（S2）：158-159．

［184］洪大用．试论改进中国环境治理的新方向［J］．湖南社会科学，2008（3）：79-82．

［185］侯洪，周军．中国新闻传播中的生态传播现状及思考［J］．西南民族大学学报（人文社会科学版），2009（9）：122-126．

［186］黄河，刘琳琳．环境议题的传播现状与优化路径——基于传统媒体和新媒体的比较分析［J］．国际新闻界，2014（1）：90-102．

［187］黄河．新媒体发展与社会管理［M］．北京：中国传媒大学出版社，2013．

［188］黄清．不同消息源在社交媒体中的风险传播策略及其可信度研究［D］．杭州：浙江大学，2013．

［189］贾鹤鹏，范敬群，彭光芒．从公众参与科学视角看微博对科学传播的挑战［J］．科普研究，2014（2）：12-19+34．

［190］贾鹤鹏，刘立，王大鹏，等．科学传播的科学——科学传播研究的新阶段［J］．科学学研究，2015（3）：330-336．

［191］贾鹤鹏．谁是公众，如何参与，何为共识？——反思公众参与科学模型及其面临的挑战［J］．自然辩证法研究，2014，30（11）：54-59．

［192］贾文凤．新媒体的发展及其社会影响［D］．成都：四川省社会科学院，2007．

［193］迪克. 网络社会——新媒体的社会层面［M］. 蔡静，译. 北京：清华大学出版社，2014.

［194］江向荣. 中国环境新闻的发展历程［D］. 济南：山东大学，2012.

［195］李彩玉. 梵·迪克新闻话语分析理论视角创新性和适用性［J］. 中国传媒科技，2012（24）：240-242.

［196］李大光. "公众理解科学"进入中国15年回顾与思考［J］. 科普研究，2006（1）：24-32.

［197］李大光. 对"公众理解科学"的理解［N］. 中华读书报，2005-04-13（15）.

［198］李大光. 关于"公众理解科学"或"科学普及"的一些思考［J］. 科学，1996，48（6）：48-51.

［199］李剑欣. 新媒体与传统媒体的角色比较［J］. 新闻爱好者（下半月），2010（5）：38-39.

［200］李景平. 论21世纪环境新闻的走势［J］. 环境保护，2002（8）：37-38.

［201］李克仔. 新媒体与传统媒体的依存、融合与发展［J］. 西部广播电视，2014（22）：49-50.

［202］李南. 从雾霾报道看我国媒介公信力的提升［J］. 新闻窗，2013（2）：30-31.

［203］李雯. 论新闻媒体对环境问题的宣传策略［J］. 新闻传播，2007（10）：58-60.

［204］李秀. 公众理解科学概念梳理［J］. 湖北经济学院学报（人文社会科学版），2008（3）：8-9.

［205］李雅楠. 自媒体时代传统媒体发展研究［D］. 北京：北京邮电大学，2013.

［206］李亚馨，钟冲. 浅析新媒体对公共领域的重建作用［J］. 新闻传播，2013（9）：123.

［207］李旸. 新媒体与传统媒体的博弈［J］. 中国传媒科技，2013（6）：32-33.

［208］李正伟，刘兵. 对英国有关"公众理解科学"的三份重要报告的简要考察与分析［J］. 自然辩证法研究，2003（5）：71-75.

［209］李正伟，刘兵. 公众理解科学的理论研究：约翰·杜兰特的缺失模型［J］. 科学对社会的影响，2003（3）：12-15.

［210］李钟隽. 新媒体与传统媒体的互动与融合［J］. 学术交流，2010（5）：205-207.

［211］刘兵，侯强. 关于科学传播与公众理解科学之关系若干问题［J］. 科协论坛，2005（11）：24-27.

［212］刘兵，李正伟. 布赖恩·温的公众理解科学理论研究：内省模型［J］. 科学学研究，2003，21（6）：581-585.

［213］刘兵. 科学与民主：从公众理解科学的视角看［J］. 民主与科学，2006（2）：21-22.

［214］刘虹. 网络时代传统媒体面临的挑战与机遇［D］. 南宁：广西大学，2001.

［215］刘华杰. 科学传播的三种模型与三个阶段［J］. 科普研究，2009（2）：12-20.

［216］刘陆. 从"雾霾危机"报道探讨环境报道的新角度［J］. 对外传播，2013（6）：49-50.

［217］刘涛. 环境传播：话语、修辞与政治［M］. 北京：北京大学出版社，2011.

［218］刘涛. 环境传播的九大研究领域（1938—2007）：话语、权力与政治的解读视角［J］. 新闻大学，2009（4）：97-104+82.

［219］刘湘竹. 透过"公众理解科学"发展历程探讨发展特点［D］. 大连：大连理工大学，2005.

［220］刘杨. 网络与传统媒体舆论引导比较研究［D］. 湘潭：湘潭大学，2010.

［221］陆红坚. 环保传播的发展与展望［J］. 中国广播电视学刊，2001（10）：4-6.

［222］麻晓蓉. 从公众理解科学看媒体科技传播的社会责任［J］. 科技传播，2009（1）：7-8+10.

［223］马克思，恩格斯. 马克思恩格斯选集：第4卷［M］. 北京：人民出版社，1995.

［224］马依娜. 传统媒体官方微博运营策略研究［D］. 上海：上海大学，2014.

［225］孟强. 公众参与科学——兼谈科学的民主化［J］. 民主与科学，2008（3）：35-39.

［226］孟子为. 雾霾事件与公共卫生报道策略探析［J］. 卫生职业教育，2013，31（9）：154-155.

［227］莫少群. 公众理解科学：科学技术与社会研究的新领域［J］. 中国科技论坛，2003（2）：117-121.

［228］莫晓艳. 微博与传统媒体的比较分析和融合研究［D］. 广州：华南理工大学，2013.

［229］倪朦. 新媒体语境下电视新闻报道策略的变化［D］. 合肥：安徽大学，2013.

［230］潘安业. 传统媒体与新媒体融合的途径［J］. 西部广播电视，2014（10）：27.

［231］彭耕耘. 从雾霾报道看气象新闻的拓展［J］. 中国记者，2013（3）：106-107.

［232］平亦凡. 公共事件中微博舆论场的形成和传播模式分析——以PM2.5事件为例［D］. 南宁：广西大学，2013.

［233］秦珅. 媒介融合背景下传统媒体传播形态创新研究［D］. 开封：河南大学，2013.

［234］任安波，刘磊，刘立. 青少年科学传播方式及其新特点［J］. 自然辩证法研究，2015（5）：51-55.

［235］任勇胜. 科学普及·公众理解科学·科学传播［J］. 中国图书评论，2005（9）：21-24.

［236］邵培仁. 媒介生态学研究的新视野——媒介作为绿色生态的研究［J］. 徐州师范大学学报（哲学社会科学版），2008（1）：141-150.

［237］施径科. 科学传播中的公众理解问题初探［D］. 长沙：中南大学，2004.

［238］史晓雷. 科学传播的演变研究［D］. 上海：东华大学，2006.

［239］宋婷. 新媒体与传统媒体之间的竞争与融合［J］. 新闻传播，2013（3）：17-18+20.

［240］孙光耀. 从环保议题看政府公共关系［J］. 江西社会科学，2008（11）：149-151.

［241］孙荣欣. 新闻报道推进环境改善对策研究——由雾霾天气期间的报道说起［J］. 青年记者，2013（20）：34-35.

［242］孙文彬. 科学传播的新模式［D］. 合肥：中国科学技术大学，2013.

［243］孙展. 潘岳：环保已经到了最紧要关头［J］. 中国新闻周刊，2005（4）：34-37.

［244］汤宇时. 传统媒体如何应对新媒体时代的转型［J］. 中国传媒科技，2010（8）：58-60.

［245］田建国. 论梵·迪克的话语分析理论在大众传播研究中的方法论意义［J］. 新闻传播，2009（10）：131.

［246］汪頔. 新媒体的发展趋势及其对价值观的影响［D］. 上海：复旦大学，2013.

［247］王蓓蕾. 新媒体与传统媒体议程设置过程的比较研究［D］. 上海：上海外国语大学，2013.

［248］王辰瑶. 从替代到融合——新媒体与传统媒体关系研究的回顾与走向［J］. 浙江传媒学院学报，2009（5）：7-8.

［249］王积龙，蒋晓丽. 什么是环境新闻学［J］. 江淮论坛，2007（2）：92-96.

［250］王积龙，颜春龙. 美国环境新闻40年的发展与流变［J］. 西南民族大学学报（人文社会科学版），2009，30（10）：144-147.

［251］王积龙. 环境新闻的核心价值［J］. 当代传播，2008（2）：97-99.

［252］王积龙. 环境新闻研究的西方模式及其研究方向［J］. 西南民族大学学报：人文社会

科学版，2007（11）：188-192.

[253] 王积龙. 抗争与绿化：环境新闻在西方的起源、理论与实践［M］. 北京：中国社会
科学出版社，2010.

[254] 王莉丽. 绿媒体：中国环保传播研究［M］. 北京：清华大学出版社，2005.

[255] 王俏. 我国公众参与科技决策问题研究［D］. 石家庄：河北师范大学，2013.

[256] 王婷婷. 环境新闻的嬗变历程及发展趋势［J］. 新闻实践，2008（12）：14-16.

[257] 王艳. 民意表达与公共参与：微博意见领袖研究［D］. 北京：中国社会科学院，
2014.

[258] 王毅夫. 新媒体与传统媒体的角色比较［J］. 科技传播，2010（4）：13-15.

[259] 吴国盛. 科学与公众传播［J］. 文明. 2004（2）：8-9.

[260] 吴云. 论新旧媒体的竞争与融合［D］. 广州：暨南大学，2006.

[261] 肖遥. 环境新闻：从浅绿色走向深绿色［J］. 新闻前哨，2005（2）：45-46.

[262] 徐善衍，雷润琴. 试论公众理解科学在中国的理解与实践［J］. 科普研究，2008（3）：
11-15.

[263] 徐迎春. 绿色关系网：环境传播和中国绿色公共领域［M］. 北京：中国社会科学出
版社，2014.

[264] 薛国林，等. 绿色传播与生态文明［M］. 广州：暨南大学出版社，2011.

[265] 颜春龙，王积龙. 环境新闻在美国媒体的诞生与发展研究［J］. 河南师范大学学报
（哲学社会科学版），2008（5）：195-198.

[266] 晏利扬. 从灰霾报道看环境新闻的兴起与变革［J］. 新闻实践，2013（7）：13-14.

[267] 杨静. 新媒体传播特征研究［D］. 郑州：河南大学，2009.

[268] 杨旋. 新媒体与传统媒体的关系［J］. 青年记者，2008（33）：91.

[269] 易雯. 中国环境新闻研究综述：1999-2011［D］. 武汉：华中师范大学，2012.

[270] 翟杰全. 科技公共传播：知识普及、科学理解、公众参与［J］. 北京理工大学学报
（社会科学版），2008（6）：31-34+42.

[271] 张洪波. 新媒体与传统媒体：谁革了谁的命？［J］. 中国记者，2014（7）：31-33.

[272] 张威. 环境报道的宣传色彩与新闻的客观性［J］. 国际新闻界，2007（10）：19-23.

[273] 张威. 环境新闻学的发展及其概念初探［J］. 新闻记者，2004（9）：18-21.

[274] 张洋. 视频互动媒介对突发公共事件新闻报道的影响——基于"北京雾霾"个案的实

验研究［J］. 暨南学报（哲学社会科学版），2014（3）：110–115.

［275］赵士林，关琳子. "PM2.5事件"报道中的媒体建构［J］. 当代传播，2013（1）：62–64.

［276］赵文君. 新媒体发展与传统媒体变迁［J］. 传媒观察，2007（5）：31–32.

［277］郑保卫，张峡. 我国新闻媒体雾霾天气报道的经验及启示［J］. 新闻爱好者，2013（4）：4–7.

［278］种婷婷. 我国环境新闻的嬗变及动因探析［D］. 武汉：华中科技大学，2009.

［279］朱效民. 什么是公众理解科学［J］. 科学学与科学技术管理，1999，20（4）：49–51.

［280］卓光俊. 我国环境保护中的公众参与制度研究［D］. 重庆：重庆大学，2012.

［281］左霞. 浅谈传统媒体与新媒体的竞争与合作［J］. 新闻世界，2013（9）：164–166.

科学文化传播普及随笔

面向特定人群的科学传播：以青少年为例 ①

青少年的身心、心智成长模式具有特殊性，与成人不同，因而青少年科学传播有其特殊的地方。青少年科学传播属于面向公众的科学传播，除了具有一般科学传播的特点，也面临着自身比较突出的问题。本文将在一般公众理解科学的框架之下，对青少年科学传播类型及其新特点进行探讨。

一、青少年科学传播方式的既有认识

关于科学传播，在国外，英文中有 "Science Communication"，还有 "Scientific Communication" 和 "Technical Communication"。② 这种情况，一方面说明 "科学传播" 一词尚没有统一的、标准的定义，另一方面也说明 "科学传播" 本身就存在着广义和狭义的理解。

贝尔纳（J. D. Bernal）在《科学的社会功能》中，首次将 "Science Communication" 作为科学的一项重要社会功能提出，并给予分析，提出 "需要

---

① 本文以《青少年科学传播方式及其新特点》为题原载于《自然辩证法研究》2015 年第 5 期，作者为任安波、刘磊、刘立。

② 翟杰全. 让科技跨越时空：科技传播与科技传播学［M］. 北京：北京理工大学出版社，2002：8.

极为认真地考虑解决科学传播的全盘问题，不仅包括科学家之间交流的问题，而且包括向公众传播的问题"。① 贝尔纳虽然用了"Science Communication"（科学传播）的表述，但在解释中依然用了广义的理解。伯恩斯（T. W. Burns）、奥康纳（D. J. O'Connor）和斯托克麦耶（S. M. Stocklmayer）将科学传播界定为：使用恰当的方法、媒介、活动和对话并引发人们对科学的下述一种或多种反应——意识、愉悦、兴趣、观点以及理解。② 这个定义比较准确地解释了科学传播在当今时代的特征，强调公众与科学共同体之间的平等和互动，强调引发公众对科学的兴趣和理解的重要性，但这个定义缺少对科学传播主体的界定。

在国内，对科学传播的研究有几种不同的认识。刘华杰认为，科学传播应该强调科学观念和科学事实的方面，不更多涉及实用技术的普及。③ 吴国盛认为，我们通常讲的科学传播指的是科学传播的第三个层面，即科学与公众之间的传播，这也是科学传播狭义的指称，与传统的科学普及有相似的工作领域。④ 刘兵等撰文指出，近年关于科学传播的相关研究更多的是注重传播内容，而忽视了对传播机制的研究。⑤

在青少年科学传播方式的研究方面，刘雅莉等指出，大众传媒在对青少年的科学传播中起着至关重要的作用，只有注重传播的科学性、大众传媒的民主性和科学传播自身的特点和规律，才能有效解决科学传播面临的困境。⑥ 李峥发现，社会各界力量纷纷开始借助网络平台及其技术开展青少年科学传播活动，但网站的内容普遍存在对传统媒体科技报道进行简单复制的现象。⑦ 翟立原的研究表明，科学家向青少年进行科学传播时，科学知识、科学方法、科学思想和科学精神的传播缺一不可，而且相互交融，但置于首位的应是科学方法

---

① 贝尔纳. 科学的社会功能［M］. 陈体芳，译. 北京：商务印书馆，1995：398.

② BURNS T W，O'CONNOR D J，STOCKLMAYER S M. Science Communication：A Contemporary Definition ［J］. Public Understanding of Science，2003，12（2）：183-202.

③ 刘华杰. 整合两大传统：兼谈我们理解的科学传播［J］. 科学新闻，2002（18）：5-7.

④ 吴国盛. 科学传播与科学文化再思考［N］. 中华读书报，2003-10-29（19）.

⑤ 刘兵，侯强. 国内科学传播研究：理论和问题［J］. 自然辩证法研究，2004（5）：80-84.

⑥ 刘雅莉，韦雅莉. 大众传媒在对青少年传播科学时的困境及对策［J］. 河南社会科学，2005（S1）：146-147.

⑦ 李峥. 互联网与青少年科学传播［J］. 科普研究，2007（3）：46-50.

的传播。^① 吴霜阐述了动漫在科技传播中的表现形式与优势，深入探讨了动漫在科技普及、科技教育、专业交流、技术传播四个层面中的作用。^② 靳萍等针对当前我国青少年科普教育存在的问题，重点介绍了重庆市通过建立青少年科学探索中心开展科普模式创新的思考。^③ 上述研究，从不同的侧面阐述了青少年科学传播方式或模式的重要性。

二、青少年科学传播方式

1. 科学与公众之间的三种关系 ^④

斯蒂文·夏平（S. Shapin）认为，科学的分化和专门化意味着科学知识在普通文化中不再拥有想当然的地位，不过这种分化为明确科学普及提供了机会。^⑤ 然而，从社会实践来看，这更像是一场严峻的挑战，以至于有着优良科普传统的英国在报告中也不得不承认"科学和英国社会的关系十分紧张"。^⑥ 为了改善这种紧张的关系，科学和公众两个方面都进行了不懈努力，形成了一些新的理念。与这些理念相对应的是科学与公众关系的三种方式。

第一种方式是传统科普方式。在这一方式中，科学知识虽然由科学家创造，但是由国家有关部门开展面向公众的科学传播，政府居于绝对的主动地位，占据科学知识，把持传播资源，自由决定传播什么内容以及以什么方式、在什么时间传播，公众只是被动接受，科学家极少参与。很明显，这种方式造成了公众渴望了解科学、支持科学但实际上对科学了解很少的后果。

第二种方式是公众理解科学的方式。"公众"（the public）在这里是指大

---

① 翟立原. 科学家向青少年传播的典型研究 [J]. 科普研究，2007（2）：14-18.

② 吴霜. 动漫在我国科技传播中的作用研究 [D]. 大连：大连理工大学，2009.

③ 靳萍，耿丽娟，万历. 中国青少年科普教育创新模式研究——"重庆市青少年科学探索中心"创新模式构想 [C]// 中国科普理论与实践探索——2008《全民科学素质行动计划纲要》论坛暨第十五届全国科普理论研讨会文集，2008-06-12.

④ 翟杰全. 科技公共传播：知识普及、科学理解、公众参与 [J]. 北京理工大学学报（社会科学版），2008（6）：29-32.

⑤ SHAPIN S. Science and the Public [M]// OLBY R C，CANTOR G N，CHRISTIE J R R，et al. Companion to the History of Modern Science. London：Routledge，1990：990-1007.

⑥ 英国上议院科学技术特别委员会. 科学与社会——英国上议院科学技术特别委员会 1999—2000 年度第三报告 [M]. 张卜天，张东林，译. 北京：北京理工大学出版社，2004：6.

多数非科学人士；"理解"（understanding）不仅包括对一些科学事实的了解（knowledge），还包括对科学活动及科学探索之本性的领会（comprehension）；"科学"（science）是指广义的科学，包括数学、技术、工程和医学，是指对自然世界的系统考察以及对由此考察所得知识的实际运用。① 在这一方式中，科学共同体开始变得主动，把改进公众对科学的理解作为自己的主要职责之一。科学家开始进入科学传播活动的前台，包括举行新闻发布会、提供信息服务，向其他科学机构就科学传播、传媒接洽及公共关系等事务提供帮助和建议，并且要改进与国会议员的联系及与政府、产业界其他高层人士的联系。

　　第三种方式是公众参与科学的方式。在这一方式里，科学家所做的不仅是倾听公众的意见，而且要与公众协商决策；公众所做的也不仅仅是表达意见，而且要参与科学决策。公众参与科学兴起于 20 世纪八九十年代。1987 年丹麦举行了第一次共识会议，英国也在 1994 年首次举行了有关转基因食品的共识会议。公众参与科学有利于提高科学技术决策的透明度，重建公众对科学技术创新的信心，兑现自由民主社会的价值。② 英国上议院科学技术特别委员会在 1999—2000 年度第三报告《科学与社会》中提出："科学也像公共竞技舞台上的其他角色一样，如果对公众的态度和价值标准不加重视，那就会自食其果。"③ 但是，在公众参与科学的实践中，科学一方希望参与活动能够让公众更深刻地理解科学技术实践，从而提高公众对相关政策的支持度；公众一方则希望表达不同于官方的诉求，甚至有可能持强烈的批判态度，甚至否定可行的研究项目。这说明，作为一种先进的协调科学与公众关系的理念，公众参与科学的方式值得深入探究，也需要在实践中不断完善做法和提高效率。

2. 青少年科学传播方式及其类型

　　在传统科普方式中，公众与科学是相离的，科学共同体发挥着中心广播的作用，向公众传播科学。由于是科学一方唱独角戏，缺少信息反馈，科学传播方式比较单一，主要为宣传材料、广播、电视、书籍、杂志、报纸等。在公

---

① 英国皇家学会. 公众理解科学 [M]. 唐英英，译. 北京：北京理工大学出版社，2004：2.
② 孟强. 公众参与科学——兼谈科学的民主化 [J]. 民主与科学，2008（6）：35-39.
③ 英国上议院科学技术特别委员会. 科学与社会——英国上议院科学技术特别委员会 1999—2000 年度第三报告 [M]. 张卜天，张东林，译. 北京：北京理工大学出版社，2004：77.

众理解科学的方式中，由于政府和科学共同体采取了一系列行动，科学与公众的距离拉近，科学与公众便于对话交流，科学传播方式得到了较大的丰富和扩展，新的传播手段如网络信息等得到应用。在公众参与科学的方式中，科学与公众有着深入的互动交流。这一类型的科学传播方式更加趋向多元化，更加注重互动的频率和效果，公众更愿意表达自己的科学主张。

在科学与公众关系变迁中，青少年科学传播方式基本上遵循了单向传播向双向互动传播、单一传播手段向多种传播手段的演变规律。由于青少年时期，学校正规教育占据着大部分时间，而在学校教育中已经渗透了大量的科学教育，在这种情况下，青少年科学传播方式要遵循两个基本原则：一是创新科学传播手段，摒弃落后的、呆板的传播手段；二是加强与青少年的互动交流，推进科学传播内容的创新，使校外科学传播与校内科学教育形成系统并互补。在这两个基本原则的指导下，我们以互动性为一个维度，以传播手段为一个维度，以采用信息技术手段的高低作为传统和新兴的区分，可以把青少年科学传播方式分为四个基本类型：传统Ⅰ型、传统Ⅱ型、新兴Ⅰ型、新兴Ⅱ型。如图附–1 所示。

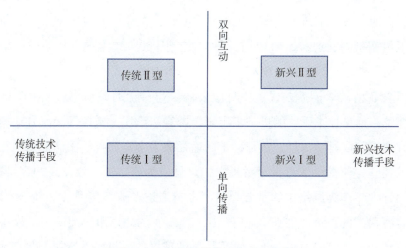

图附–1　青少年科学传播方式主要类型

传统Ⅰ型科学传播方式对应的是公众缺失科学的关系模式。这是一种最典型的传统形式上的青少年科学传播方式，基于国家的立场，主要采用中心广播的单向思维，利用挂图、书本、广播、电视等传统的传播手段，向青少年"灌输"标准内容的科学知识、科学方法、科学精神、科学立场。

传统Ⅱ型科学传播方式对应的是公众理解科学关系模式。这种科学传播模式把青少年的科学接受方法和科学兴趣考虑进去，更多地采用在科技活动中开展科学传播的方式。这类活动既包括普及参与型的科技活动如科普展览、科普报告、科技夏令营、暑期学校等；也包括实践探索型科技活动，如兴趣小组、科技大赛、发明大赛、奥林匹克科技竞赛等；还包括一些综合型的科技活动，如科技展示评比、科技交流会等。

新兴Ⅰ型科学传播方式对应的是公众理解科学的前期。因为在这一时期，传统型科普方式依然占据主流，但是以互联网信息技术为代表的新的传播手段开始在实际中逐渐应用。由于信息技术在传播方面的巨大优势，科学共同体和政府部门很快采用这一新的方式，建立专门网站，向青少年普及科学技术知识。据中国互联网络信息中心统计，截至 2011 年 12 月底，中国网民达到 5.13 亿人，初中以下学历网民数量占 35.7%。[①] 教育部在 2000 年印发了关于在中小学普及信息技术教育的通知，要求将信息技术课程列入中小学生的必修课程；2005 年前，争取东部地区县以上和中西部地区中等以上城市的中小学都能上网；西部地区及中部边远贫困地区的县和县以下的中学及乡镇中心小学与中国教育卫星宽带网联通；2010 年前，争取使全国 90% 以上独立建制的中小学校都能上网。[②] 这些都是新兴技术对青少年科学传播方式的直接影响。

新兴Ⅱ型科学传播方式主要对应公众参与科学的关系模式。由于信息技术的普及，信息技术手段的进一步丰富，博客、论坛、微信等交流方式的便捷性，青少年获取科学信息、参与科学的途径极为丰富。科学网、果壳网等科学网站的建立，使得了解青少年对科学的意见成为成本低、效益高的容易事情。另外，青少年作为网络中的重要力量，也越来越多地参与到科学事务的讨论，并影响着科学的决策。如在 2005 年 4 月，11 岁的北京市海淀区理工附小六年级学生高梦雯，代表中国少年儿童手拉手地球村的小村民，参加了北京圆明园湖底防渗工程听证会并发言，会上她提出圆明园铺防渗膜可能对生态环境造成

---

① 中国互联网络信息中心. 第 29 次中国互联网络发展状况调查统计报告［R］. 2012.

② 教育部. 关于在中小学普及信息技术教育的通知［J］. 教育部政报，2001（Z1）：61-63.

八种恶劣影响，成为听证会上的亮点。^①

在新兴Ⅱ型科学传播方式中，青少年不再仅仅作为科学传播的"接球"者，也可以成为科学传播的"发球人"。社区科学商店是突出的代表性案例。20 世纪 70 年代，荷兰乌特勒支大学和阿姆斯特丹大学的学生在老师支持下，首创科学商店，帮助社区非营利客户解决有关科学问题，并逐渐推广这种组织。受荷兰经验的鼓舞，科学商店如今已扩展到全欧洲，以及美国、加拿大、澳大利亚、韩国、中国等地，成为一种国际化趋势。作为国内第一家科学商店，华东师范大学的科学商店于 2006 年 11 月 28 日成立，设有理财咨询、儿童发展与教养、绿色生活服务、绿色家园服务、法律援助、社会工作、数字产品服务、市民体质健康测试与咨询等九个部门，由不同的学院负责，在全校范围内宣传，全方位服务社区。^②

三、青少年科学传播面临的新情况与新特点

1. 青少年科学传播方式与情境性

本文总结梳理了青少年科学传播方式的四种类型，但是不能简单地认为新型传播方式一定取代传统型传播方式。事实上，即便是科学传播如此发达的今天，也没有完全摒弃传统型的传播方式，常常是传统型与新型科学传播方式结合，如现场报告 + 网络直播，科技馆在网站上进行多媒体展示，杂志图书推出电子版，现场传播与远程教育、MOOC 公开课结合。

至于具体采用何种方式为妥，应该视具体情境而定。比如，在新科学、新技术刚产生的时候，最好采用传统的科学传播方式，让公众包括青少年先了解科学，这样青少年才能进一步理解和参与科学。即便是情境相同，由于科学传播中传播者、媒介和受众处于非线性的作用关系，科学传播方式的选择就会考虑更多的因素。此外，如果是在科学文化基础比较落后的地区，科学共同体与公众无法形成有效的互动交流，这种情况也只能采用单向性的科学传播方式。英国皇家学会的《公众理解科学》报告承认："英国存在着 300 万到 400 万成

---

① 新华网. 圆明园湖底防渗工程公众听证会文字实录［EB/OB］.（2005–04–14）［2015–03–30］. http://www.zhb. gov.cn/ztbd/ymyfcgc/mtbd/200504/t20050414_65921.htm.

② 张琦，周凯. 大学生把"科学商店"开进了社区［N］. 中国青年报，2007–11–01.

人缺乏文字和数学的基本能力，而没有这些能力，就谈不上理解科学。"[①] 在这方面，中国的国民教育水平也不乐观。据 2010 年第六次全国人口普查数据显示，文盲人口依然达到 5466 万人，小学和初中文化程度两者合计人口占总人口的 65.68%，25—64 岁劳动年龄人口中，具有大专及以上受教育程度人口仅为 9.7%，远远低于发达国家。[②] 可以推论，如果缺乏具备基本科学素质的公民数量，如果没有普及好相关的基本科学知识，公众参与科学的实效性值得怀疑。再者，在西方发达国家，公众大多受教育水平较高，具有思考自身利益和公共利益、归纳信息和传播信息的能力，故能有效地参与科学事务[③]；而中国的情况与发达国家的情况还有很大的距离，所以在中国不仅仅是科学知识的普及问题，还应该考虑公众的科学启蒙问题。

2. 青少年科学传播方式与城乡差距

青少年是一个群体，但在这个群体内部存在差异，如城市青少年与农村青少年的成长环境具有较大的差异。中南财经政法大学中国收入分配研究中心调查研究表明，我国城乡之间、地区之间和行业之间的收入差距不断扩大，而我国收入差距有将近一半来自城乡之间收入差距。[④] 当城市青少年阅读科技书籍、参加科技比赛的时候，农村的许多青少年在与年迈的爷爷奶奶过着留守生活。以互联网使用为例，据中国互联网络信息中心《2013 年中国青少年上网行为调查报告》的研究结果，青少年网民城乡差异明显，城镇地区互联网发展水平远高于农村地区，且两者差距呈扩大之势。2013 年，城镇青少年网民对各类应用的使用率普遍高于农村青少年，仅即时通信使用率低于农村青少年网民。其中，商务交易类应用是城乡间差异最大的应用类型，网络购物、网上支付、网上银行和旅行预订在城镇青少年中的比例均高出农村青少年网民 15 百分点左右。[⑤] 因此，不同的科学传播情境，将决定不同的科学传播内容和方式。这必

① 英国皇家学会. 公众理解科学 [M]. 唐英英，译. 北京：北京理工大学出版社，2004：2.

② 佚名. 我国国民整体受教育水平进一步提高 [N]. 中国信息报，2012-04-12（001）.

③ 李大光. 启蒙：公众参与科学的起点 [C]// 中国科普理论与实践探索——2009《全民科学素质行动计划纲要》论坛暨第十六届全国科普理论研讨会文集，2009-06-20.

④ 俞俭. 我国收入差距近一半来自城乡差距 [N]. 中国青年报. 2013-04-14（2）.

⑤ 中国互联网络信息中心. 2013 年中国青少年上网行为调查报告 [R/OL]. （2014-06-11）[2015-03-30].http://www.cnnic.net.cn/hlwfzyj/hlwxzbg/qsnbg/ 201406/t20140611_47215.htm.

然要求，对科学传播的研究要关注对农村科学传播的研究，对青少年科学传播方式的研究，要重视对农村青少年群体的具体分析。

3. 走向反思的科学与公众关系与青少年科学传播方式新方向

公众参与科学是科学与公众关系的最新模式。但是，这种模式是科学与公众关系的最终模式吗？还将怎样进化？刘华杰曾经总结分析了面向公众的科学传播的三阶段说与立场说，他认为传统科普是基于国家立场的中心广播模型，公众理解科学是基于科学共同体立场的欠缺（或缺失）模型，有反思的科学传播是基于公民立场的对话模型（或民主模型）。同时，他还提到了科学与公众关系的演化趋势是走向有反馈、有参与的模型，走向多元立场共生。[①] 结合青少年科学传播方式，笔者认为，公众只有在深入了解科学、参与科学之后，才可能会进行深入的思考，包括反思。青少年科学传播方式的发展方向，在理念上，是由传统科普、公众理解科学、公众参与科学，向反思参与科学发展；在模型上，由被动接受模型、主动接受模型、主动参与模型，向反思参与模型进化；在立场上，由国家立场、科学共同体立场、青少年立场，走向多元立场共生。但是，无论是对于公众来说（包括青少年），还是对于科学来说，反思参与科学阶段将可能呈现一个人人都是科学传播者、处处都是科学传播中心的景象。同时，对这一阶段的青少年科学传播来说，既孕育着丰富的机会，也预示着更大的挑战。

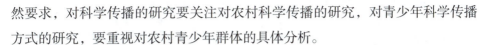

科普硕士培养现状及对策分析 [②]

科普高层次专门人才（即科普硕士）培养工作是在 2012 年 1 月启动的，国务院办公厅和教育部办公厅、中国科协办公厅为推动这一事业分别出台了两个文件：《听取全民科学素质行动计划纲要实施情况汇报的会议纪要》和《教育

① 刘华杰. 科学传播的四个典型模型 [J]. 博览群书，2007（10）：32-35.

② 本文原载于《科技管理研究》2016 年第 22 期，作者为王永伟、徐善衍、刘立。

部办公厅、中国科协办公厅关于印发〈推进培养高层次科普专门人才试点工作方案〉的通知》，这样，高校与科技场馆合作培养科普硕士便正式拉开了序幕。中国科协会同教育部联合推动全国高层次科普专门人才培养试点，首批纳入试点的包括六校（清华大学、北京师范大学、北京航空航天大学、浙江大学、华东师范大学、华中科技大学）和七馆（中国科技馆、山东科技馆、上海科技馆、浙江科技馆、湖北省科技馆、武汉市科技馆和广东科学中心）。通过两年多的实践，形成了风格不同的"上海模式"（在职培训订单式培养）和"广东模式"（科技馆全面参与招生、就业、开题、答辩等环节）等，同时也暴露出一些问题。其中有些问题源于多种因素的叠加效应，如专业学位的共性问题、全日制专业学位的共性问题等；也有科普硕士的独有问题，如几乎所有专业学位都是在其已在（学术型）学科目录占有了一席之地的情况下向专业学位的拓展，而科普在学术型学科目录二级学科里本就不存在，再如学科内科学文化与科技传播范式不断冲突；等等。

专业学位研究生培养在内地已有 20 多年历史了，科普硕士目前仅处于试点阶段，挂靠于教育硕士、新闻传播硕士、艺术硕士等专业，形成了不同培养方向，如科技场馆内容展示、科普教育、科普传媒等。在这一事业的开创期，中国科协及相关部门的热情推动必不可少。但若想持续推动这一事业，尚需依靠市场及教育规律本身，而找准问题症结、提出可行性建议实属当务之急。

一、科普硕士培养中的问题

现将各调研单位反响强烈的几个问题列述如下。

1. 培养目标及方向

这集中体现在对"高层次科普人才"的理解上。首先，究竟"高"在何处？尽管"高层次专门人才"在各种政策文件及专家解读中是作为对"专业硕士""专业学位"的解释[①]，但这并不妨碍对其内涵做进一步追问。当前国内外高等教育界关于专业学位学术性、职业性或实践性都存在的诸多争论[②]也凸显

---

① 学位与研究生教育信息网. 关于印发《教育硕士专业学位设置方案（2015 年修订）》的通知［EB/OL］.（2015–08–06）［2016–03–30］. http://www.cdgdc.edu.cn/xwyyjsjyxx/gjjl/zcwj/280492.shtml.

② 赫钦斯. 美国高等教育［M］. 汪利兵，译. 杭州：浙江教育出版社，2001：27.

出这一问题的难度。调研中，我们收集到多种对于"高"的理解。

高是专业素质方面的高，即沿本科所学专业再增加科普内容，可通俗说成是 80% 专业加 20% 科普，如工程硕士延长一年学习科普，期满后授予工程硕士学位，或双学位，即"科普硕士 +X"培养模式。高应体现在一种眼界，一种终生学习的能力。当代教育的专业性过强，而重要的是带给学生一种理念以更好适应社会多元需求。高就是科学文化素质，即对科学史、科学对社会影响的全面把握，对科学文化属性的认知。中国科技馆束为馆长的观点很简洁：高是对这项事业的爱；高主要不应是指学生的专业，科技馆所需人才仅靠专业课是远远不够的。

其次，科普硕士培养所指向的具体领域是什么。科普尤其是科协科普，面向的领域是异常广大的，包括城市社区、田间地头、企事业单位、青少年学生等。《推进培养高层次科普专门人才试点工作方案》指出：先期开展培养科普教育人才、科普产品创意与设计人才、科普传媒人才三个方向的试点工作。华中科技大学和北京航空航天大学主要针对科普教育，兼及科普产品创意与设计，这确可与科技场馆的专长紧密结合，故招生简章中明确"理工科背景""科技馆方向"即在情理之中了。另几所院校培养方向各不相同，华中师范大学主要针对中小学科学教师，中国科技大学主要面向科普传媒，南京信息工程大学则是在气象科普领域涵盖了展品制作、传媒等方向。

对于"高"和"科普"的理解，势必牵涉院校依托类型、层次、学科及所在地区等诸多问题，如目前对人才需要最迫切的是西部地区和基层，而试点单位却都集中于中东部地区，这势必造成学生就业期望值与实际市场需求的脱节。科协辛辛苦苦培养出的人才能否留在科普领域着实引人深思。

只有全面透彻理解"高层次科普"，方能精准确定试点地区、试点单位、依托学科，从而更有针对性地编写教学大纲、制订培养计划。

2. 招生和就业

拥有一流生源并培养出杰出校友是世界一流大学的重要标志。[①] 除华东师范大学，试点高校招生皆属全日制专硕，且绝大多数为理工类应届生。这里

---

① 丁学良. 什么是世界一流大学? [M]. 北京：北京大学出版社，2004：16–24.

存在一个比较突出的现象——调剂。当然由于认知度、高额学费、奖学金制度等原因，专业学位研究生调剂比例普遍较高，而科普硕士尤甚，如华中科技大学 2014 级科普硕士调剂率为 100%，北京航空航天大学这一比例为 93%（表附-1）。究其原因，主要应在于挂靠教育硕士、设置于文科院系却只招收理工类考生的制度设计。高调剂率也使生源中"211"以上高校毕业生比例明显偏低，如华中科技大学 2013 级科普硕士有 90% 来自非"211"院校。

表附-1　试点高校 2014 年科普方向硕士研究生招生情况

学　校	计划招生总数 / 人	实际报到人数 / 人	调剂生录取人数 / 人	实际录取总人数 / 人	调剂率 /%
清华大学	30	30	0	30	0
北京航空航天大学	30	15	14	15	93.3
北京师范大学	25	23	21	25	84.0
华东师范大学	30	10	10	10	100.0
华中科技大学	30	21	21	22	95.5
浙江大学	30	30	16	30	53.3
合计	175	133	82	136	60.3

科普专业人才就业前景十分广阔：企事业单位、高校、政府机关、报社等，这从中国科技大学新闻传播硕士历年的就业情况可以看出。科协各单位在前两届科普硕士就业中发挥了重要作用，如北京航空航天大学 2014 届 83% 的毕业生进了中国科技馆。不过报考中出现了无法报名等问题，原因在于现有学科目录中并没有科普专业，报名系统也未收录"教育技术（科普）"等名称。无独有偶，南京信息工程大学的气象科普也因学科目录中没有"科学技术史"二级学科导致学生无法参加科协考试。面向中小学科学教师似乎是教育硕士的应有之选，然而很多中小学并无专职科学教师岗位，多由其他学科教师兼任，如数理化教师，甚至体育、音乐教师，学科地位明显不高。有些地方（如南京）虽明文规定每所中小学皆须配备至少两名科学教师，但却要求必须是师范类专业，而科普虽挂靠教育硕士却不属于师范专业。这使得面向中小学科学

教师的专业，其硕士生就业并不顺利。所以，在无配套政策支持的形势下，极可能会出现科普硕士想留而无法留在科普领域的尴尬局面。

3. 校馆合作

教育部《关于做好全日制硕士专业学位研究生培养工作的若干意见》规定，全日制专业硕士在学期间须有不少于1年的实践教学环节，国内有特色的培养模式也突出表现在对实践教学的安排上，如五段制管理、成果导向型等培养模式。由于高校往往用专硕的学费来补助学术型硕士的培养，甚至将其作为学校院系创收的手段[①]，使原本就不充足的专硕实习经费显得更加捉襟见肘，所以很多高校的实践教学多流于敷衍。与此相比，中国科协和教育部强力推动的校馆合作就显现出极大优势，但若想持续合作，就必须充分考虑各个利益相关者的需求。

首先，经费问题。有些高校在调研中坦言对招生名额及相关费用的渴望。实习中的经费（学生的市内交通补助、午餐补助、实习考察的交通费等）、教师出国访学费用几乎都是科协筹集，研究生创新项目亦由中国科技馆组织开展。即便如此，有些高校还是面临诸多困难，如北京师范大学始终未能解决学生住宿问题，指导教师不得不从自己的其他项目中拿出经费以支持学生到校外租住，这种情况显然难以持久。另外，科技馆方面，教师课酬、实践指导费用都没有计入工作人员的绩效，有些科技馆难以承担或不愿意承担这部分费用，使得学生实习处于僵持状态。

其次，学科评估问题。由于科普硕士挂靠其他专业学位，教育部对各专业学位必修课科目、学时、学分等都有明确规定，如教育硕士就是培养中小学教师，所以课程全部围绕中小学教学进行，而科技场馆的展教主要针对公众非正规教育，为了同时满足场馆要求和大纲对教育硕士的要求，就形成了诸多对教育硕士评估来说比较"奇怪"的学科设置，如大纲中的《青少年心理》演变成的《青少年科普心理》，《教育概论》演变成的《教育与科普概论》，这必然与教育部的评估发生冲突。

---

① 包水梅，顾怀强. 专业学位研究生教育——跨越式发展背后的尴尬及其化解［J］. 中国高教研究，2011（9）：41–45.

最后，校内导师与校外导师的话语权之争。校内导师和科技馆第二导师团队对于学生学位论文选题和项目指导存在明显差异，学校偏学术理论，场馆偏技术操作，校内导师难以针对科技馆选题进行有效指导。但学生能否顺利毕业又取决于高校，这导致两者的合作始终存在一些不和谐因素。即便如广东科学中心和广州工业大学的合作，第二导师团队已通过制度明确介入了招生、论文开题、答辩等环节，但实践中仍存在诸多困境。

4. 科普硕士培养模式和知识结构

不论试点单位还是非试点单位，教学无不按基础课、专业课等学科来设计，未见专业硕士培养和学术型硕士培养的显著差别。中国科学技术大学积30年科学传播办学经验，已在学术型研究生培养中形成了自己从科技编辑到科技传媒的特色，培养模式也得到用人单位认可，其开设课程也是在多年社会反馈过程中逐渐形成的。但正如上文提到的，试点院校很多课程对于整个科普事业来讲似无太大意义，更鲜见培养单位对于科普完整的理解及清晰的思路。

科普是通过对科学进行重构从而"普在民所、及至人心"，其涵盖了文理等多个学科，就直接相关的学科而言，就涉及了理学、教育、科学的社会研究、媒体研究等[①]，充斥着科技哲学、新闻传播、科技史等多个学科进路，至少有中心广播、科学文化两种研究范式。英国皇家学会从《公众理解科学》到《科学与社会》[②]等几个科学传播报告，在内容上愈益重视科学风险及公众参与科学决策，这也反映出科学传播的复杂性。科普硕士应重在科学文化素养、文理融合抑或是公众理解科学能力（或态度）还是公众参与科学？各校的课程内容未见对此的深层剖析。

国外大学在科学传播相关方向上的课程设置也各不相同，如英国曼彻斯特大学重科学哲学、美国耶鲁大学重科学写作、密歇根大学重科学教育等，但作为一个领域总是存在主要问题和核心知识节点的。米勒对此进行了深入探索，提出科学传播领域的四个模块：媒体研究（Media Studies）、科学与社会中政治

---

① MULDER H A J, Longnecke R N, Davis L S. The State of Science Communication Programs at Universities around the World [J]. Science Communication, 2008（30）：277—287.

② 英国上议院科学技术特别委员会. 科学与社会——英国上议院科学技术特别委员会 1999—2000 年度第三报告 [M]. 张卜天，张东林，译. 北京：北京理工大学出版社，2004：63.

的倡议（Political Initiatives）、科学争论（Science Controversies）和职业的文化（Professional Culture）。① 其中两个都与对科学的哲学反思、文化反思相关。但在试点单位所列的必修课及科普高层次人才培养教指委制定的培养要求中，科学史、科学哲学、科学社会学几乎只有科学史学科。对科学史的理解也多是近代西方意义上的观念，对于中国古代科学的特质仍旧局限于李约瑟范式，这样必然会带来科学传播模式的局限（缺失模型），而难以使学生掌握全面的科学传播观，缺乏对科普的深层把握。

二、思考与建议

1. 树立大科普理念，明确人才培养方向

科普要面向公众，需要联合其他部门，仅于科学谈科学极易导致科学主义与传播上的缺失模型。我们认为热爱、眼界是整个教育所应追求的，非科普硕士所独有，而只有将科学技术放在科学观、科学史观、科学传播观的科学文化大框架中才能准确定位科学。作为指导机构的教指委，其成员的学科背景应尽量多样，以避免同质化，并广泛听取科普界的各种声音；不仅仅是自然科学博物馆协会内部的，应该涵盖科普领域主要的学术机构，如科技新闻学会、科普作家学会、科学传播和科学教育学会等。②

科普是个广大的领域，而当前的科普硕士培养仅局限于科技场馆方向。纵览科普硕士 10 个教学实践基地，非科技馆的只有果壳网一家。科技馆的确集成了多种功能，比如展教、设计等，这也是最初确定校馆合作的原因，但科普硕士绝不是专门为科技馆培养人才，将稀缺的授课学时完全放在这部分是否合适？培养出的毕业生是否能够适应异质化的科学传播环境？科技馆自身都未完全认可专门为自己量身打造的毕业生，我们又凭什么期待其能在更大的科普空间崭露头角？与之相关的是，科普硕士依托的学科及院校都需要进一步论证。挂靠学科首先应考虑科技传播专业，继而拓展至农业推广、社会工作、MPA 等专硕类型。试点高校不应局限于"985"高校，可以扩大至"211"高校或普通

① THE ENSCOT TEAM. ENSCOT: The European Network of Science Communication Teachers［J］. Public Understanding of Science，2003（12）：167–181.
② 吴国盛. 科学传播与科学文化的再思考［N］. 中华读书报，2003–10–29.

高校甚至高职，试点地区也应该扩大到西部地区，逐渐形成大范围多领域的各单位自由申请、中国科协负责审核评估的高校与科技场馆自由结合的新局面。不过，科普硕士培养不会一直仅由科协来做，科协只能是第一级推动火箭，进入国民教育序列、按教育规律和市场来办教育无疑是大势所趋。

2. 理顺关系，打通招生就业之路

专业型与学术型硕士的同质化招考及培养模式、奖学金和学费的差异政策、落榜学术型考生被调剂到专业学位等诸多因素，促成了专业硕士普遍的被剥夺感。[①]

招生中对于理工科学生的青睐，直接原因是科技馆展品设计岗位的需求以及理工科院校大量的理工科落榜生的存在。更深的根源，一是人们头脑中根深蒂固的观念——科学家做出的科普才是真正的科普，二是科技场馆目前的工作仅满足于展品制作，未提升到科学文化传播的高度。国外持续着文理的科学大战，国内也出现了如转基因、PX 建厂等争议性事件，这提示我们科普绝不仅是对科学知识的简单推广，而是在科学哲学、科学史、科学社会学大背景下对于科学的重构，所以招生中适当照顾到各个学科的比例不失为明智之举。另外，除了全日制专业学位，业内人士的在职学习也应纳入顶层规划，各个试点单位可据自身情况出台相应制度。

专业学位本是面向职业的，但在我国，即便是发展多年的专业学位，如医学、法学等专业，仍然存在诸多就业瓶颈。科普硕士作为一个新兴的学位，其就业所面临的具体问题自然更多。长远来看，随着社会需求的增大及专业化程度的提升，定能带出一个学科——科普学，与一个职业——科普师，逐步构建与世界接轨的科普执业资格考试及专业认证制度，彻底打通科普硕士的教育和就业之路。目前来看，需要解决的几个紧迫问题有：提高中小学科学教师地位，增加专任教师数量；在公务员网上报名系统及学科目录里列出科普相关专业，避免出现学生报考难题；借鉴免费师范生、西部计划、思政教师学历提升等享受国家优惠政策人群在就业方面的相关制度，完善科普硕士就业的政策法规体系，以确保优秀科普人才能够留在科普领域。

---

① 孔国庆. 全日制专业学位硕士的"相对剥夺感"调适论析［J］. 现代大学教育, 2012（1）: 105-109.

3. 在互利共赢中深化校馆合作

校馆合作中经费问题、高校与科协关系问题亟须正视并稳妥解决。

（1）经费方面

实践教学推高了专业学位的培养费用，科普硕士实践教学的费用目前主要由科协系统单方面给予支持。但长远看，若无制度规范，单纯由科协挤占其他开支的扶持方式难以行远。中国科协会同教育部尽早出台相关文件，明确要求各级地方财政给予试点工作财政支持（项目），中国科协与教育部也应该参照其他部门的做法，给予试点工作相应的经费支持。华中科技大学具体提出了支持额度及分配办法：学生按人头每生拨 5000 元，其中学生 3000 元，学校 1000 元，实习单位 1000 元。项目方面，除目前中国科协的研究生创新项目须提高覆盖面外，其他国家部委的国家科技计划等课题也应该加大对包括科普硕士在内的专业学位的支持力度。

（2）两者关系方面

尊重各方利益和意愿，充分满足各方要求，努力为高校教师、科技场馆第二导师团队提供事业发展的空间。如对于校内教师，能促使其科研水平、论文发表层次、职称晋升有较大作用。科技馆方面，希望实习时间最好在暑期或人流高峰期 7—10 月，并能延长到 4—5 个月，这样既可以缓解场馆的工作压力，又能给科技馆留下一些优秀的剧本、课件。这样就需要在制度上有明确规范，如华中师范大学的校内跨学科平台对于整合校内资源具有明显优势，其与湖北省科协的双主任架构也别出心裁，切实保障校外导师团队在招生、开题、答辩各个环节的发言权，增强他们的积极性和责任感。科技馆与高校的深层差异在于两种思维的差异，体现为理论—技术、学术自由—行政科层、抽象化—实践智慧等方面。科技馆应积极向研究机构发展，而不是趋向于行政官僚化。但从当前的科研现状来看，很难称科技馆为一个研究机构。若没有较高的专业水平，怎能表明这一职业已然形成了一种新的专业呢？科技馆在形成了强大的研究能力后，完全可以自己申报科普硕士的学位点，类似于国外的"公司大学"，这不失为一种新的人才培养途径。

4. 构建当代中国特质的科普硕士培养模式

一些成熟的专业学位大多形成了自己品牌的实践教学，如法学硕士的"法律诊所"、医学硕士的"挂科实习"等；同时，基于杜威的生活教育、赫尔本·施耐德的合作教育理论以及吉本斯的新知识生产模型等理论，也愈益催生出不同培养模式试点。对于科普硕士，欲形成有特色的培养模式，我们认为有几个问题亟待厘清。第一，明确当代中国科普的知识结构。科普之所以能形成一个领域，进而构成学科，须有自己的理论内核，而彰显中国特质对当下中国科普来讲不可或缺。一般而言，中国特质即中国传统文化特质、当下中国民众科学素养水平、科学主义程度及社会重大需求等。将这些中国的符号融入科普，依此再分殊出科普教育、科普新闻、展品设计等分支，继而构建出中国的科学传播学。第二，明确科协科普的主要内容。科协工作一在科技创新，二为科技普及，创造出了英才计划、高校科学营等活动，以及农技协、文化礼堂（浙江）、科普中国 e 站等。科普硕士为科协培养人才，那科协的工作方式、主要领域、发展趋势等皆须深刻把握。融合科协系统五大科普计划，以创新激励和信息化两大引擎为支柱，设计主要工作的路线图，实乃当务之急。第三，明确专业学位模式的特质。专业学位是具有学术要求的职业型教育，是技能型知识与言传型学科知识的统一。其重点在于保留班级授课制，通过学科教学，在有限教学时间里达到职业性要求，为此，技能型知识的演进逻辑首先需要予以澄清，而 CDIO 等模式及 SECL 等模型即是针对职业思维进行的有益探索。在中西有关意会认识基础上挖掘技能型知识独特的教育学、心理学规律，并由此构建不同于学科范式的教学组织形式，有待深入研究。

从事科学传播与普及研究的个人经历回顾 [①]

　　我是一名在高校从事自然辩证法、科技政策的教学和研究的教师。由于一个偶然的机会，我进入了科普研究的领域。近年来取得了一些成果，这与中国

---

① 本文以《科协给力科普学术研究：个人经历回顾》为题原载于中国科学技术协会网（网址：http://www.cast.org.cn/n35081/n11114910/n12714123/12714243.html，2011 年 4 月 12 日检索），作者为刘立，有修改。

科协的支持和资助是分不开的。

2003 年 9 月，中国科协牵头组织"全民科学素质行动计划"制订工作研究课题招标，我们参与了"我国公民科学素质的基本内涵与结构"课题的竞标，获得了成功。"科学素质"是一个外来概念，对我国来说是一个新概念。我和课题组成员投入了很多的精力和时间，对科学素质的定义、内涵和结构进行了本土化探索。该研究成果得到了专家评审组和科协领导的肯定和好评。因为这项研究，我应邀加入《全民科学素质行动计划纲要》的文件起草小组。

自那以后，科普研究成为我的一个新的学术方向。作为高校教师，与专门的科普研究者和科普管理者不同，我们的比较优势主要在理论研究和基础研究方面，所以，我的科普研究主要定位于学术研究。科协雪中送炭，为科普学术研究提供资助。我尽量充分利用中国科协提供的一席之地，从事科普学术研究。

第一，获得中国科协等部门的项目资助，从事科普研究。比如，"中国科协科普资助项目"，我的同行中有多人获得该项目的支持。2008 年，我以"中国科普政策及其制定"为题申报该项目，获得了立项。虽然课题经费很少，但在该课题的支持下，我们撰写了一系列文章，多次参加"全国科普理论研讨会"（暨《全民科学素质行动计划纲要》论坛），并培养了一名硕士研究生。该硕士生以《中国科普政策的议程设置与政策文化研究》为题，撰写了硕士论文，获得了答辩委员会专家的好评。后来，我们在期刊上正式发表了《中国科普政策及科普政策文化初探》的文章。近年来，为了吸引和调动研究生从事科普理论与实践研究的兴趣和积极性，培养科普研究后备高级人才，中国科协设立了"研究生科普研究能力提升类项目"，我们对此表示由衷的赞赏。

第二，参加科普理论和科学传播学等会议，与国内外同行进行广泛的交流。"全国科普理论研讨会"由中国科普研究所等单位主办。近年来，我连续不间断地参加了"全国科普理论研讨会"，与来自全国各地的科普管理者和实践专家、来自研究机构和大学的学者进行交流切磋。值得一提的是，在纪念中国科普研究所成立 30 周年的背景下召开的 2010 年研讨会，同时举办了"科普理论国际论坛"，笔者借此机会结识了国际上著名的科技传播普及研究专家，如美国的布鲁斯·莱文斯坦（Bruce Lewenstein）、英国的马丁·鲍尔（Martin Bauer），聆听了他们的报告，与他们进行了面对面的交流。这些交流对于我这样待在"象牙塔"的教师增加对中国科普实践的了解，增加对国际科普研究前沿的认识，具有很大的帮助。

我曾在这些研讨会上，或做大会报告，或主持分组讨论，或做分组报告。2007年，我参加在上海浦东召开的第14届研讨会，做大会报告"公民科学素质的定义、内涵及理念新探"；2008年，参加在广州召开的第15届研讨会，做大会报告"《全民科学素质行动计划纲要》的议程设置案例研究"；2009年，参加在沈阳召开的第16届研讨会，主持分组讨论并做报告"中国科普政策的类型、体系及历史发展初探"；2010年，参加第17届研讨会，做分组报告"低碳概念在中国的传播与普及初探"。经过会议学术委员会的遴选，我们参加这些会议的论文均被收入近年来中国科普研究所编的《中国科普理论与实践探索》各辑论文集中。

第三，参加中国科协—清华大学科技传播与普及研究中心的工作。我先后作为中心的主任助理和副主任，见证了中心创建和发展的历史。2005年，中国科协与清华大学本着"优势互补、共同发展、创建一流"的原则，联合建立了该研究中心。中心定位为"高起点、开放式、国际化"的科技传播与普及研究机构。中心由徐善衍教授任理事长，程东红博士和谢维和教授任副理事长。中心围绕《全民科学素质行动计划纲要》的实施做了大量的研究工作。在《全民科学素质行动计划纲要（2006—2010—2020年）》颁布不久，中心及时召开了"科学技术传播与普及学术研讨会"全国性会议，并编辑出版《科技传播普及与公民科学素质建设的理论实践》（曾国屏、刘立主编，内蒙古人民出版社2008年版）。中心承担了中国科协资助的多个课题，如"公民科学素质建设的理论与实践研究""公共科学服务体系""科学思想、科学精神与科学态度的关系研究""科普与文化产业的结合"等。中心提出了若干重要的学术观点和政策建议，如提出了从国家创新系统的高度来认识科技传播与普及的地位和作用，提出了"公共科学服务体系""生活科学"等概念和体系。

2013年起，中心每年承接中国科协的"国外科学传播理论与经典案例动态研究"项目课题，每年编辑《科技传播与普及动态》（内部刊物，报送中国科协科普部）。

2016 年编辑的《科技传播与普及动态》，主要做了以下工作。

（1）对国际科技传播普及的动态做了介绍。中心组织翻译介绍了"科学传播学""再谈科学与媒体的隔阂：作为公共传播者的科学家""公民科学：提升科学知识及科学素质的开发工具""英国 20 世纪早期科普写作史"等国际科技传播普及的前沿主题。

（2）开展热点问题的讨论。中心及时反映了关于《中国公民科学素质基准》的讨论，收录了《对〈中国公民科学素质基准〉中一些问题的意见》《在〈基准〉和〈纲要〉之间》等文章，并开设了"关于公民科学素质相关问题的发言专栏"。

（3）对关于现实问题的科学传播做了研究。"环境传播"具有重要的现实意义。《科技传播与普及动态》收录了《环境传播在西方和中国》，并对《人民日报》和《新闻联播》PM2.5 相关信息传播做了计量分析和内容分析。《科技传播与普及动态》还发表了关于 PX 项目的传播研究，以 PX 项目事件为例来探讨我国社会性科学议题的科学传播问题。

中心培养了一批科技传播与普及高层次人才。比如 2017 年我指导的两位博士后通过出站报告答辩，走上工作岗位。

科学传播学的宣言书——关于《公众科技传播指南》

在国际学术界，编写指南（Handbook，又译"手册"）是建立、建设一门新学科的一个重要方式；通过指南，可以在广阔的文化世界和学术世界版图上，划定新学科的边界、确定研究对象甚至建立研究范式。因而，指南往往标志着一个新学科的创立。

比如，1995 年美国科学社会研究学会出版了《科学技术学指南》（*Handbook of Science and Technology Studies*，中译本为《科学技术论手册》），2008 年又出版了新版《科学技术学指南》。这些指南标志着"科学技术学"作为一门新的学科的创建及发展。又比如，2011 年美国出版《科技政策学指南》（*The*

Science of Science Policy：A Handbook），可以说标志着"科技政策学"的诞生。

科技传播与普及（以下简称"科技传播"）活动由来已久。20世纪70年代，发达国家出现了"科技传播运动"（Science Communication Movement），并出现了科学新闻（Science Journalism）职业。随着科技传播的职业化进程，欧美一些大学开设了科技传播方面的课程和硕士、博士学位点。许多科研机构、大学、政府部门、企业、非政府组织已经把科技传播提上了议程。另外，国际上从事科技传播事业的实践者和研究者发起成立了科学共同体组织——国际公众科技传播网络（International Public Communication of Science and Technology Network）。该网络每两年举办一次国际研讨会，迄今已召开了13届研讨会。

《公众科技传播指南》（Bucchi M，Trench B. Handbook of Public Communication of Science and Technology. London and New York: Routledge，2008。以下简称《指南》），就是国际公众科技传播网络多年来协同研究的一个重要成果。该书的主编和多位作者长期担任国际公众科技传播网络学术委员会的委员，比如《指南》主编之一布基是意大利特伦托大学科学社会学教授，曾出版专著《社会中的科学：科学的社会研究导论》（2004）；作者马丁·鲍尔是英国伦敦经济学院的教授，《公众理解科学》的主编。《指南》对每位撰稿人都做了简要介绍。

《指南》并非如人们想象的那样是一部讲述如何进行科技传播的可操作性和实务性手册，而是给科技传播领域展绘出完整的、新的"地图"。《指南》按三个范畴和维度组织其内容结构，分别是科技传播的主体（actors），科技传播的渠道和平台（arenas），以及科技传播的议题（issues）。《指南》讨论的"主体"包括：科普作家、科学新闻工作者、科学家等；"渠道"包括：科普图书、科学新闻、博物馆和科学中心、科教影视、互联网等；"议题"包括：健康科技传播、环境科技传播、遗传学和基因组学、风险传播、科技传播理论和模型、公众参与、科学素质调查、发展中国家的科技传播、社会科学的传播、科技传播的评估等。当然，科技传播中的"主体""渠道"和"议题"三者不是泾渭分明的，而是你中有我、我中有你，交织为一体的。

《指南》对科技传播领域中的重要范畴进行了严肃的学术研究，有很多真知灼见，促进人们进行深刻的反思。《指南》还描述了科技传播"政策话语"（policy discourse）的历史演变，比如对科技传播的理解从传统的"科普"

和"公众理解科学"向科学家与公众的"对话"、公众"参与"（engagement，participation）的转型。《指南》强调，必须把科技传播放到"科学与社会"和"社会中的科学"这样的大背景下来考察。

《指南》为科技传播的概念化和科技传播的策略提供了清晰而明确的思路，推动科技传播学的实践和理论走向成熟。

《指南》中的各章均提供了延伸阅读的核心文献和翔实的参考文献，可以以此为跳板展开进一步的研究。

由于有上述特色，《指南》可以作为科技传播课程的重要教材和参考书，可以作为科技传播学学科建设的重要参考资料。建议将《指南》翻译成中文出版。

国际国内科技传播日新月异，《指南》出版已有五年，需要与时俱进，更新再版。另外，《指南》中几乎没有涉及中国科技传播与普及的内容，这是一个缺憾。这就需要中国科技传播与普及研究者积极参与国际学术交流，进入国际学术前沿。

《科技传播百科全书》述评 [①]

2010 年，由国际学术期刊《科技传播》（*Science Communication*）杂志主持、苏珊·娜何宁·普瑞斯特（Susanna Horning Priest）教授主编的《科技传播百科全书》（*Encyclopedia of Science and Technology Communication*，以下简称《百科全书》）由塞奇（Sage）出版社出版。

普瑞斯特教授自 1989 年就开始从事大众传媒理论、研究方法以及科技传播方面的教学和研究。她长期为政府部门、科研项目以及工商组织提供有关传播、公众参与以及公共舆论等方面的专业咨询；主持了由美国国家科学基金

---

① 本文原载于《科技传播与普及动态》2013 年第 2 期，中国科协—清华大学科技传播与普及研究中心内部刊物，作者为王大鹏、刘立。

会等机构资助的课题。普瑞斯特教授组织了一大批国际知名的学者和专家为《科技传播百科全书》撰稿，如《公众科技传播指南》的主编布基教授、麻省理工学院的约翰·杜兰特（John Durant）教授、康奈尔大学的莱文斯坦教授、科学素养调查开创者米勒（Jon D. Miller）教授、德国尤利希研究中心的彼得斯（Hans Peter Peters）教授。

《百科全书》分上、下两卷，1000多页，共收录约300个词条。这些词条按19个类别进行归类，按字母顺序排列为：①协（学）会和组织；②受众、舆论和效果；③挑战、议题及争论；④意识、观点和行为及其变化；⑤重大事件及其影响；⑥全球及国际科学机构；⑦美国政府机构；⑧科学史、科学哲学和科学社会学；⑨科学技术与社会研究；⑩重要人物；⑪出版物；⑫重要的案例和当前的趋势；⑬法律、政策、伦理及信仰；⑭大科学项目；⑮实践、策略和工具；⑯职业角色和生涯；⑰公共参与的方式；⑱理论和研究；⑲途径和渠道。

本书集有关科学传播的信息和资源之大成。虽然其中的有些内容已经发表过，但是却散落在四处，难以寻觅。《百科全书》把那些零散的珍珠连接起来，组成一串光彩夺目的项链。

以"理论和研究"为例，由于科技传播尚未成为独立的学科，其发展自然与其他学科的发展存在着千丝万缕的联系，《百科全书》收录了议程设置、缺失模型、创新扩散理论、语义分析、评估、信息社会理论、意见领袖等条目。

在科技传播的"途径和渠道"方面，《百科全书》也提供了丰富的词条，如科技博物馆、报纸、网络媒体、科学中心、博物馆、科学马戏团、纪录片、科幻、广播、杂志、电影、科学商店等。

普瑞斯特在本书《导言》部分对该《百科全书》做了简要说明。本书词条涉及媒体研究理论和实践，科学、技术、环境和健康方面的问题；涉及科学和技术方面争议性议题的案例研究，著名科学传播者的自传；涉及科学新闻是如何运作的以及科学新闻面临的问题；涉及利用科学渠道的指导原则，以及著名科学机构和组织的使命及其组织结构（其中主要是美国的，也少量提到非洲国家、澳大利亚、加拿大、东亚国家、欧洲国家、印度、拉美国家和墨西哥等地的有关情况）。《百科全书》把种类繁多的科学传播素材汇集到一处，有利于推动科学传播这个领域的发展，并且可以为刚入行的新手提供从事科学传播研究的门径。

综览全书，我们可以获得有关当前科技传播的一个概貌。该书可以说是科技传播及其相关领域（如传播学）的研究者、从业者的良师益友。《百科全书》在每个词条之后还列出了相关的参考文献，以便读者进行深入的阅读和研究。

需要指出的是，这套百科全书是基于西方一些国家的情况而完成的，其作者也绝大部分是在欧美国家相关机构任职的科研人员，因而几乎没有与中国有关的内容。

《科技传播百科全书》很值得译介过来。另外，我们还应有这样的目标：待条件成熟，编撰《中国科技传播与普及百科全书》。

中国科技传播的新探索 [①]

近年来，中国科普研究所出了不少优秀的科普研究成果，尤其以任福君、翟杰全合著的《科技传播与普及概论》[②] 和《科技传播与普及教程》[③] 为代表。将中国科普研究所系列研究成果出版，是一项有益的事业。

《科技传播与普及概论》和《科技传播与普及教程》这两本书，正如中国科学院大学人文学院执行院长任定成所说，具有国际学术背景。它们概括提炼了国际上关于科技传播与普及的概念和模型，非常有价值。

这两本书还具有鲜明的中国特色。那就是针对中国的科普实践，包括中国科普政策，进行了研究。笔者及其研究生对《科普法》《全民科学素质行动计划纲要（2006—2010—2020年）》的议程设置、制定过程进行过研究，其成果已经发表。这两本书也引用了这些研究成果。

这两本书将由国际知名出版社施普林格用英文出版。这将使中国科普的实践和理论研究进入国际学术界和科学传播界。这也正是我们在努力的目标。

---

① 本文原载于《中国科学报》2013年1月18日14版，作者为刘立。

② 任福君，翟杰全. 科技传播与普及概论［M］. 北京：中国科学技术出版社，2012.

③ 任福君，翟杰全. 科技传播与普及教程［M］. 北京：中国科学技术出版社，2012.

这两本书为我国的科普研究奠定了很好的基础，学者们可以在此基础上进行更深入的研究。比如，科普政策研究可以单独成为一个专题。这需要应用和借鉴科技政策的概念、方法和模型。

科技传播与普及已经成为一个独立的综合性学术研究领域和学科，国际上甚至出现了"科技传播学"的概念，我们需要把它引入中国，并使之本土化。

另外，笔者还有一个想法，可供作者和出版社考虑，为了配合这两本书，是否可以出版科技传播与普及的案例汇编。

《科技传播与普及概论》和《科技传播与普及教程》具有中国特色、中国风格、中国气派，笔者愿与中国科普研究所等单位的同行共同努力，为我国科技传播与普及的学科建设做出新的贡献。

国外科技馆对我国科技馆事业发展的启示 [①]

清华大学科学技术与社会研究中心的刘立博士对欧洲科技馆做了很多实地考察，并产生了很多的思考。他在电脑上一边展示着他拍摄的欧洲科技馆的照片，一边介绍说："欧洲的科技馆本土特色十分鲜明，具有丰富的人文特征和历史特征。"

柏林德国技术博物馆，位于柏林一个货运火车站的遗址上，是继慕尼黑德国技术博物馆之后，德国技术与工业发展成就最重要的收藏馆。在这个综合性科技馆里，设有早期的计算机、铁路与火车、造纸、印刷、航海、航天、摄影摄像、电影、啤酒制造、风车和铸造等技术及早期汽车展和一个科学中心，是一个能让人们尽情玩耍好几个小时的奇妙去处。"在这里，人们可以深入了解德国乃至世界工业、科学与技术发展的过程，从中可以看到其中无处不在地渗透着的人性和文化的特征。"刘立说，当人们站在几十年前的老建筑和陈旧的轨道前面，会情不自禁地发出科学技术日新月异的感慨。

这种大规模的科技馆，投入一般都很大。据了解，它们的资金来源 1/3 靠

---

① 这是某报记者对刘立进行采访后形成的报道文章，后因故未刊。有修改。

政府投入，餐馆、商店及门票收入占 1/3，剩下的 1/3 则靠社会捐助。在欧洲，博物馆的董事会都由热心科普事业的企业代表组成，董事们在决定博物馆经营事宜的同时，根据预算向博物馆投资。这些资金的使用必须经过财会公司的审计。在欧洲，法律对科普事业投入有着严格的规定。由于博物馆属于公益性事业，因此，政府不收博物馆的占地使用费，同时允许博物馆营利，但盈利部分不能作为职工福利使用与分红，只能继续投入场馆建设。对企业和个人的捐款，政府会免去企业税收和个人遗产税；对捐赠的物品，政府会折合成现金再免税。

在欧洲发达国家，参观博物馆已经成为人们生活的一部分，因此，各类科技馆随处可见。阿尔伯特·爱因斯坦 1903—1905 年曾经在瑞士的伯尔尼学习和教书，划时代的狭义相对论就是在这里诞生的。为了纪念这位伟大的人物，伯尔尼建造了爱因斯坦博物馆。"这座专业性科技馆的展示内容非常新颖，大致维持了当初爱因斯坦居住时的格局，除展示他生前各个时期的照片、相对论学术资料、学习成绩单，还展示着他儿子用过的小推车、他的诺贝尔奖证书和奖章，生动地展示了爱因斯坦的生平及成长历程，甚至展示了欧洲和世界社会文化发展的大背景。"

在欧洲，科技馆的门票人们都能负担得起。柏林的德国技术博物馆门票 4 欧元一张。许多科技馆在闭馆前一小时就不收票了，每个月或者每一周，还会免费开放一天或半天。此外，观众还能定时享受到免费讲解。这种展示方式，在方便了观众参观的同时，也为观众更好地理解展教内容提供了便利。

"现在，科技馆在国际上无论是数量还是建筑面积，都已经进入平稳发展期，在展示内容、手段和质量上都注重内涵式发展，注重本地特色和历史文化，而我国正处于快速发展的机遇期。"刘立评价，在欧洲，观众很少见到展示内容重复的科技馆，且展品越来越注重观众的互动性和体验性。另外，国际上的博物馆包括科技馆，还表现为聚集式发展。在德国柏林著名的博物馆岛，好几家博物馆建在一起，各馆之间互相学习、互相带动、互相竞争，各有特色。在瑞典的斯德哥尔摩和瑞士的伯尔尼也有这样的情况。博物馆的聚集，既有利于博物馆事业的整体发展，也给观众带来了便利。刘立提出一个思路：可考虑在北京以中国科学技术馆（新馆）、中国航空博物馆等大型科技馆为中心，在广州以广东科学中心为中心，形成博物馆的聚集式发展。刘立还建议，我国在大力发展实体科技馆的同时，要注重虚拟科技馆的建设。

刘立认为，制约我国科技馆事业发展的一个重要因素是缺乏科技馆专业人才。科技馆专业人才应该具有怎样的知识和技能结构呢？据中国科技馆前馆长王渝生说，时任中国科协主席周光召曾提出："当科技馆馆长必须具备四个条件：第一，必须是个科技专家；第二，必须是个杂家，要一专多能；第三，必须能做群众工作，是个社会活动家；第四，必须能说会写。"刘立说，这些标准对于培养科技馆专业人才是很有启示的。

刘立提到美国自然历史博物馆的一个做法：在博物馆里开设研究生院。据纽约美国自然历史博物馆研究员孟津介绍，该馆在经历了两三年的筹备后，于2006年正式挂牌成立了一个可以授予博士学位的研究生院，2007年正式开始招生，2008年开课。孟津说：从此，一个非营利、私人性质的博物馆，具有了独立的高等教育功能。这是全世界第一家博物馆（至少是在西半球）下属的、可以授予博士学位的研究生院。美国自然历史博物馆能够成立这样的研究生院，首先是因为有人愿意资助这样一个机构。由私人捐款形成的基金和其他的公共财政资助是研究生院形成、运转的基本资金来源。在研究生的核心课程中，有一门叫"基金申请、科研道德及沟通"。美国自然历史博物馆的研究生教育值得我们借鉴。

目前，我国科技馆尚不具备研究生教育的条件和资格，可考虑同一些著名大学合作培养科技馆专业的研究生，以满足我国对科技馆专业人才日益紧迫的需求。